교육의 역사와 철학 시리즈 ⑳

홀리스틱 교육사상

송민영 지음

Holistic Education Philosophy

학지사

편집자의 말

편집자는 학지사 김진환 사장의 깊은 이해와 지원으로 '교육의 역사와 철학' 총서 20권을 편집할 수 있었다. 이는 여러 가지로 의미 있는 일로 김 사장께 진심으로 감사드린다.

편집자의 말을 쓰면서 출판사 사장에게 감사부터 하는 경우는 거의 없다. 오늘날처럼 순수한 학술서적의 출판이 어려워진 때도 별로 없는 상황에서 편집자는 이를 예외적으로 수용해 본다. 출판을 기업으로 하는 사람은 필연적으로 이익을 창출하여 함께 데리고 있는 식구를 먹이고 사업도 키워야 한다. 그러나 학술서적의 출판은 최소한의 이익창출을 보장하지 않고 있다. 이런 이유로 '교육의 역사와 철학' 총서 20권 출간의 의미를 더 강조하고 싶다. 그러한 서적과 총서의 출판이 우리의 교육학계에 주는 의미가 얼마나 중차대한지를 강조하고, 이러한 출판이 동시에 출판사에도 좋은 일이 되리라고 전망해 본다. 김진환 사장은 고맙게도 우리의 그러한 주장을 그대로 받아들이셨다.

우리나라에서 학술서적은 교재와 참고서 중심의 출판으로 이어져 왔다. 최근에 들어와서 개론의 틀을 벗어난 전문서적들이 활발하게 출판되고 있으나 상황은 여전히 어렵다. 교육학계도 예외가 아니다. 그래서 깊고 전문적인 연구의 결과를 단행본으로 출판하기는 저명한 교수가 아니고는 참으로 어려웠다. 출판의 풍토가 이렇다 보니 참고서, 총서, 사전류 등이 개론적 서술의 성격을 띤 교재로 활용할 수 있도록 기획될 수밖에 없었다.

편집자는 '교육의 역사와 철학' 총서로 이러한 한계를 뛰어넘는 모험을 하였다. 일차적으로 모두 20권으로 기획된 총서는 글자 그대로 교육의 역사와 철학에서 기초가 되는 사상들을 정선하여, 이 분야에 깊은 조예를 쌓은 학자에게 역사적이고 조직적인 서술을 부탁하였다. 예를 들면, 『인본주의 교육사상』의 집필을 김창환 박사에게 부탁하였으며, 이 책에서 편집자는 인본의 어원과 개념에 대한 명쾌한 설명을, 인본주의 교육사상의 역사적이고 조직적인 전개에 관한 권위 있는 서술을, 오늘에 미친 영향사와 사상사적 의미를, 그리고 권위 있게 제시한 이 분야의 참고문헌 목록을 접하기를 기대하고 있다.

이러한 관점에서 편집자는 하나의 사상을 1,200매 내외의 원고 분량에 최적으로 담을 수 있는, 그 분야에서 가장 조예가 깊다고 알려져 있는 저자를 찾았으며, 교육학의 기초가 되는 사상과 운동과 개념을 정선하였다.

'교육의 역사와 철학' 총서는 다음과 같다. 제1권 인본주의 교육사상(김창환), 제2권 자연주의 교육사상(주영흠), 제3권 계몽주의 교육사상(이상오), 제4권 박애주의 교육사상(오인탁), 제5권 비권위주의 교육사상(박용석), 제6권 실존주의 교육사상(강선보), 제7권 교육인간학(정혜영), 제8권 개혁교육학(최재정), 제9권 진보주의 교육사상(박영만), 제10권 정신과학적 교육학(정영수), 제11권 사회주의 교육사상(심성보), 제12권 비판적 교육과학(황원영), 제13권 분석적 교육철학(신차균), 제14권 도덕교육사상(남궁

달화), 제15권 평화교육사상(고병헌), 제16권 발도르프 교육학(정윤경), 제17권 대안교육사상(송순재), 제18권 예술교육의 역사와 이론(고경화), 제19권 페미니즘 교육사상(유현옥), 제20권 홀리스틱 교육사상(송민영).

이상 20권에는 민족주의 교육사상, 현상학적 교육철학, 종교개혁의 교육사상, 포스트모더니즘 같은 중요한 사상과 철학들이 많이 빠져 있다. 계속해서 편집자는 교육철학과 교육사학의 영역뿐만 아니라 교육과 교육학에 관심을 갖고 있는 모든 사람들이 필연적으로 읽어야 하는 기본서로 기능할 수 있기를 바라는 마음으로 총서를 지속적으로 보완해 가고자 한다.

2003년 3월

오인탁 · 강선보

머리말

오늘날은 그 어느 때보다도 전 지구적으로 서로 밀접한 관련성을 갖고 있는 시대로 교육에서는 모든 문화를 포용할 수 있는 참된 인간적인 존재방식을 함께 탐구하는 것이 요구된다. 교육은 본래 생명체 중에 흐르고 있는 생명(生命)에 대한 깊은 외경심에서 시작된 것이다. 즉, 우리는 지구 생명권에 대한 이해를 촉구하는 교육을 기대하며, 글로벌 교육의 시작은 생태학적인 사고방식으로서 인간생활과 문화가 자연(nature)과 깊이 관계되어 있다는 것이다. 이는 홀리스틱 교육(holistic education)의 철학적 기초인 허슬리(A. Huxley)의 영원철학(perennial philosophy) 사상에서도 볼 수 있는 것으로, 모든 것은 기저적인 측면에서 서로 이어져 있으므로 삶에 대한 긍정적인 시각이나 가치, 사회의 부정에 맞서는 행동은 자신과 타인의 근원적인 관계를 자각하는 데서 생겨난다는 것이다. 홀리스틱 교육은 인간과 인간의 관계, 인간과 자연 생태계와의 관계 등 '관계성(connection)'을 중시하는 교육으로서 그 속에서의 '조화(balance)'와 '포괄 · 통합성(inclusiveness)'을 추구하고 있다.

교육에서 각 과목에 대한 벽은 무너지기 시작했고, 모든 수준에서 통합 교과의 중요성이 강조되고 있다. 홀리스틱 교육에서는 교육을 자연의 근본적인 실체들(realities)과 연계시키고자 한다. 현대사회는 경제발전이나 물질문명의 발달을 최우선의 목적으로 하여 인간성의 향상과 유대감, 생명에 대한 외경심을 잃어가고 있다. 교육에서도 경쟁, 교내 폭력, 비행, 등교거부 등이 만연하여 자기 존재의 거부와 함께 무기력에 의한 자살도 증가하고 있다. 또한 21세기에 들어선 현 시점에서 우리들 사회의 모든 영역에서는 근원적인 전환이 추구되고 있으며 교육의 변혁도 추구되고 있다. 이러한 때에 홀리스틱적인 견해와 사고방식으로 인간으로서 깊이 있게 살아갈 수 있게 하고 자신에 대해 긍정적인 견해를 갖게 하는 교육이 무엇보다 필요하다.

홀리스틱 교육은 전인·인성교육(全人·人性教育), 창의성 교육(creativity education), 영성교육(spirituality education), 생명·생태교육(bio-eco education), 기존 교과와 통합 교과와의 균형과 평생교육 등을 추구하며, 교육학 내에서의 활발한 대화(intra-disciplinary dialogue)는 물론이고, 나아가 다양한 학문들과의 대화(inter-disciplinary dialogue)를 통해 그 학문성을 연마하고 그 실천의 경지를 넓혀 가며 지구촌의 교육을 만들어 가고 있다.

이 책은 '제1부 홀리스틱 교육사상의 기초(1~6장)' 와 '제2부 홀리스틱 교육의 실천 원리(7~13장)' 의 2부, 13장으로 구성되어 있다. 1~3장에서는 홀리스틱 교육의 역사적, 철학적, 심리학적 기초를 다루고, 4장에서는 홀리스틱 교육의 추진단체인 GATE(Global Alliance for Transforming Education)에서 제시하고 있는 '홀리스틱 교육비전 10원칙' 에 대해 기술하였다. 이어 5장에서는 홀리스틱 교육과 현대 교육사상들과의 대화를 시도하였고, 6장에서는 우리의 전통 교육사상을 비롯한 동서양의 교육사상에서 다뤄지고 있는 홀리스틱 교육사상에 대해 논하였다.

7장에서는 홀리스틱 교육의 실천 원리를 파악하기 위하여 홀리스틱 통합 교육과정 및 홀리스틱 통합 학습전략에 대해 살펴보았고, 8장에서는 홀리스틱 교수-학습방법에 대해 홀리스틱 교육의 제창자인 토론토 대학의 존 밀러(J. P. Miller) 교수가 제안하는 전달(transmission), 교류(transaction) 그리고 변용(transformation)의 'triple-trans' 교수-학습 원리와, 원효가 『금강삼매경론』에서 제안하는 문혜(聞慧), 사혜(思慧) 수혜(修慧)의 삼혜(三慧) 교육방법을 비교 제시하였다.

또한 9장은 지능으로서의 영성이 대두되어 SQ(spiritual quotient)에 대한 동향과 함께 '통합적 사고로 이끄는 영성교육'에 대한 이론과 실천전략에 대해 다루었다.

10장 홀리스틱 교재론에서는 홀리스틱 교육을 위한 교과서의 형태에 대해 논하고, 11장 홀리스틱 교사론에서는 홀리스틱 교육에서의 교사의 역할과 홀리스틱 교사를 위한 자기 변용 프로그램, 홀리스틱 인간관계론에 대해 언급하였다. 홀리스틱 교육을 위해서는 적절한 교육환경의 구성도 필요하다. 이를 위해 12장에서는 홀리스틱 교육과 지구 생태교육과 함께 학교 숲의 필요성을 논하며, 학교 녹지조성의 방향으로 '자연의 숲' 만들기를 제안하였다.

최근 교육계에는 다양한 교육병리문제의 대두와 함께 그에 대한 긴급한 대응이 절실한 상황이다. 이에 대해 종래 교육의 범위로는 불충분하고 새로운 접근이 필요하게 되었는데, 이러한 교육의 병리에 대처할 필요성에서 등장하게 된 새로운 접근의 하나가 '임상교육학' 이다. 마지막 13장에서는 이러한 임상교육학의 성립배경과 함께 각 영역에서의 다양화와 통합을 제안하고 있는 홀리스틱 임상교육학의 특징 및 과제에 대해 살펴보았다.

저자는 '과연 이 원고가 홀리스틱 교육사상을 대표하는 것이며, 이것으로 나에게 주어진 임무가 완수되었다고 할 수 있을까?' 라는 회의와 함께 오랫동안 완결을 짓지 못하고 있었지만, 부족한 것은 나중에 더 보완하리라고 위로하며 원고를 마무리 지었다.

과분하게도 저자를 이 '교육의 역사와 철학 시리즈' 의 필자로 넣어 주시고, 느리게 이루어지는 작업을 오랫동안 기다려 주시며 무언의 격려를 해 주신 연세대학교의 오인탁 교수님께 말할 수 없는 감사와 존경의 마음을 갖는다. 아울러 홀리스틱 교육에 대해 남다른 관심을 보여 주시고, 이 책이 나오기까지 많은 도움을 주신 학지사의 김진환 사장님을 비롯한 편집진 여러분들께 죄송한 마음과 함께 진심으로 감사를 드린다.

2006년 4월

저자 씀

차 례

제1부 홀리스틱 교육사상의 기초

제2부 홀리스틱 교육의 실천 원리

제 1 부

홀리스틱 교육사상의 기초

1 역사적 기초

1. 홀리스틱 교육의 유래

홀리스틱(holistic)은 '홀리즘적인' 이라는 뜻으로 그리스어의 '홀로스(holos: 전체)' 를 어원으로 하고 있으며 전체(whole), 건강(health), 낫게 하다(heal), 신성한(holy) 등의 파생어도 갖고 있다. 홀리즘(holism: 전체론)은 철학자 스머츠(J. C. Smuts)가 『홀리즘과 진화(Holism and Evolution)』(1926)라는 책에서 처음으로 쓴 단어인데, 스머츠는 "어느 부분을 아무리 쌓아 가더라도 결코 전체에 도달할 수 없다. 왜냐하면 전체는 부분의 총화보다 훨씬 큰 것이기 때문이다."라고 말하고 있다(手塚郁惠, 1995). 즉, 전체는 부분으로 분할할 수 없고, 만약 분할한다 해도 전체를 실로 그 전체로 할 수 있는 중요한 그 무언가를 잃어버리게 된다는 것이다. 또한 '건강' 은 생명의 전체적인 조화상태이며, '낫는다' 는 것은 그와 같은 상태로 돌아가는 것으로 그것은 실로 '신성' 한 것이다.

'홀리즘' 이라는 말이 처음 쓰이게 된 것은 20세기 초반이었으나, '홀리스틱' 이라는 말이 빈번하게 쓰이게 된 것은 최근의 일이다. 미국에서 근대 의학의 장래에 위기를 느낀 사람들이 그 대안으로 '홀리스틱 건강' '홀리스틱 의학' 이라는 말을 쓰기 시작하였다. "마음도 몸도 별개의 것이 아니므로 나눠서 생각하는 것은 불가능하다. 생명의 전체성으로 돌아가자."라고 생각한 것이다. 그 후 이 말은 건강이나 의학만이 아니라 교육에도 도입되어 '홀리스틱 교육(holistic education)' 이라 불리게 된 것이다.

'홀리스틱' 이라는 용어에 대해 생소함을 느끼고 위화감을 갖는 사람도 있을 것이다. 왜 '홀리스틱 교육과 같은 생소한 단어를 쓸까' '보다 좋은 우리말은 없을까' 하고 생각하는 사람도 있을 것이다. 이에 대해서는 일본에서도 논의가 있었는데, 현재 우리나라 철학계에서는 'holos(온, 모든)' 에서 유래한 'holistic' 'holism' 'wholeness' 등에 대응하는 적당한 말로 '옴살' 이라는 말을 쓰고 있고, 때로는 전일주의(全一主義)라 부르기도 한다. '옴살적' 이라는 용어는 '모두가 한 몸같이 가까운 사이' 라는 의미의 순수한 우리말이지만, 언어란 그 발생지의 고유한 배경이나 영역 등을 포함하므로 국제적인 통용의 측면을 고려하여 발음 그대로 활용하기로 한다.

2. 홀리스틱 교육발전의 역사적 발자취

1) 미주지역

미국에서는 1978년 홀리스틱 의학협회가 생기고 나서 1988년에는 계간지 『Holistic Education Review』가 론 밀러(R. Miller)에 의해 창간되고 『The Holistic Curriculum』(J. P. Miller)이 출판되었다. '홀리스틱 교육'이라는 개념이 공공연히 퍼지게 된 것은 그 후의 일로, 1990년 6월에는 『Holistic Education Review』 지의 집필자나 독자를 초청해 시카고에서 제1회 홀리스틱 교육 국제회의가 개최되었다. 홀리스틱 교육을 지지하는 80명의 교육자가 세계 각지에서 국경을 넘어 시카고에 모여 홀리스틱 교육의 추진 단체인 GATE(Global Alliance for Transforming Education)를 발족시키고, 홀리스틱 교육에 관한 '시카고 선언'을 발표하였다. 그 이듬해인 1991년 6월에는 콜로라도에서 제2회 홀리스틱 교육국제회의를 개최하고 '시카고 선언'을 재검토하여 10여 관점에서 그것을 구체화하는 집중 토의를 하였는데, 그때의 토의 내용을 정리한 것이 『EDUCATION 2000/홀리스틱 교육비전 선언』이라는 팸플릿으로서 동년 8월에 발표되었다. 또한 1993년에는 하와이에서 교육변혁에 관한 환태평양 심포지엄이 열리고, 1994년에는 뉴욕에서 GATE 주최 제1회 홀리스틱 교사교육 워크숍이 개최되었으며, 1997년 10월 24~26일에는 캐나다의 토론토 대학 OISE에서 'Holistic Learning: Breaking New Ground'라는 주제로 홀리스틱 학습국제회의가 처음으로 열렸고, 1999년 10월 22~23일에는 제2회가 열리는 등 2년을 주기로 현재까지 다섯 차례 정기적으로 개최되었다.[1)]

2001년 10월 19~21일에 열린 제3회에서는 저자도 논문

1) 우리나라에서도 제1회에는 3명, 2회에는 4명, 3회에는 2명이 참가하여 논문발표를 하였다.

「WonHyo's One Heart-Mind(한마음, 一心, true Self) and Meditation on One Heart-Mind, as a Part of Holistic Education」[2)]을 공동 발표하고, 홀리스틱 교육의 실천장인 토론토 슈타이너 학교도 방문하였다.

2) 일 본

일본에서는 1987년 일본 홀리스틱 의학협회가 설립되고 나서 1991년 3월 '홀리스틱 교육연구회'가 테즈카이쿠에(手塚郁惠)의 주제하에 발족되어 계간지 『홀리스틱 교육(ホリスティック教育)』이 발간되기 시작하였다. 1991년 10월에는 『숲과 목장이 있는 학교—야마노우치기이치로 선생님의 실천』(테즈카이쿠에 저)이 발행되고, 1992년 3월에는 니가타현 오지야(小千谷) 소학교 교육연구회에서 『기쁨을 만드는 학교— '자기 발견'의 기쁨을 느낄 수 있는 교육과정의 창조』가 발행되어 홀리스틱 교육의 실천 사례가 널리 알려지게 되었다.

1992년 4월에는 야마노우치기이치로(山之內義一郎)를 대표로 한 '니가타 홀리스틱 교육연구회'의 발족을 시작으로 '나고야 홀리스틱 교육연구회(石川順子)' '오사카 홀리스틱 교육연구회(吉田敦顔)' '야마구치 홀리스틱 교육연구회(吉田弥生)' '에히메 홀리스틱 교육연구회(織田芳美)' '동경 홀리스틱 교육연구회(山

---

2) 2005년 2월 SUNY(State University of New York) 출판에서 발간한 『Holistic Learning and Spirituality in Education: Breaking New Ground』(amazon.com/jmiller@oise.utoronto.ca) 9장에 「Won Hyo's One Heart-Mind and Meditation on One Heart-Mind as Part of Holistic Education」이라는 주제로 게재되어 있다.

浦恵津子)'가 연이어서 발족되었는데, 1997년에는 그것들을 통합, '일본 홀리스틱 교육협회(日本ホリスティック教育協会, Japan Holistic Education Society)'로 등록하여 많은 국·내외 행사를 개최하고 있다. 1998년 6월에는 21세기 학교의 존재방식을 생각하게 하는 '생명의 이어짐을 살리는 세미나(いのちのつながりを生かすセミナー)'가 일본 홀리스틱 교육협회의 주최로 1998년 5월 9일과 10일 2일간에 걸쳐 니가타현 나가오카시(長岡市)의 리릭구홀에서 전국의 회원과 교육관계자 450여명이 참가한 가운데 성대하게 진행되었으며 우리나라에서도 저자를 비롯하여 3명이 참석하였다.

1992년 6월 『니가타 일보』는 '곧 주목받을 홀리스틱 교육'이라는 제목하에 홀리스틱 교육에 관해 1면에 걸쳐 소개하였으며, 1994년 BSN(니가타 방송) 라디오 기획 교육시리즈에서도 '홀리스틱 교육에 대해'를 다루고, 1995년 일본의 국영방송인 NHK 제1라디오에서도 홀리스틱 교육의 실천을 소개하는 등 그 후 현재까지 메스컴에서도 많은 관심을 기울이고 보도하고 있다.

1992년에서 1993년에 걸쳐 니가타현 이메가사키(伊米ヶ崎) 소학교에서는 홀리스틱 교육의 실천운동으로 PTA와 지역 주민의 협력에 의해 학교 교정에 '고향의 숲 만들기' 운동을 전개하고, 숲 만들기를 통해 학교·부모·지역과의 관계개선 등의 활동을 인정받아 재단법인 일본 PTA 전국 협회장의 표창을 받았다. 그 밖에도 기후현 오오이 제 2 소학교를 비롯한 여러 초등학교에서 숲 만들기를 통한 홀리스틱 교육의 실천운동을 전개하고 있으며, 이것은 중학교에까지 파급되어 토오카마치시립 미나미 중학교(十日町市立 南中學校)의 교장 사가와토오루(佐川通)는 1995년

7월 학교 숲 만들기를 계획하여 1996년부터 1997년에 걸쳐 숲을 만들었고, 숲이 완성되기까지의 과정과 숲 안에서의 교육활동에 대해 『미나미의 숲(南の森)』(1998)이라는 실천기록 사진집을 남기고 있다. 현재는 2002년부터 실시되고 있는 '신학습지도요령(교육과정)'에서의 '종합적 시간(總合的な時間)'과 관련하여 홀리스틱 교육활동을 통해 개발된 자료에 대한 관심과 함께 일본 교육학회 및 교육학자들의 관심이 고조되어 있고, 더불어 한국에서의 홀리스틱 교육운동에 대해서도 높은 관심을 표명하고 있다. 그와 관련하여 저자는 지난 2001년 일본 로터리클럽(도쿄 타마그린로터리클럽)의 초청으로 홀리스틱 교육을 중심으로 한 한국의 교육개혁운동에 대한 강연을 한 바 있다.

특히 지난 2001년 6월 10일에는 교토에서 존 밀러(J. P. Miller) 교수와 동경대의 니시히라나오시(西平直) 교수 등이 참석하는 '생명의 이어짐을 살리는 국제 세미나(いのちのつながりを生かすセミナー)'가 있었는데, 이때에도 저자는 일본의 요청에 의해 '한국의 교육개혁과 홀리스틱 교육운동'에 대하여 보고하였으며, 일본 홀리스틱 교육협회의 지원하에 설립된 교토에 있는 쿄다나베 슈타이너 학교(京田辺シュタイナー学校)를 방문하였다.

3) 우리나라에서의 발자취

우리나라에서는 1997년 2월 26일 '한국 홀리스틱 교육실천연구회'를 설립하여 창립 세미나를 개최하였고, 월 1, 2회 정기적으로 홀리스틱 교육의 일반 이론과 학습활동 등을 중심으로 세미나를 열어 현재까지 30여 차례 실시하였다. 또한 1997년 5월에는 '경인교대 한국 홀리스틱 교육실천연구소'(소장: 김현재)가

설립되어 연구원들을 위촉하고, 수시로 포럼을 열어 홀리스틱 교육현장에서의 적용 및 실천사례 발굴 · 개발에 노력하고 있다. 1998년도에는 교육인적자원부 지정 상설연구학교인 경인교대부속초등학교에서 『열린 교육의 현대화를 위한 홀리스틱 교수-학습 과정안』(자연과 전 학년 1, 2학기용: 506, 481)을 개발하고, '21세기를 대비하는 우리 교육의 새 비전 탐색' 이라는 주제로 세미나 및 수업참관 보고회(1998년 12월 10일)를 전국의 400여 명의 관계자가 참석한 가운데 가졌으며, 열린 교육을 실천해 온 교육자들을 비롯한 여러 교육 관계자들의 관심을 모았다.

특히 1997년 5월 3일~5일에는 경인교육대학교에서 극동아시아 홀리스틱 교육국제회의 실행위원회가 주최하고 한국 홀리스틱 교육실천연구회가 주관하여 '극동아시아 홀리스틱 교육 국제 세미나 및 워크숍(International Seminar and Workshop on Holistic Education in Far Eastern ASIA)' 이 개최되었다. 이 행사에는 『The Holistic Curriculum』(1988)을 비롯하여 『Holistic Learning』(1990), 『The Holistic Teacher』(1993) 등을 저술한 홀리스틱 교육의 이론적 · 실천적 지도자인 존 밀러(J. P. Miller) 교수와 『숲과 목장이 있는 학교』의 실천적인 주인공이자 일본 홀리스틱 교육협회의 초대 대표인 야마노우치기이치로, 일본 '홀리스틱 교육연구회'의 첫 주제자인 테즈카이쿠에, 미나미 중학교의 사가와토오루 교장, 홀리스틱 교육의 이론 연구가인 요시다아츠히코(吉田敦彦, 오사카 여자대학 교수), 캐나다의 토론토 대학 OISE에서 홀리스틱 교육으로 박사학위를 취득한 나카가와요시하루(中川吉晴) 등 캐나다, 일본, 대만에서의 홀리스틱 교육관계자와 국내의 각계각층의 참가자 120명이 참가하여 진행되었다.

그간의 홀리스틱 교육 연구모임 등을 통해 작성된 논문이나 실천사례, 관련 논문 등 총 140여 편을 모아 연 2, 3회 발간된 『홀리스틱 교육실천연구』지는 1997년 3월 창간호 발행을 시작으로 현재까지 총 20여 권 발간하였다. 그 밖에 대학원에서의 홀리스틱 교육 이론에 대한 강좌 개설, 학회에서의 연구 발표, 석·박사 논문의 배출, 각급 학교에서의 실천 시도, 학교 교정에 자연의 숲 만들기 운동의 정착화, 국제적인 교류의 추진, 각종 언론매체에서의 홍보, 국제학술대회에서의 외국 학자들의 관심 표명 등 우리나라에서의 홀리스틱 교육에 대한 관심은 점점 고조되고 있다. 1999년도에는 교육인적자원부에서 전국단위의 교과교육 운영지원을 받아 13개의 실천 프로그램을 기획하여 실천팀장을 중심으로 프로그램을 개발하고, 두 차례 수업공개 후 토론회를 여는 등 프로그램의 일반화를 위한 준비를 거쳐 『홀리스틱 교육활동 프로그램집』을 발간하였다. 또 1999년 6월 4~5일까지 네 차례의 전국 단위 초·중·고 교장단 특별연수(경인교대)를 개최한 후 6월 24일~28일은 연수를 받은 교장과 교수단 23명이 일본 니가타현의 나가오카시, 토오카마치시, 우오누마구, 니가타시의 초·중학교 홀리스틱 교육현장 시찰을 하고 왔으며, 그 내용을 일본에서는 NHK 방송, 마이니치 신문, 니가타 일보 등을 비롯한 5, 6개의 신문에서 대대적으로 보도하여, 홀리스틱 교육발전을 위한 한·일 양국의 상호 협력체제와 홀리스틱 교육의 발전 가능성, 비전을 실감하게 하였다. 이에 더하여 1999년 8월 13~14일에는 양일 간에 걸쳐 홀리스틱 교육의 현장보급을 위한 교사 워크숍을, 9월 17일~14일에는 제5차 홀리스틱 교육 교장특별연수를, 10월 1일에는 인천광역시 교육청 대강당에서

'의식개혁협의회' (회장: 정동화)와 공동으로 '교육문화발전과 의식개혁-홀리스틱 관점에서 신홍익인간과 교육의식개혁' 을 개최하였다. 또한 11월 4일(목)에는 세종문화회관에서 '생명의숲가꾸기국민운동' 본부와의 공동 주최로 교육인적자원부, 환경부, (주)유한킴벌리, 임업협동조합중앙회의 후원을 받아 '숲이 울창해질 우리의 학교환경을 기대하며-생명의 숲과 홀리스틱 교육' 이라는 주제로 3인의 일본인 강사를 초청한 '숲 환경 조성 및 그 교육적 활용을 위한 국제 심포지엄' 을 열었으며, 11월 6일에도 경인교대에서의 제2회 국제 세미나를 가졌다. 특히 이 행사에는 초 · 중학교가 통합되는 것을 계기로 새로운 학교 만들기에 시민들의 공청회를 수십 차례 열고, 학교 운동장에의 숲 만들기 조성을 교육적으로 승화시키고자 하는 니가타 세이로마치의 테지마 유헤이(手島勇平) 교육장도 참가하여, 홀리스틱 교육과 학교에의 숲 만들기의 필요성에 대한 중요성을 더욱 실감하게 하였다(송민영, 1999d).

2000년에도 역시 다섯 차례의 교장 특별연수를 거쳐 2001년에는 제13회(2000. 4. 13.~14.)를 시작으로 제15차 초 · 중 · 고 교장 특별연수를 서울교대 사향문화관(6. 15.~16.)에서 실시하여 전국에서 170여 명이 참석하였고, 4월 21일에는 교육인적자원부, EBS, 한국교원단체총연합회, (사)생명의숲가꾸기국민운동, 한국일본교육학회, 경인교육대학교의 후원을 받아 서울대학교 교수회관 본회의실에서 '홀리스틱 교육과 관련 교육사상 탐색—행복한 교실을 위한 홀리스틱 교육사상 탐색' 이라는 주제로 춘계 학술 세미나를 개최하였다(한국홀리스틱교육실천학회, 2001). 특히 2002년에는 교육계가 안고 있는 위기상황에 적극적으로 대처하기 위하여 '홀리스틱 워크를 통한 행복한 교실 만들기 교사실천운동(NPO)'을 계획하고, 이의 실천을 위해 5월 26일 오후 3시 30분~27일 오전 6시 30분까지 밤샘 워크숍을 진행하였고, '행복한 교실 만들기 교사실천운동 NPO 후원회'도 구성하였다. 또한 학교 숲을 활용한 각 교과교육 운영을 위한 프로그램 연수도 병행하여 홀리스틱 교장 Eco-Workshop을 기획·진행하고, 이의 지원을 위한 'Holistic Eco-School 실천협의회'도 구성하였다.

2002년 3월 23일에는 '행복한 교실을 위한 영성교육의 홀리스틱적 방향 탐색'을 주제로 춘계 학술 세미나를 가졌으며, 7월 13일에는 『홀리스틱 교육과정(The Holistic Curriculum)』의 저자 존 밀러(J. P. Miller) 박사와 일본 홀리스틱 교육협회 요시다아츠히코, 나카가와요시하루 교수를 초청하여 이상주 교육인적자원부 장관 겸 부총리의 격려사로 시작되는 '홀리스틱 교육과 영성(Holistic Education & Spirituality)'[3]을 주제로 한 제4회 국제 학술 세미나도 가졌다. 그 밖에 '학문 간 대화를 통한 홀리스틱 교육의 성찰과 비전'[4] '홀리스틱 교과교육의 새 지평'[5] '홀리스틱 교과교육의 새 지평 II'[6] '홀리스틱 교육 패러다임에 기초한 한국 교

---

3) 한국 홀리스틱 교육학회 제4회 국제 학술 세미나(2002. 7. 13. 경인교육대학교) 자료집 홀리스틱 교육과 영성(Holistic Education & Spirituality), p.121 참조.

4) 한국 홀리스틱 교육학회 추계 학술 세미나(2003. 10. 25. 경인교육대학교) 자료집 학문 간 대화를 통한 홀리스틱 교육의 성찰과 비전, p.159 참조.

5) 한국 홀리스틱 교육학회 춘계 학술대회(2004. 6. 26. 경인교육대학교) 자료집 홀리스틱 교과교육의 새 지평, p.152 참조.

육의 성찰과 과제Ⅰ, Ⅱ'[7]를 주제로 한 정기 학술 세미나를 개최하는 등 '홀리스틱 교육의 학문적 정체성과 발전 방향의 탐색'(박성익, 2003) 및 '홀리스틱 교육 패러다임과 학교 교육 혁신'(박성익, 2005)을 꾀하는 노력을 계속하고 있다.

3. 페레르협회의 모던스쿨

홀리스틱 교육은 일부 교육자와 철학자들이 수세기에 걸쳐서 표명하고 활용해 온 것으로 결코 새로운 것이 아니다. 홀리스틱 교육론자들이 직면한 주된 문제는 두 조류를 융합하는 것으로서 그 흐름의 하나는 주로 개인의 성장에 관한 것이었고, 또 하나의 흐름은 사회변혁에 초점을 맞추는 것이었다. 이 두 흐름이 융합해서 홀리스틱 교육이 가장 잘 이루어진 사례로는 뉴욕과 스텔튼에 있었던 페레르협회의 모던스쿨(modern school)을 들 수 있다(J. P. Miller, 1996).

1) 개인의 성장을 위한 교육

고대 그리스의 철학자 소크라테스(Socrates)의 '너 자신을 알라'라는 말은 홀리스틱 교육에 대한 지침의 하나로 여겨지고 있

6) 한국 홀리스틱 교육학회 2004 추계학술대회(2004. 11. 20. 서울대학교) 자료집 홀리스틱 교과교육의 새 지평 Ⅱ, p.78 참조.

7) 한국 홀리스틱 교육학회 춘계 학술발표대회(2005. 4. 29. 충남대학교) 자료집 홀리스틱 교육 패러다임에 기초한 한국 교육의 성찰과 과제(Ⅰ), p.86 추계학술발표대회 자료집 홀리스틱 교육 패러다임에 기초한 한국 교육의 성찰과 과제(Ⅱ), p.79 참조.

다. 소크라테스는 질문을 해서 사람들이 당연시하고 있는 시점을 음미하게 하였다. 모든 앎(知)은 자기 내부에 있고, 그것은 깊이 생각하는 데서 발견할 수 있다는 것이다. 소크라테스와 플라톤(Platon)은 인간의 영혼은 이미 탄생 이전부터 존재하나, 육체 속에 들어갈 때 그 참 본질을 잊고 사라지는 것이라 믿고 있었다. 그래서 소크라테스는 개인의 내부에 존재하고 있는 앎(知)을 끌어내는 '산파' 로서 활동하였다.

소크라테스의 제자였던 플라톤은 『국가론(The Republic)』에서 그의 교육론에 대해서 기술하였다. 플라톤은 국가에 의해서 행하여지는 포괄적인 교육 시스템을 제창하였는데, 그것은 사람들에게 그 독자적인 가능성을 충분히 발달시키는 것으로, 교육은 이데아(ideas)의 현실세계를 직관하기 위해 물질세계의 유한성을 뛰어넘어 깨닫도록 가르쳐야 한다고 하였다(이홍우 · 유한구, 2000).

로마 제국 말기에 기독교의 교부(教父) 아우구스틴(Augustine)은 플라톤의 영향을 받아 직관적인 교육의 접근방법을 발달시켰다. 그러나 아우구스틴에게 대화법은 기본적으로는 영성적인 성장 · 발전을 위한 방법이었다. 아우구스틴과 아들 아데오와도우스와의 대화에 의한 '교사론' 이 기록되어 남아 있으나, 그것은 신을 추구하는 것에 치중하고 있다. 아우구스틴은 궁극적인 선(善)은 각 개인의 내부에 있고, 교육은 사람을 안쪽으로 인도해서 이 진리를 발견시키지 않으면 안 된다고 생각하여 영혼의 내부에 현존하고 있는 진리를 끌어내기 위한 명상을 장려하였다.

홀리스틱 교육의 인본주의적인 조류 속에서 역사상 가장 중요한 인물은 루소(J. J. Rousseau)라고 할 수 있다. 루소의 저서 『에밀(Emile)』 속에서 그의 교육관을 볼 수가 있는데, 그는 어린이

양육에 대한 자연주의적인 접근을 제창하였다(J. J. Rousseau, 1955). 어린이의 자연적인 혼은 선한 것으로 문명에서 보호되지 않으면 안 된다고 생각하는 것과 같은 낭만주의적 견해는 인본주의적인 교육자나 대안교육자들에게 용기를 갖게 했다. 『에밀』에서 루소는 유아기, 소년기, 사춘기, 청년기의 4단계 인간 발달에 관해 말하고 있다. 이 4단계는 네 편으로 나뉘어 쓰여 있고, 다시 마지막 제5편에서는 소피(Sophy)라는 여자의 암기교육에 대해 기술하고 있다. 루소는 아동의 마음은 선하며, 아동의 영혼은 자신의 자연적 패턴에 따라 전개되게 해야 한다고 생각하였다. 루소는 여기에서 어린이는 세계를 탐구하고, 자기 자신이 발견할 것을 허용해야 한다고 말한다(유한구, 1989).

스위스의 교육자인 페스탈로치(J. H. Pestalozzi)는 루소, 로크(J. Locke), 코메니우스(J. A. Comenius)의 영향을 받았다. 그는 생애의 태반을 교육활동으로 보냈고, 자기의 신념을 실천하려고 한 점에서 루소와 다르다. 그는 가난한 어린이들의 시중을 들면서 진 일생을 어린이들의 교육에 바쳤다. 페스탈로치의 참된 천재성은 어린이들의 마음을 공감하고, 각 학생의 욕구에 그의 교육방법을 부합시키는 재능에 있다고 한다.

프뢰벨(Froebel)은 루소와 페스탈로치의 영향을 받았는데, 유치원을 창설하고 놀이를 유아발달의 중요한 요소로 본 프뢰벨의 교육관에는 정신적인 깊이가 있다. 프뢰벨은 루소처럼 어린이의 선천적인 선성을 확신하고 있었으며, 어린이의 자연스러운 놀이는 이러한 선성이 전개되어 가는 것을 촉진하는 것이라고 하였다.

러시아의 문학가이자 교육자인 톨스토이(L. Tolstoy)는 페스탈로치나 프뢰벨과 같이 루소에게서 큰 영향을 받았다. 그는 어린이, 특히 선성이 아직 상처받지 않은 농민의 아이들은 착한 성품이 개화하도록 소중하게 보호하지 않으면 안 된다고 생각하고, 종래의 학교와는 다른 학교를 만들기 위해 야스나야 폴리아나(Yasnaya Polyana)에 있던 자기 영토의 농민과 그들 자녀를 위한 학교를 지었다. 어린이들이 수업에 참여할 것인가의 여부를 스스로 결정하게 하고, 학교에 나왔을 때는 그들 자신의 체험에 바탕을 둔 이야기를 쓰게 하였다(L. Weiner, 1967; H. Troyat, 1980).

인본주의적 교육의 가장 열성적인 주창자 닐(A. S. Neill)은 1921년 독일의 대안학교를 창설하였는데, 이것이 1924년에 영국으로 옮겨져 그 유명한 섬머힐 학교(Summerhill school)로 되었다. 루소, 페스탈로치, 프뢰벨처럼 닐은 어린이에게 도덕을 가르치거나 죄의식을 갖게 하는 것을 싫어했다. 섬머힐에서 어린이들은 수업에 참여할지 안 할지를 자신들이 선택할 수가 있었고, 교사들은 형식에 얽매이지 않고 수업을 하였다. 섬머힐에서 어린이들은 배우는 것을 강요당하지 않고, 마음의 보살핌을 받기 때문에 문제를 극복하고 건전한 인간으로 보통 생활을 할 수 있게 되었다. 그러나 닐은 루소나 다른 낭만주의자와 똑같이 어린이의 생활 어디에서 어떠한 지도의 손길을 주어야 하는가라는 딜레마에 직면했다. 1969년까지 닐의 저서 『섬머힐(Summerhill)』은 한 해에 20만 부 이상 팔렸으며, 1960년대와 1970년대에는 많은 자유학교 교사들의 바이블이 되었다. 1972년까지 자유학교는 500여 개가 설립되어 있었는데 이 학교들은 지시적인 규칙과 벌칙, 학년제, 시간표, 숙제, 빈번하게 이루어지는 시험과 성적평가, 통지표, 학년별로 구분되는 단계적 커리큘럼, 획일적인 교실, 한

명의 교사에 의한 담임제 등 공립학교가 갖고 있는 문제점을 제거하고자 하였다. 그러나 유감스럽게도 이런 자유학교에 닐의 교육론은 적용되고 있지 않았다. 닐의 직관적이고 천재적인 어린이와의 만남이 섬머힐 성공의 열쇠였으나, 그의 인간적 자질을 그대로 다른 자유학교에 가져갈 수는 없었다. 루소에서부터 시작된 인본주의적인 교육론은 이론으로서는 약한 것이었기 때문에 어린이들에게 알맞은 실천방법을 추구하려고 한 열성적인 자유학교 교사들의 기대에는 부응하지 못하였던 것이다.

자유학교의 태반은 공립학교가 아닌 곳에서 탄생하였다. 그러나 한편에서 공립학교의 많은 교사들은 그들 나름의 인본주의적 교육형대를 모색하였다. 공립학교에서는 개방교육(open education)이나 여러 종류의 정의적 교육(affective education)을 실시하였다. 실버먼(C. Silberman)이 1970년에 쓴 『교실의 위기(Crisis in the Classroom)』에 의해 미국에서는 개방교육이 일약 각광을 받게 되었으나, 캐나다의 온타리오 주에서는 「홀-데니스 보고서(Hall-Dennis report)」가 그와 같은 역할을 하였다. 개방교육은 학교 안에서 더욱 아동 중심의 접근법을 실시하려는 시도이며, 흥미 중심의 활동, 벽이 없는 교실, 팀 티칭, 개인 교수 등 다양한 방법을 사용하여 학습자에게 다양한 선택의 기회를 주었다. 정의적 교육은 학생의 감성발달을 촉진하기 위하여 가치명료화(values clarification), 시뮬레이션 게임(simulation games), 역할놀이(role playing) 등 다양한 방법을 사용하였다.

개방교육운동은 극단적인 아동 중심주의자의 생각이나 실천과 같게 되었기 때문에 하나의 운동형태로서는 남지 않았다. 그들은 수업의 구조나 내용, 방법 등에 대해 전통적인 것이면 무엇이든 격렬하게 반대하였고 어린이의 자유, 교사의 수동성, 교사와 학생의 평등성, 놀이나 자유스러운 활동의 가치를 강조하며 외부에서의 동기부여를 부정하였다. 자신들의 방법이 이상적으로 활동하게 되리라고 기대했던 개방교실의 교사들은 그것을 실패로 규정하였다. 교실의 소란스러움이나 기초학력의 무시에 대해서 부모나 다른 교사들에게 받는 비판에 대해서 그들은 어떻게 대응해야 할지 몰랐다. 어린이들이 교사에게 더 적극적인 역할을 해 주었으면 하는 요구를 하거나 교과서를 가지고 공부하고 싶다고 했을 때 그들은 당황했으며, 규율 문제에 어떻게 대처해야 하는지를 몰랐다. 그들은 어떠한 규율을 가져야 하는지에 대하여 생각하지도 않았기 때문이다.

개방교육은 그것이 의도한 많은 변화를 충분히 만들어 내는 데는 실패했을지 모르나, 실제로 학생을 더 존중해서 취급해야 한다는 기본적인 관심을 불러일으키는 역할을 하였다. 그래서 교사들은 학습발달에 필요한 요인으로서 학생의 자아 개념의 중요성을 깊이 인식하고자 하였으며, 학생을 대할 때 교사의 권위의 한계에 대한 필요성을 강하게 인식하게 되었다고 할 수 있다.

2) 사회변혁을 추구한 교육

사회변혁을 추구하는 교육자들은 사회는 변혁을 필요로 하는데 그것도 때때로 근본적으로 철저한 변혁을 필요로 하고, 학교는 그러한 변혁을 이루어 내는 데 중요한 역할을 한다고 확신하고 있다. 플라톤의 『국가론(The Republic)』은 새로운 사회를 구상할 때 교육의 중요성을 나타낸 최초의 사회변혁 관련 문헌의 하나라고 볼 수 있다.

마르크스(K. H. Marx)는 교육이 자본가들에 의해 현상을 유지하고 그들의 경제적 권익을 지키기 위해 이용되어 왔다고 생각했다. 마르크스주의자들에 의하면, 학교의 드러나지 않는 교육과정은 노동자가 시간 외 작업의 역할을 받아들이게 하는 것같이 인간의 수동성을 강화하고 있다고 하고, 교과서는 논쟁을 일으킬 수 있는 쟁점을 회피하며, 시키는 대로 따르는 '충실한 시민'을 양성해 내는 데 조력했다고 한다. 또한 마르크스는 교육이 사람들의 사회인식을 높임으로써 근본적인 변화를 일으키는 잠재적 가능성을 가지고 있다고 보았다.

금세기에서는 페레르, 카운츠 그리고 브라멜드가 사회변혁과 사회재건에 대헤 논하고 있다.

페레르(F. Ferrer)는 1901년 스페인 바르셀로나 노동자의 아이들을 위한 모던스쿨을 설립하였다. 페레르는 '이성적 교육(rational education)'이라고 불리는 접근법을 전개하고, 거기서 교사는 탐구와 과학적 조사를 통해서 어린이의 비판적 사고력을 길러 갔다. 페레르는 루소나 톨스토이와는 달리 어린이들이 좋아하는 것을 마음대로 하게 놓아 두는 것에는 만족하지 않고, 사회세력에 대해 비판적 의식을 갖도록 사회문제와 관련짓게 해야 한다고 생각하였다. 페레르는 사회비판적인 문학은 어린이들의 의식을 높이는 데 도움이 된다고 생각하고, 혁명에 대한 생각을 동화로 꾸며 넣은 책인 그레이브(J. Grave)의 『노노의 모험(The Adventures of Nono)』을 좋아했다(Archer, 1911). 페레르는 부모들도 그의 학교에 참가하기를 권했으며 프랑스와 이탈리아의 진보적 학교 및 뉴욕의 모던스쿨에 영향을 주었다.

카운츠(G. S. Counts)는 존 듀이의 사회활동주의적인 측면에 영향을 받아 1932년에 『학교가 감히 새로운 사회질서를 건설하려 하고 있는가?(Dare the Schools Build a New Social Order ?)』라는 저서를 남겼다. 카운츠는 불경기와 실업문제에 충격을 받아 미합중국은 지금 직면하고 있는 문제에 더욱 건설적으로 부딪쳐야 한다고 하였다. 비평가들은 카운츠가 공산주의에 공명하고 있던 인물로서 근본적 변혁에 대한 그의 요구는 주류의 교육자들에게는 받아들일 수 있는 것이 아니었다고 한다. 그러나 교사가 사회변혁에 관계해야만 한다는 그의 주장은 지금까지도 많은 교육자들에게 영향을 주고 있다.

브라멜드(T. Brameld)는 사회재건주의를 잘 다듬어진 철학으로까지 완성시킨 것으로 알려져 있다. 브라멜드는 국가중심주의적인 경향에 비판적이어서, 세계통합(세계 공동사회의 건설)이라는 그의 바람을 반영하는 국제적인 정부의 수립을 추구했다. 브라멜드의 교육론은 국가의 틀을 넘어 세계시민을 위한 교육을 구축하려고 한 사람들에게 영향을 주었다. 인본주의적인 세력과 사회변혁세력을 통합하고자 한 브라멜드는 다양한 힘을 이용해서 중요한 변화를 가져오지 않으면 안 된다고 주장하였다.

3) 뉴욕과 스텔튼의 모던스쿨

트레이거(F. Trager, 1986)는 뉴욕과 스텔튼에 있었던 페레르협회의 모던스쿨(modern school)이 인본주의적인 의식과 정치적 의식을 총합한 것이라고 하였다.

이 모던스쿨은 톨스토이와 페레르의 이상에 바탕을 두고 설립되었다. 페레르는 1910년 처형되었고, 이것이 계기가 되어 뉴욕에 페레르협회를 설립하려는 기운이 높아졌다. 이 협회는 페레르센터와 모던스쿨을 개설하고, 기관지 『모던스쿨(The Modern School)』을 발행하였으며 노동자, 사회주의자, 무정부주의자, 자유주의자들에 의해 구성되었다. 투쟁적인 지도자 중에는 골드만(E. Goldman)과 버만(A. Berman)이 있었다.

이 학교는 1911년에 개교하였으며, 그 설립자들은 자유주의자와 사회주의자의 원리가 결합되는 것을 기대하고 있었다(F. Trager, 1986). 모던스쿨은 협회와 같은 건물 내에 있었고 페레르, 톨스토이, 휘트먼, 입센, 윌리엄 모리스의 초상으로 장식되었다. 학교의 교육방침과 수업방법은 톨스토이적인 의미에서의 자유주의였다. 어린이들은 오고 싶을 때 학교에 와서 흥미를 갖는 주제에 대해 스스로 배우고 놀며, 교육과정은 어린이들 자신에 의해 결정되는 경우가 많았다. 모던스쿨의 전형적인 하루는 1912년부터 다음 해 겨울 학기 동안 이 학교 교사로 근무한 듀란트(W. Durant)에 의해 그려지고 있다.

트레이거는 이 학교의 기본 방침에 대해서 정치적 급진파와 자유주의자 사이에 갈등이 있었던 것을 지적하고 있다. 페레르가 끝까지 학교의 대표적 이미지로서 남아 있었으나, 학교에서의 일상생활은 톨스토이식이었다. 그런데도 정치적 급진파를 매료시키고 있던 페레르협회는 어린이들과 학교에 더욱 비형식적으로 자연스러운 영향력을 끼쳤다. 이와 같이 해서 혁명을 추구하는 입장과 자유주의 입장의 통합이 이루어졌다. 페레르협회의 회원은 학교에서 가르치고, 어린이들은 센터에서 열리는 성인반에 출석했다. 이 시기는 뉴욕에서 많이 일어났던 스트라이크와 데모 등 정치활동의 시기였다. 이러한 전체의 정세도 학교에 강한 영향을 주었다. 일부 학부모들이 학교의 쉬운 교육과정이나 흐트러진 분위기에 우려를 나타내어 학문적인 교과에 대한 중요성이 더해지고 교실의 활동은 집단 주체로 되었다. 학생들은 어린이 잡지를 만들기도 하고, 교실 꾸미기에 힘을 썼다. 나중에 이 학교는 뉴저지의 스텔튼으로 이사했다. 거기에서 알렉스(Alex)와 펌(A. Ferm)의 지도하에 학교는 다시 톨스토이식으로 되었다. 결국 낭만주의 교육과 사회 · 정치교육의 진정한 통합이 이루어진 것은 뉴욕에 있을 때였다.

현재 인본주의와 사회의식의 통합에 의해 운영되고 있는 사례로 슈타이너 교육, 합류교육 등을 들 수 있다. 1992년에 론 밀러가 저술한 『학교는 왜 존재하는가?: 미국 문화 속의 홀리스틱 교육(What are Schools For?: Holistic Education in American Culture)』에 홀리스틱 교육의 발전에 대한 심층적이며 역사적인 접근법이 제시되어 있다.

4. 열린 교육과 홀리스틱 교육

로저스(C. Rogers)는 인간은 자신에게 필요한 것만을 배운다고 하였다. 즉, 학생들은 '가르친 것을 그대로 암기' 하거나 '가르치면 지식의 양이 증가' 하는 컴퓨터가 아니라는 것이다. 'Education' 의 어원은 라틴어의 'educare' 인데, 이 말은 '(재주 · 능력 등을) 끌어내다, 불러 깨우다' 라는 뜻으로, 교육이란 인간의 내면에 있는 것을 '불러일으키는 활동' 이라 할 수 있다. 교육이라는 것이 가르친다는 의미가 아닌 이러한 진정한 의미로 교육현장에서 행해지고 있는지를 생각해 보아야 할 필요가 있다.

우리들은 자신의 지금까지의 견해나 사고방식을 절대시하거나 그곳에 안주하지 말고 새로운 견해나 사고방식에 대해 자신의 마음을 열어 가는 것이 필요하다. 그러나 새로운 견해나 사고방식을 알고 그것에 공감하더라도 곧바로 기존의 사고방식이 새로운 것으로 바뀌는 것은 아니다. 왜냐하면 기존의 사고방식이 우리들 개개인의 잠재의식 속에 깊이 뿌리를 내리고 있기 때문이다. 그러므로 그의 전환을 위해서는 끊임없는 자기 노력이 동반되어야 한다.

여기에서는 우리 교육의 본질화에 기여해 온 열린 교육을 진단해 보고, 우리 교육의 미래를 바라보는 시점에서 홀리스틱 교육의 적용 가능성에 대해 살펴보기로 한다.

1) 열린 교육의 배경과 특성

'비형식 교육(informal education)' '통합적 교육(integrated education)' 또는 '아동 중심 교육' 이라는 이름으로 영국에서 발전되기 시작한 열린 교육은, 1967년 플라우든(Plowden)의 교육사문위원회 보고서의 영향으로 영국 대부분의 초등학교에서 실시되기 시작하였다. 플라우든 여사는 리세스터셔(Licestershire) 지역의 유아교육을 9년간 연구하였는데, 리세스터셔 프로그램은 교육 이론이나 국가차원에서 개발된 것이 아니라 교육현장 교사들에 의해 실천적으로 개발 · 적용된 것으로서 급당 40명의 6개 학급 총 240명의 학생에게 적용된 프로그램이다(구학봉, 1998).

이러한 영국의 유아교육 · 초등교육방식에 대해 미국의 교육학자들은 많은 관심을 보였으며, 곧 미국에서는 '열린 교실(Open Class)' 또는 '열린 학교(Open School)' 라는 이름으로 확산되었다. 이는 1920년대에서 1950년대 중반까지 미국의 교육계를 지배하였던 진보주의적 교육운동과 맥을 같이하는 것으로, 1957년 스푸트니크 충격과 1960년대 사회적으로 자유와 인권의 개념이 강조되면서 영국의 영향으로 다시 부각된 것이라 볼 수 있다. 1964년 헐(W. Hull)은 영국의 교육을 시찰하고 1971년에 그 내용을 보고하였는데, 그 내용에서 모든 아이들은 자기 발달, 학습 속도에 맞추어 행복하고 즐겁게 공부하고, 암기식보다는 효율성을 배우며, 다양한 교재와 교구, 융통성 있고 온화한 환경이 마련되어 교사와 학생 간의 상호작용에 의해 교육이 이루어지고 있다고 보고하고 있다.

일본에서는 1970년대 초 전국적으로 3,000여 명의 회원을 확보하고 하드웨어(학교전축, 교구)와 소프트웨어(교육내용과 방법)별 전문가의 협력체제를 강화하는 등의 움직임을 보였는데, 최근에는 '개별화 · 개성화 교육' (加藤幸次 · 安藤慧, 1985)이라 불리고 있다.

이러한 교육이론이 우리나라에 처음 소개된 것도 1970년대다. 그러나 학교에서 열린 교육이 실제로 실시된 것은 1986년으로, 서울에 있는 두 개의 사립학교에서 동시에 실시되었다. 즉, 운현초등학교(6학급, 급당 30명)는 처음부터 열린 교육을 실시하는 일종의 실험학교로서 개교되었고, 영훈초등학교(36학급, 급당 40명)는 기존의 학교를 조금씩 열린 교육 체제로 바꾸어 나가기 위한 시범학교로 시작하였다. 1989년에는 공립학교 최초로 경기도 평택군 안중초등학교에서 열린 교육을 시작하였다. 그 후 1995년 '5 · 31 교육개혁안' 이 국가차원의 교육개혁으로는 처음으로 공고되었는데, 이 교육개혁안은 '열린 교육 사회, 평생 교육 사회' 를 비전으로 제시하고, '학습자 중심 교육' 과 '교육의 다양화'

를 지향한다고 밝히고 있다.

새로운 교육이론이 항상 학자들이나 교육부 차원의 발표에서 이루어진 것과는 달리, 우리나라의 열린 교육은 현장 교사들의 실제적인 경험이 하나의 공감대를 만들어 거기에서 뿌리를 내리기 시작한 풀뿌리 운동에서 출발하여 국가차원의 운동으로까지 옮겨졌다고 할 수 있다(이성은, 1997).

2) 열린 교육의 진단과 과제

이러한 열린 교육은 빠른 속도로 확산되어 그간 많은 학교에서 실시되어 왔다. 그러나 교육이란 인간을 대상으로 하는 활동이므로 그 심도 있는 신중함이 고려되지 않으면 안 되는데, 그 정착을 기뻐하기도 전에 그간 열린 교육과 관련하여 여기저기서 많은 불협화음이 들렸다.

이용숙(1997)은 초등학교에서의 열린 교육의 확산속도가 지나칠 정도로 빠른 만큼, 열린 교육을 잘못 이해하여 발생한 시범학교에서의 시행착오마저도 그대로 확산되어 버리는 문제가 나타난다고 했다. 열린 교육은 ① 교사 제작 학습지를 사용하여 개별학습만 시키면 되는 것, ② 소집단 협력학습만 시키면 되는 것, ③ 매시간 모든 학생을 교실바닥에 깔린 양탄자나 고무판, 돗자리 위에 모여 앉게 하는 '한자리 모임' 시간을 가져야 하는 것, ④ 반드시 활동자리(학습코너)를 여러 군데 설치해 놓고서, 학생들이 돌아가면서 각 자리에서 활동해야 하는 것, ⑤ 자유방임교육, ⑥ 자원하는 학부모 보조교사들에게 교사의 일을 맡기고 교사는 감독만 하면 되는 것으로 착각하는 등의 실수가 반복관찰되고 있다고 하였다.

이와 유사한 것이 한형식(1997), 이성은(1997) 등에 의해서도 보고되었으며, 우리나라의 교육은 열린 교육이라는 미명하에 또 다른 획일화된 교육의 모습을 보이게 되었다고 하였다.

그러나 열린 교육의 문제점은 그러한 테크닉적인 것에만 국한된 것은 아니며, 또한 그런 관점으로만 보아서도 안 된다. 열린 교육은 학생들의 전인적인 발달을 이룬다는 인본주의적인 목표를 갖고 시작하였으나 그의 성과에 대해서도 생각해 보아야 한다(이돈희, 1997).

오늘날 우리 사회에는 '왕따' 라는 신용어가 등장하고, 교내에서는 집단멸시(이지메), 등교거부, 교내 폭력, 비행, 체벌, 무기력 · 자기 비하에 의한 자살기도 등 생명에의 경시 · 불신 풍조, 무질서 등 여러 심각한 문제들이 날로 늘어 가고 있다. 그뿐 아니라 정계의 부패나 젊은이들의 자기 소외, 정치에의 무관심, 범죄, 테러, 가정의 붕괴, 이유 없는 살인, 어처구니없는 사고의 유발 등도 많은데, 이것들도 모두 교육문제와 깊이 관련 있다고 할 수 있다. 우리들은 경제발전이나 생산성의 향상을 제일의 목적으로 삼아 물질적인 풍요함만을 추구하여 인간성(人間性)을 기르는 것을 소홀히 하여 왔다. 인간성은 자기를 타인과의 '사이' , 자기와 세계와의 '사이' 의 관계성에서 실현된다고 보는 실로 '인간(人間)' 성인 것이다.

이제는 모든 것을 보다 넓게 전체적으로 보는 견해가 필요한 때이며, 모든 것의 표면적인 현상뿐만 아니라 그 근본적인 문제가 어디에 있는가를 속속들이 보지 않으면 안 된다. 자기 자식의 출세만을 위해서 고액 과외를 시키거나 교사와의 불미스러운 주고받음으로 얻어질 결과에 연연할 때가 아니다. 앞으로의 교육은 내 아이 네 아이를 떠나서 우리 모두의 아이라는 생각으로 교육행정가, 교원, 학부모, 지역사회 구성원이 하나가 되어 함께 생각해야 한다. 눈에 보이는 시험성적만으로 울고 웃는 것이 아니라 그 아이의 몸이나 감정, 마음, 영혼에도 눈을 돌려 교육 내의 문제를 적극적으로 해결해 가야 한다. 즉, 공동적인 사고를 통해 이러한 교육의 위기를 극복할 수 있는 방향을 적극적으로 모색할 필요가 있다.

3) 열린 교육과 홀리스틱 교육

열린 교육이 그간 우리 교육의 모습을 발전적으로 변화시키는 데 많은 기여를 해 온 것은 사실이다. 전술한 바와 같이 열린 교육에 대한 많은 의의도 제시되고 있다. 그러나 교육의 근본적인 문제를 해결하여 현 교육의 문제점을 개선하는 데는 그에 더하여 홀리스틱적인 사고로의 전환과 홀리스틱 교육의 실천도 필요하다. 먼저, 교육인적자원부에서 우리 교육의 발전방향으로 제시한 『교육비전 2002: 새 학교문화 창조』(1998)에서의 추진과제 여섯 가지를 중심으로 후술하는 4장의 홀리스틱 교육비전 10원칙과의 관련성을 보면 다음과 같다.

(1) 학교 토론문화 형성

교원 · 학생 · 학부모들이 지켜야 할 규범과 학교문화를 자율성과 책무성을 바탕으로 민주적인 절차에 의하여 스스로 제정하고 준수하며, 학교 공동체의 공동 관심사항을 교원 · 학생 · 학부모들이 한자리에 모여 토론하고 협의함으로써 구성원 모두가 자기 할 일을 분명히 인식하고, 자기 몫을 다하는 풍토를 조성한다.

이것은 제7원칙 '참여민주주의 교육' 과 관련 있는 것으로서 교육의 목적은 아이들을 지금의 사회에 적응시키는 것만이 아니라, 함께 협력하여 보다 나은 사회로 변혁해 가는 인간을 길러가는 것에 있다. 참된 민주사회의 건설이란 선거에서 지도자를 선택하게 하는 일에 그치지 않는다. 그것은 자신이 생활하는 사회에 문제가 발생했을 때 스스로 적극적으로 해결을 향해 움직이는 힘을 기르게 한다. 이러한 것들은 모두 교육의 몫으로, 가르치고 배우는 중에 실제로 체험하지 않으면 길러지기 어렵다. 소수의 의견에도 귀를 기울이고 존중하며, 권한을 다양한 계층에 분산하고, 지배적인 관계보다 협력적인 관계를 형성하며, 수동적인 자세가 아니라 자신이 새로운 것을 창조해 가는 행동을 기르는 것이 중요하다. 이러한 자세는 학교의 토론문화를 형성하는 데 크게 기여할 것이다.

참된 민주사회란 '다수결의 지배' 이상의 것이다. 그것은 다수의견이나 자신과는 다른 의견에 대해서도 귀를 기울이고, 성심성의한 인간적인 관심을 기울이며, 변혁할 필요가 있을 때는 과감히 변혁을 시도해 나아갈 수 있는 사회다.

(2) 교수-학습과정의 개별화 선언

> 소질 · 적성 · 능력 등 학생의 다양성을 존중하는 방향으로 교육과정을 편성 · 운영하고, 교사 중심의 수업에서 학생 스스로가 학습하는 방법을 터득하여 자기 주도적으로 학습할 수 있게 한다.

학습자는 그 누구나 무엇과도 바꿀 수 없는 귀중한 존재라는 것을 인식하지 않으면 안 된다(제2원칙 '인격체로서의 학생 존중하기'). 개개인이 서로 다르기 때문에 멋진 것이다. 인간은 모두 태어나면서 창조적이며, 신체적 · 정서적 · 지적 · 정신적으로 그 사람만의 독특한 능력과 지향성을 갖고 있다. 어떤 학생에게나 자신에게 적합한 배움의 방식이 있으며, 각자의 견해에 따라 자기 나름의 형태로 배우는 것이 효과적이라는 것이 명백하게 된 지금, 같은 과제 · 방법 · 교재로 아이들에게 획일적인 학습을 강요하는 것은 이제는 더는 용서되지 않는다. 다중지능(multiple intelligence) 이론에 의하면 언어적, 논리 · 수학적 분야에 미숙한 학생일지라도 신체적 · 음악적 · 시각적 · 공간 분야 등 본인이 자신 있는 분야를 도입하는 것에 의해 보다 효과적인 학습을 할 수 있다고 한다. 학생들의 능력, 재능, 지향성, 자라는 환경은 여러 가지다. 이들은 학습자 개개인의 참된 사질을 나타내고 있는 것이 아니라, 사회상황의 요청에 그 학생이 어느 정도 응할 수 있는가를 제시한 것에 지나지 않는다. 특히 '문제아' 라는 딱지는 아주 유해하다. 교육구조는 이 같은 딱지를 붙이는 것으로 개개인이 간직하고 있는 배경을 무시해 버리고, 오직 획일적인 목표를 향해 아이들을 경쟁의 세계로 놀아세우게 된다. 학교 교육은 이 같은 상표 붙이기를 그만두고 보다 개개인의 개성을 중시하도록 변혁되어야 한다. 그렇게 함으로써 처음으로 아이들은 다양한 존재가 있다는 것을 중요하게 여기고, 그 다른 점에서 배울 수가 있으며, 자신이 갖고 있는 개성이나 자신다움에 눈을 돌려 서로 메워 주고, 도와주는 힘을 얻을 수 있게 된다. 이 참된 배움의 공동체야말로 개개 학습자의 필요를 충족시키는 공간이다.

우리는 전체를 부정하는 자기중심주의와 개인이 부정되고 묵살되는 전체주의의 양단을 반복해 왔다. 홀리스틱적인 사고에서는 모든 존재가 서로 관계를 갖고 있고, 서로 의지하고 있다고 생각한다. 개개의 차이가 있기 때문에 각각 자립해 가고 서로 관련을 갖고 있으며, 각자의 차이를 살리고 보충하는 상호 의존 관계가 가능한 것이다. 다른 점이 있는 것은 풍요로운 것이며, 다른 점과 만날 때에 새로운 자각이 생겨난다. 메아리가 가르쳐 주듯이 같은 수목으로 이루어져 있는 단상림보다 잡목림의 경우가 환경의 변화에 유연하게 대응할 수 있는 것이다. 즉, 획일적이고 동질적인 집단보다도 다양하고 이질성이 높은 집단 쪽이 장기적으로 보면 더 안정적이고 창조적이라 할 수 있다.

(3) 다양한 체험학습 수행

> 현실에서 유리된 이론 중심의 교육을 지양하고, 학생들이 지역 사회의 일터를 학습장으로 이용, 직접 체험하고 봉사하며, 나아가 진로 탐색의 기회로 활용하는 한편, 건전한 학생 축제문화를 창달한다.

제3원칙은 '경험의 중심적 역할'로 경험적 학습의 중시다. 통찰력 있는 교육자들에 의해 몇 세기에 걸쳐 논해져 온 바와 같이 교육은 경험의 소산이다. 배우는 것은 인간이 여러 가지 감각을 써서 적극적으로 세계에 부딪쳐 가는 것이다. 그 만남의 체험은 배우는 자에게 힘을 주어 세계가 갖는 풍부한 의미를 명확히 해 준다. 살아 있는 체험은 끊임없이 성장해 가며, 교육의 목적은 경험을 통해 건강하고 자연스러운 성장을 이루어 가는 것이다. 세계가 얼마나 신비하고 놀라움에 차 있는지, 그 찬란함과 만날 수 있도록 '생명'의 세계에 잠긴 경험을 학습자에게 전하는 것이 교육이다. 지역의 경제적 · 사회적인 생활을 배우는 자의 실제 경험에 의해 교육을 사회의 실생활에 이어 가야 한다. 또 교육은 예술이나 진지한 대화, 또는 때때로 조용히 자기를 주시하는 것에 의해 학습자를 자기 자신의 내면적인 세계와의 관계로 이끌어 가야만 한다. 자기 자신을 잘 알지 못하면 외적인 지식은 얕고도 의미 없는 것이 되어 버리기 때문이다.

(4) 평가의 다양화 및 투명성 보장

> 학생을 총체적으로 이해하고 평가할 수 있는 다양한 도구를 개발, 이를 공정하고 투명하게 적용하여 누구나 수긍할 수 있는 평가체제를 구축함으로써 2000년 이후 확대 · 시행될 무시험전형제의 조기 정착을 도모한다.

전원 일률적인 시험과 성적평가방식은 근본적으로 재조정되어야 한다(제2원칙 '인격체로서의 학생 존중하기'). 성적평가의 가장 중요한 목적은 보다 잘 배우기 위해서 학습한 것을 피드백 하는 것이다. '객관적' 인 점수평가가 아동의 학습이나 인간적 성장에 실제로 도움이 되는 것은 아니다. 측정하여 점수화되는 것만을 평가하는 것에 쫓겨 측정은 되지 않으나 인간의 성장에 가장 중요한 그 무엇인가를 우리들은 무시해 왔다. 또 전원 일률적인 테스트는 학습자 개개인의 중요한 개성을 보이지 않게 하고, 표준화되지 않는 아동을 배제시키는 역할도 해 왔다. 지금까지의 일률적인 테스트와 성적평가방법을 버리고 학생 개인에 대한 학습평가를 도입한 학교도 많으나, 이 새로운 시도에 의해 더욱더 아이들은 자기 자신에 충실하게 되었으며 성과도 올라가고 있다. 아이들은 자신을 알고 자기를 조절하며 배우고 싶으니까 배운다는 참된 학습의욕을 갖게 된 것이다. 이러한 평가에 대한 관심은 1990년대에 들어와 그 필요성과 실시의 중요성이 인식되고 있는 실제적이고 참된 수행평가(authentic performance assessment)사상과 더불어 빠른 확산을 보이고 있다.

(5) 교원의 전문성 · 책무성 신장

> 침체된 교단 분위기를 교원 스스로 개혁하여 긍지와 사명감을 갖고 전문적 소양으로 교수-학습활동에 전념할 수 있는 풍토 조성을 해 가는 한편, 책무성 제고에 필요한 제도개선을 지속적으로 추진한다.

제5원칙 '교사의 새로운 역할' 로서 교직은 과학적인 실천과 함께 예술적인 감성도 필요하며, 본질적으로는 천직 또는 사명이라고 할 수 있다. 그러나 많은 교사들은 제도화된 자격이나 형식적인 증명서, 전문 용어나 교수기술 등에 관리되어 직업적으로 구분되고, 학생이 인간적으로 성장해 가는 중에 반드시 만나는 정신적 · 정서적인 문제에 친근하게 관계하는 일이 적어졌다. 그러나 교사는 자연적인 과정인 인간적 성장을 촉진하는 존재가 되지 않으면 안 된다. 학습은 교사가 만들어 내는 제품이 아니라 자연히 생겨나는 것으로, 교사는 이 배움의 과정의 촉진자 역할을 해야 한다. 또 그를 위해 학생 개개인에 맞춰 배우는 환경을 구성하고 실현할 수 있는 자유로운 재량권이 현장 교사에게 주어져야만 한다. 교사 자신의 내면적인 성장과 창조적인 인식을 촉진할 새로운 교사교육 모델이 필요하다. 교사가 자기 자신의 내면에 생겨나고 있는 것에 마음을 열고 있을 때에는 배움의 장에서 학습자와 함께 배우고 함께 창조해 가는 과정을 자연스럽게 도입할 수 있게 된다. 가르치기 위해서 필요한 것은 이미 되어 있는 교수법이나 교재가 아니라, 인간이 성장하는 중에 과제에 직면했을 때 그 과제를 정확하게 포착해 낼 수 있는 예민한 감성이다. 개개인의 학습자를 그 무엇과도 바꿀 수 없는 존재로서 존중하는 학습자 중심의 교육자가 필요하다. 교육자는 학습자 개개인의 요구나 능력을 인식하고, 그것이 각각 다르다는 것에도 주의를 기울여 모든 수준에서의 요구에 응하지 않으면 안 된다. 교사는 또 학생 개개인을 항상 가정이나 학교, 사회, 지역 공동체, 우주, 각각의 존재의 차원에서 정확히 수용하지 않으면 안 된다.

(6) 학교경영의 자율성 증진

> 단위 학교의 교육자치를 활성화하고, 지역의 실정과 특성에 맞는 다양한 교육활동을 창의적으로 실시할 수 있게 교원 · 학부모 · 지역사회 인사들이 참여하고 협조하는 학교경영체제를 정착시킨다.

이는 학교에 숲을 만들어 홀리스틱 교육을 실천하고 있는 일본 니가타현 나가오카시의 실천에서 배울 수 있다. 전 미나미 중학교장인 사가와토오루는 학교에 숲을 만드는 것의 교육적 의의에 대하여 "지역에 존재하는 '고향의 숲' 을 학교 뒤 운동장에 만드는 것에 의해 교사 · 학생들이 숲에 친밀감을 느끼고 자연과 공생하는 마음을 가졌다. 또 학생, 교사, 부모, 시민, 행정가 등 모두의 손으로 숲을 만들었던 체험을 귀중히 여겨 지구 시민으로서의 심성을 기르고, 숲에서 배우고 숲과 함께 생존하면서 서로 지속 가능한 사회나 정신성을 양성하는 데 도움이 되었다." 라고 보고하고 있다. 학교 주변의 생태계를 조사하여 식수할 수목을 조사하고, 땅을 파고 일궈 심을 자리를 다지며, 자신의 수목을 정하여 부모와 자녀가 함께 식목하여 자라는 모습을 지켜보며 관리해 가는 중에 상호 유대관계가 조성되고, 우리 모두의 학교라는 공감대가 형성될 수 있다. 숲은 날로 푸르러지고 오랜 기간 존재하므로 해가 바뀌어 관리자나 교사가 바뀌어도 지역 주민의 그 학교를 생각하는 마음은 변함없이 숲과 함께 성숙해져 갈 것이다. 함께 만든 교정의 숲에서 지역의 각종 행사도 개최하고, 지역 주민과 교사가 함께 앞으로의 교육을 논해 간다면, 학교의 경영은 순조롭게 진행될 것이다. 또한 이는 날로 황폐화되어 가는 지구의 생태계를 살리는 것이기도 하며, 아이들의 인성 · 전인교육과 풍요로운 교과 운영을 위해서도 유익하다.

또한 '인간 · 전인 · 개성 · 창의성 · 공동체 교육이념의 열린 교육 본질화 터전 위에 홀리스틱적인 관점의 실생활 체험교육의 실천 강화, 참여형 민주주의 교육의 구현, 지구시민교육과 생태학적 소양 교육, 정신성 교육의 강화' 등을 통하여 열린 교육의 내부에 잠재하는 문제점을 해결하고, 열린 교육의 새로운 현대화를 위해 연구 · 실천을 강화하는 것이 필요하다(김현재, 1997).

특히 밀러는 하루의 생활 중에서 반드시 명상의 시간을 가질 것을 권하고 있다. 자신의 생활의 페이스를 조금 늦추어 주위와의 관계를 느낄 여유를 가질 것을 권한다. 아침 일과를 시작하거나 수업을 시작하기 전에 명상을 함으로써 학생들은 자신의 마음 중심에 있는 따뜻한 기분을 느끼고, 안정된 마음으로 다음 활동에 임할 수 있게 될 것이다. 이러한 정신성(영성) 교육활동의 지속적인 수행에 의해 열린 교육에서 일어나고 있는 문제의 해결점도 찾을 수 있으리라 생각된다.

우리는 지구상의 모든 것이 서로 유대감을 갖고 있다는 것을 잊었고, '생명'에 대한 경외감을 잃었으며, 산업사회적인 가치관이나 과학기술 신앙만을 다루어 왔다. 그 결과 대기오염, 해양오염 등 지구 전체의 자연파괴가 진행되어 병든 생태계를 만들어 내고 있다. 따라서 미래의 인간을 행복하게 해야 할 과학기술의 발전이 오히려 인류와 지구의 파괴를 불러일으킨다는 비난이 나오고 있다. 병든 교육의 근원은 이러한 병든 생태계의 근원과 같은 곳에 있다. 그것은 인간성이나 마음을 보지 못하는 이 현대 문명의 위기인 것이다. 보다 나은 삶의 방식, 보다 나은 교육을 원하는 마음은 모두가 같다. 모든 사람이 자신의 입장에서 무엇을 할 수 있을까 생각해 보고 행동할 필요가 있다. 지금이야말로 우리 모두가 서로 손을 맞잡고 창의적인 사고로 창조적인 활동을 전개해야 할 때다.

'홀리스틱 교육'은 21세기에 들어선 지금 개개의 상이점을 초월해 교육의 막다른 길을 타파하는 공통의 방향을 찾고자 한다. 우리는 지구 생명권에 대한 이해를 구하는 교육을 추구할 필요가 있다. 지구상의 모든 존재가 서로 의지하고 있을 때 개인의 행복과 '지구 전체의 행복'이 깊은 곳에서 일치하는 것, 그리고 우리들 개개인이 지고 있는 책임의 깊이와 넓이, 그들의 자각을 구하는 교육을 추구하며, 지구 생태계에 견고히 뿌리를 내릴 필요가 있다. 인류의 모태인 지구라는 이 생명권은 암흑의 우주공간에 떠오르는 생명의 오아시스다. 이 지구상에 살고 있는 모든 것이 서로 의지하고 있는 하나의 생태계, 하나의 전체인 것이다. 인류가 지구에서 살아 나가려면 생태학적 온화한 감성에 기초한 지구 규모에서의 상호 협력이 필요하다.

지구라는 생명권에 대한 학습은, 생명유지의 기본 구조, 에너지 순환, 생명연쇄, 상호 의존관계, 생성 · 진화의 과정 등에 대해 배우게 된다. 또 현재 지구의 커다란 문제인 오존층의 파괴,

지구 온난화, 삼림파괴, 산성비, 생물의 종의 감소, 쓰레기 문제, 개발도상국 문제, 해양오염, 사막화 등 현실문제의 실태를 알고, 우리들이 할 수 있는 것이 무엇인가를 생각해 볼 필요가 있다. 이 학습은 또한 자연과학만이 아니라 정치, 경제, 문화, 역사, 심리학, 사회학, 철학 등의 분야도 통합하는 통합적인 학습이 된다.

개개의 부모나 교사, 일반 시민이 이 같은 방향을 목표로 자신이 놓여 있는 입장에서 다양한 방법으로 노력해 가는 것이며, 그 실천방법이나 응용방법은 다양할수록 좋다. 미래는 지금, 우리들이 창조해 가는 것이다.

2 철학적 기초

존 밀러(1996)는 헉슬리(A. Huxley, 1970)의 '영원철학(perennial philosophy)' 사상이 홀리스틱 교육에 철학적 기초를 제공해 준다고 하였다. 우리들 개개인이 존재의 기저에 있는 심층에서 상호 연관을 맺고 있고 다른 모든 것과 이어져 있다는 것이 홀리즘(holism)의 핵심인데, 우주의 모든 생명체가 연계되어 있고 결합되어 있다는 것이 이 영원철학사상이다.

이 장에서는 밀러의 『The Holistic Curriculum』(1996) 제2장 The Philosophic Context: The Perennial philosophy를 중심으로 원자론과 실용주의의 탐색을 통한 홀리스틱 교육과정이론의 철학적 배경에 대하여 고찰해 보기로 한다.

교육과정(curriculum, 教育課程) 이론의 효시로는 보비트(F. Bobbitt)를 들 수 있는데, 그는 『The Curriculum』(1918)에서 교육과정을 무엇으로 볼 것이며 어떻게 개발되어야 하는지, 또한 교육과정의 성공 여부에 대한 평가기준 등의 문제를 제기함으로써 교육과정의 구성과 개발을 체계적 · 과학적으로 시도하고, 현대 교육학의 전문 분야로서 교육과정이론을 보았으며, 교육과정을 하나의 탐구 영역으로 자리 잡게 하였다. 그 후 교육과정에 대한 이론들이 속출하여 오늘날까지 교육과정이론 정립에 대한 많은 논란이 계속되고 있는데, 이귀윤(1996)은 이들 교육과정이론을 크게 다음의 세 개로 범주화시키고 있다.

첫째 교육과정이론의 체계성, 일반화 가능성을 추구하고, 그에 역점을 두는 일반성(generality) 이론, 둘째 교육과정이론은 교육현실의 실제적 맥락에 의거해야 함을 강조하는 맥락성(contextualism) 이론, 셋째 교육현실의 불안정성과 불확실한 성격 때문에 교육과정이론은 확실하게 정립할 수 없다는 불확실성(uncertainty) 이론이다.

일반성 이론에 대해서는 주로 테일러(Tyler, 1949)와 그의 계열에 속하는 교육과정 학자들인 헤릭(Herrick, 1950), 존슨(A. N. Johnson, 1967), 보챰(Beauchamp, 1975), 자이스(Zais, 1976)의 교육과정이론에 관한 아이디어를 소개하고, 또한 엄밀한 의미에서 보면 이 계열에 속하지는 않지만 교육과정이론의 일반적 특성 및 준거를 주장하고 있는 애뇸(Anyom, 1982), 매컷첸(McCutcheon, 1982)의 교육과정이론을 들어 이들 교육과정이론이 목적과 목표의 역할을 강조하고 있으며, 실천가를 안내하고 교육과정현상을 경험적으로 분석하는 기술적 · 처방적 차원을 갖는다고 하였다.

맥락성의 범주에 속하는 교육과정이론은 일반성의 범주와는 달리 비규범적인 성격을 띠고 있는데, 이에 대해서는 클리에바드(Kliebard, 1968), 슈바프(Schwab, 1969), 윌리스(Willis, 1970, 1982), 워커(Walker, 1971, 1974), 피나르(Pinar, 1980), 레이드(Reid, 1981), 바로네(Barone, 1982), 슈베르트(Schubert, 1982), 발란스

(Vallance, 1982), 반 마넨(Van Manen, 1982)으로 대표되는 재개념주의 교육과정 사회학자의 이론을 제시하고 있다. 이 범주의 이론가들은 교육과정이론이 규범적 혹은 조직화된 교육에만 관계한다면 그것은 기술공학 내지는 메타이론에 불과하므로 교육실천에 도움을 주는 이론이 될 수 없다고 지적하고 있다. 학교와 학급이라는 실제적인 맥락에서 교육과정문제를 있는 그대로 반영하고, 문제들을 찾아내고 해결하기 위한 원리와 기법을 제공하려고 노력하고 있으며, 특히 교육과정연구의 도덕적 차원을 재인식시키는 데 역점을 두고 있다고 하였다. 즉, 교육환경에 반응하며 학생의 내적 경험의 본질을 다루고, 학생 경험의 질을 증진시키기 위해 유효한 교육환경을 창조하는 데 일차적인 관심을 두고 있다고 할 수 있다.

'불확실성 이론' 이라는 용어는 교육과정에서는 일반적으로 적용할 이론이나 원칙이 있을 수 없다는 입장들이 있음을 지적하기 위해 쓴 말로, 이 범주의 교육과정이론은 맥락성 이론의 연장으로서 비규범적인 성격을 띠며, 무엇보다도 인간과 지식의 본질을 다르게 규정한다. 이에 대해서는 현상학적 시각에서 교육과정 계획의 불확실성 원리를 모색한 자렛(Zaret, 1986), 교육과정이론에서의 구성과 해체의 변증을 주장하는 후기 구조주의 입장의 체리홈스(Cherryholmes, 1987), 반기초주의를 고수하는 해석학적 · 현상학적 입장에서 교육과정이론을 재구성한 애킨스(Atkins, 1988)와 물리적 우주에 대한 탈뉴턴적 관점이 교육과정에 주는 시사점을 탐색함으로써 포스트모던 교육과정 학자들에게 중요한 시각을 제공한 돌(Doll, 1989)의 이론 등을 제시하고 있다.

1. 원자론적 교육과정

여기에서는 영원철학에 기초한 홀리즘이 교육을 기초하는 데 적합한 사상이라는 것을 밝히기 위하여 전달(transmission)과 교류(transaction) 입장의 철학적 배경인 원자론(atomism)에 대해 알아보고, 이를 교육과정과 관련시켜 검토하고자 한다.

원자란 그리스어의 '더 이상 나눌 수 없는 것들' 이라는 뜻의 아토마(atoma)에서 유래한 것으로, 원자론(atomism)은 복합적인 현상을 고정된 입자나 단위의 집합체로 설명하는 철학 학설이다. 우주의 본질에 관한 종국적인 문제인 원자론은 류시푸스(Leucippus)에 의하여 창시되었으나 데모크리투스(Democritus)에 의해 발전하게 되었다(임태평, 1997).

데모크리투스(B.C. 460~370)는 고대 그리스의 유물론을 완성한 사람으로서 철저한 무신론자이며, 도덕이나 예술문제까지도 유물론적으로 고찰한 명석한 두뇌의 소유자였는데, 자연과학이 아직 발달하지 않았던 시대의 당연한 제약을 받아 감각과 사고의 관계를 과학적으로 해명할 수 없었을 뿐 아니라, 인식론상의 문제에서 감각의 의의를 부당하게 격하시키는 잘못까지도 범하게 된다(東京大學出版會, 1993).

원자론은 부분을 전체가 드러내는 성질로 설명하는 전체론적 이론과는 달리 전체의 성질을 그 구성 하나하나의 부분으로 설명하고 "질적으로 동일하며 절대로 분할할 수 없고 병렬적으로만 상호 결합할 수 있다."는 특성을 갖는다(브리태니커, 1997: 51). 이러한 원자들은 현상을 설명하기 위해 고안된 주관적 구성물이 아니라 현실적 실재로 여겨지는데, 이 점에서 원자론은 실재론적 · 기계론적 세계관과 결부된다고 할 수 있다.

이 같은 그리스 시대의 원자론에 대하여 현대의 원자론은 보다 체계화되고 다듬어졌는데, 존 밀러(1996)는 현대의 원자론을 다음과 같이 정리하고 있다.

즉, ① 현실은 물질주의에 기초하고 있다는 것 ② 이 현실은 논리요소나 원자 등의 구성물로 환원할 수 있다는 것 ③ 인식의 유일한 근거는 감각기관이라는 것 ④ 물질세계의 조절은 경험과학의 성과를 적용한 기술의 진보에 의해 가능하다는 것 ⑤ 가치관이 배제된 조사 · 연구가 가능하다는 것이다.

원자론을 배경으로 하는 교육과정이론은 교육내용을 세분화하여 작은 단위로 분할해 가는 단편화나 환원주의의 특징을 갖는다. 이와 같은 입장을 20세기 초에 밝힌 사람이 앞에서도 본 보비트인데, 그는 1924년에 출간된 『How to Make a Curriculum』에서 "어른의 생활이 어떤 활동요소로 되어 있는가를 분석할 수 있다면 거기에서 교육의 모든 목표를 명확히 할 수 있다."고 하여, 교육과정의 목표요소를 성인 생활의 활동요소에 대응시키고 있다. 이들 활동요소는 무수히 많으며, 그것들은 교육과정의 목표요소로서 특수한 기능이나 활동으로 환원되는데, 이것이 바로 원자론적 발상이라 할 수 있다. 이와 유사한 원자론적 교육과정 이론을 밝힌 자로 사회학자 스네든(Snedden)이 있는데 태너와 태너(Tanner & Tanner, 1980)는 보비트와 스네든의 원자론적 견해에 의해 교사와 학생들이 다양한 교과목을 개별적으로 생각하는 경향을 갖게 되었다고 한다. 이 같은 견해는 오늘날의 능력주의와 결합된 완전학습에도 영향을 주어, 습득할 내용을 일람표로 작성하고 도달도를 검증할 수 있는 평가지표를 세분화하여 적정한 단계적 · 계통적인 교수-학습구조를 개발하게 하였는데, 이러한 행동주의적 학습이론은 행동주의 심리학에 기초하고 있다.

행동주의 심리학은 어느 특정한 학설이나 입장을 가리키는 것이 아니라 행동의 연구를 주제로 하고, 객관적인 관찰법을 택하는 것을 특징으로 하는 심리학 전체를 가리킨다. 이는 교육과정과 교수법에의 원자론적 접근을 배경으로 하여 교육내용을 세분화하고, 하나하나가 그 자체를 목표로서 달성할 수 있는 작은 학습과제의 집합체로써 편성된 교육과정이라는 '완전학습' 이론인 것이다. 완전학습이론에서 중요한 것은 교육과정을 최소의 단위로 분할함으로써 학생이 순차적으로 학습을 누적해 갈 수 있게 된다는 사고방식, 즉 하나하나의 과제를 조금씩 착실하게 습득해 가면서 최종적으로 목표로 하는 수준에까지 완전하게 도달할 수 있게 된다는 원자론적 접근인 것이다.

그러나 이러한 원자론적 접근은 듀이(J. Dewey)나 제임스(W. James)와 같은 실용주의적 견해자들에 의해 인간의 경험을 단편화하는 사상이라 하여 비판을 받게 된다.

2. 실용주의적 교육과정

실용주의(pragmatism)는 20세기 초 미국에서 가장 영향력이 컸던 철학사조로서 교육 이외의 법 · 정치 · 사회 이론, 나아가 예술 · 종교에까지 막대한 영향을 끼쳤다. 'Pragmatism' 이란 말은 pragma라는 그리스어에서 온 것으로서 행동(action)과 실행(deed)이라는 뜻이며, 영어의 practice나 practical이란 말도 모두 pragma를 어원으로 하고 있다. 즉, 말뜻에서도 보는 바와 같이 실용주의는 행동과 실천을 중시하는 철학으로서 광의로는 어떤 생각이나 정책이 유효성 · 효율성 · 실제성을 띠고 있음을 가리키며, 학문적으로는 추상적 · 궁극적 원리의 권위에 반대하는 태도를 나타낸다. 실용주의 철학은 다음의 여섯 가지를 주요 논점으로 하고 있다.

첫째, 실재의 가변적 성질을 강조하고 인간 지식을 이러한 실재에 적용하며 그것을 통제하는 도구로 본다. 둘째, 비판적 경험론을 계승하여 연구활동에서 고정된 원칙이나 선천적 추론보다는 현실 경험을 더 중시한다. 셋째, 어떤 생각이나 명제가 지닌 실용적 의미는 그 생각을 현실에 적용할 때 생겨나는 실제 결과 속에 들어 있다. 넷째, 진리는 검증과정에 의해 결정된다. 어떤 관념이나 생각이 성공적으로 작용한다는 사실이 곧 그것의 진리를 입증한다. 다섯째, 관념은 외부 대상의 반영이나 모사가 아니라 행위의 도구로 보아야 한다. 즉, 관념은 행동에서 생겨날 결과에 대한 가설이자 예측이며, 세계 속에서 행위를 조직 · 규제하는 방편이다. 여섯째, 방법론의 측면에서 볼 때 실재에 관한 인간의 사고는 인간 자신의 이해관계와 필요에 의해 생겨나며 효율성 · 효용성 여부에 의해 정당화된다(브리태니커, 1997: 658).

실용주의는 19세기 말 미국에서 퍼스(C. S. Peirce, 1839~1914)에 의해 제창되어 제임스(W. James, 1924~1910)에 의해 보급되고, 듀이(J. Dewey, 1859~1952)와 미드(G. H. Mead, 1863~1931)에 의해서 전개된 철학인데, 영국의 실러(F. C. S. Schiller, 1864~1937)의 사상도 이 경향에 속하지만, 주로 미국에서 주장된 철학으로서 미국 독자적인 사상이라 할 수 있다(철학교재연구회, 1995: 162).

실용주의는 그것을 주장하는 사람에 따라서 그 내용과 경향을 서로 달리하지만, 그 근본 입장은 우리의 실생활을 존중하고 지식을 실제 생활에 유용하다고 검증될 때에만 참(verity)이라 보는 데 있다. 따라서 실용주의자들은 앞에서 본 원자론과는 대조적인 입장을 취하고 있는데, 존 밀러(J. P. Miller, 1996)는 실용주의가 다음과 같은 특징들을 갖는다고 한다.

첫째, 우주를 생성·변화하는 과정으로 본다는 것이다. 우주는 만물이 유전하는 부단한 흐름과도 같은 것으로, 결코 완성된 것이 아니라 보다 열려 있고 유연하게 변화하는 불확정한 것으로 본 것이다.

둘째, 실험과학은 인간의 경험이 해석과 행동화를 위한 가장 좋은 모델이라는 것이다. 이에 대해서는 듀이의 이론과 실천을 제시하여 과학적 방법이 지성적인 행위의 가장 적절한 모델이라 논하고, 또한 과학적인 방법을 기초로 한 경험을 분석하는 문제해결방법을 발전시켜 '곤혹, 혼란, 의심하는 마음→추측적 예상→주의 깊은 개요 조사→잠정적인 가설의 정밀화→행위에 의한 가설검증'의 5단계로 나누고 있다.

셋째, 능동적 활동적인 경험에 의한 가설검증이 지성의 최고 형태를 산출한다고 하는 것이다. 듀이나 실용주의자들은 사실을 모으거나 분류하거나 하는 원자론적인 지(智)의 존재방식에는 부정적이며, 정신을 수동적인 것으로 생각하는 것에도 비판적이다. 즉, 실용주의에서는 지식을 획득하는 정신은 보다 능동적으로 활동적인 역할을 하는 것이며, 경험을 통해 새로운 의미를 생성해 가는 것이다.

넷째, 과학적 방법은 사회문제나 사회경험에도 적용할 수 있다는 입장이다. 듀이는 개개인이 지성을 갈고 닦으면서 성장하는 민주주의 사회를 강하게 요구했는데, 따라서 학교의 주요 기능은 학생들이 사회경험을 반성하고, 그 경험 위에 서서 가설을 검증해 가는 것을 배우며, 학습을 통해 반성적 지성을 길러 가는 것에 있다고 생각했다.

다섯째, 가치는 어느 특정한 상황이나 결과에서 생겨난다는 견해다. 실용주의에서 가치판단기준은 어떤 상황이 기대하는 목적에 적절한가의 여부로서 수단, 목적, 상황, 결과는 서로 분리하기 어려운 상대주의적이라는 것이다.

즉, 반성적 경험 안에서의 과학적 방법은 실용주의적 방법 자체를 비판적으로 재인식하고 있는 것이다. 듀이는 현재란 미래와 연결되는 동시에 다만 시간적인 연속에 그치지 않는다고 하였다. 지성으로써 현재에서 새로운 것을 발견하고 미래를 창조하는 사람을 자유롭게 만드는 실험주의(experimentalism)를 주장하였는데, 여기에서의 실험이란 단순히 순물질적인 조작이나 자연과학적 방법으로서의 실험이 아니고 탐구하는 것(inquiry)이며 인식에서의 확실성의 탐구다. 이러한 반성적 지성을 강조하는 실용주의는 여러 탐구적 접근에 의한 학습의 이론적 기초가 되어 왔다. 듀이의 탐구구조과정(김준섭, 1991)은 '문제의 발견→문제의 설정→가설의 발견→사실의 검토→문제의 해결' 이라는 종래의 형식논리가 탐구과정에서 가설을 세우는 추리작용을 담당한 것에 비하여, 실험과정을 포함하는 듀이의 탐구논리는 갈등과 논리를 분리하지 않고 문제해결을 위한 통일과정으로 보았다는 특징이 있다.

또한 듀이적인 탐구학습의 영향 아래 텔렌(H. Thelen)이 만든 6단계 집단조사법(a group investigation approach) 모델을 제시하면 다음과 같다(Joyce & Weil, 1980).

① 어려운 상황에 부딪힌다. →② 상황에 대한 반응을 탐색한다. →③ 주요한 과제를 설정하고 그 과제를 연구하기 위해 조직한다. →④ 개인 연구와 집단 연구를 실시한다. →⑤ 연구의 과정과 진행상황을 분석한다. →⑥ 연구과정에서 발생하는 문제와 더불어 새로운 연구 사이클을 시작한다. 즉, 생명을 가진 사람은 환경 또는 현 사태에 직면하여 그것과 상호작용하면서 균형을 잃고 불안상태에 빠지는 경우가 많은데, 이때 생명체는 새로운 문제를 발견하며 그것을 해결하여 그 상태에서 벗어나 안정된 상태로 가려 한다. 이 같은 실험이 탐구이며 인류의 역사는 이러한 실험과정을 통하여 기술을 발전시키고 환경에 적응하며 문화를 발전시켜 왔다는 것이다.

그 밖에도 마시알라스(Massialas, 1975)가 사회과 학습에서의 6단계법을 제시하는 등 많은 학자들이 실용주의적 관점에서의 교육과정 체계를 제시하고 있는데, 이들 탐구방법은 각각의 프로젝트에 따라 다소 다른 점은 있지만, 기본적으로는 듀이의 실용주의 탐구 모델을 응용한 방법이라 할 수 있다.

3. 홀리즘적 교육과정

홀리즘은 많은 과학영역의 성과에 기초하여 새롭게 생겨나고 있는 패러다임으로서 '모든 것이 구분하기 어렵게 이어져 있는 전체'라는 전제는 근대 세계에 널리 전개되어 있는 분할과 단편화의 패러다임에 대치되는 것으로, 편향된 환원주의적 접근에 조화를 이루게 하는 것이다(Yoshida, 1992). 이것은 우주 안에 있는 모든 것이 눈에 보이지 않는 통일성 내지는 전체성에 의해 결합되어 있다고 생각하는 '영원철학(perennial philosophy)' 사상에 근원을 두고 있는데, 이 영원철학과 홀리즘의 기본적인 사고방식을 존 밀러(1996)는 다음과 같이 요약하고 있다.

첫째, 우주는 근원적으로 하나며, 모든 것이 다른 것들과 이어져 있는 것이 실상이라는 것이다. 원자론은 우주를 개개의 원자의 집합체로 보았고, 실용주의는 끊임없이 생성·변화하는 과정이라 보았는데, 홀리즘은 우주를 조화적으로 상호 연계되어 있는 것으로 보는 것이다. 물론 홀리즘은 그 속에 부분적인 요소가 포함된다는 것도, 그리고 그것이 생성·변화의 과정 속에 있다는 것도 잘 인식하고 있다. 그러나 그들 부분을 이어서 연결하고 생성·변화의 과정을 일관하여 이끄는 통일성에 초점을 맞춘다. 그것도 이 통일성은 결코 단조롭고 융합적인 획일성이 아니라, 반대로 우주의 전체와 그 다양하고 다원적인 모든 부분과의 '관계성' 내지는 '연계'가 강조된다.

둘째, 내적인 자기와 통일성 있는 우주는 깊이 이어져 있다는 것이다. 여기에서는 에머슨(Emerson, 1903, 1904)과 머턴(T. Merton, 1959)의 말을 인용하여, 우주에 대항하여 자신이 갖고 있는 생각이나 의지를 관철시키려는 개인적인 '자기(ego)', 즉 '작은 자신'과, 보다 높은 차원에 있는 '자기(self)'이며 자아의 자기 주장의 하찮음을 잘 분별하고 있어 '우주적 정신'과 함께 단지 진실 속에 존재하려고 하는 '큰 자신'에 대하여 언급하고 있다. 독일의 철학자 하이데거(M. Heidegger)는 인간 존재의 이해를 깊이 추구하였는데, 그는 피부로 둘러싸인 캡슐과 같은 신체 속의 자아가 매몰된 것으로서 인간을 이해한 것이 아니라 '상호

작용의 장'으로서 혹은 그가 '현존재(Dasein)'라 부른 곳의 물질로서 인간을 이해하였다. 즉, 현존재라는 것은 그것을 둘러싸고 있는 환경과 불가분의 관계를 갖고 있는 것으로, 홀리즘은 원자론에 의해 분열된 내적 도덕률과 외적 우주와의 사이에 그 대립을 초월한 '이어짐'을 다시 복귀시키려는 시도다.

셋째, 이 '이어짐'은 조용히 혼과 대화하는 묵상이나 명상을 통해 직관적으로 통찰할 수 있다는 것이다. 영원철학의 기본이 되는 견해로 분별력에 기초한 합리적·분석적인 지(智)로는 존재의 전체성을 충분히 파악할 수 없다고 한다. 그리고 실상의 관계를 명료하게 보기 위해서는 깊은 직관을 기르지 않으면 안 된다는 것이다. 홀리즘은 이 커다란 의문, '존재의 의미가 무엇인가?' '우주에서 자기의 사명은 무엇인가?' '죽음과 어떻게 마주할까?'라는 물음에 정면으로 부딪치는 시도다. 원자론이나 실용주의가 경험주의나 과학적 방법에만 의지하는 한 이들 질문에 적절하게 답할 수는 없다. 이 같은 직관에 이르기 위해 영원철학에서의 다양한 방법이 논해져 왔는데, 묵상이나 명상 등의 방법은 '보는 것'을 도와주기 위해서, 즉 현실과의 '상호관계'를 자각하는 데 도움이 되는 것으로 옛부터 다듬어져 온 것이라 할 수 있다.

넷째, 가치나 의미는 실상에 눈떠 그 '이어짐'을 자각하는 것에서부터 생겨난다. 가치는 자신과 타인의 근원적인 관계를 자각할 때에 생겨나며 관계성과 이어져 있다. 관계성을 깊게 하고 현실화해 가는 것이 긍정적 가치며, 분리되고 개개의 물건에 집착하는 것이 부정적 가치인 것이다. 즉, '이어짐'이야말로 도덕성을 이루는 기초를 제공한다.

다섯째, 사회의 부정이나 곤란에 대적하는 불굴의 행동은 이 '이어짐'이 인간에게 자각될 때 생겨난다. 사람이 자신은 존재의 근원적 통일성의 일부라는 것을 자각한다면, 거기에서 필연적으로 타인과의 관계나 타인에 대한 책임도 느끼게 된다. 중요한 것은 사회변혁은 자기 변혁에서부터 출발한다는 관점이다.

이러한 영원철학과 홀리즘에 대한 존 밀러의 사고방식은 론 밀러가 『What Are School for?; Holistic Education in American Culture』(1990)에서 21세기를 위한 교육으로서의 홀리스틱 교육의 성격에 대하여 '인간 경험의 전체성을 강조'하고, '정신적 세계관을 추구'하고 있으며, '개인을 양육하는 참된 사회를 필요로 하는 교육' '경험에 의한 학습을 바탕으로 하는 교육'이라 기술한 것에서도 잘 표출되고 있다.

즉, 홀리스틱 교육과정을 위에서 본 두 개의 교육이론과 비교하면 다음과 같은 특색이 있다고 할 수 있다.

첫째, 앞에서 본 원자론이 지식습득형 능력주의교육으로 완전학습을 이끌어 냈고 실용주의는 행동과 실천을 중시하는 탐구학습방법에 관련된 것이었다면, 홀리즘은 합류교육이나 슈타이너(J. Steiner)의 발도르프 교육(Waldorf education)과 상통한다고 할 수 있다. 따라서 홀리스틱 교육과정은 공동체와 학생들 간의 관계성을 깊게 하는 다음과 같은 프로그램을 다수 제공하고 있다. 예를 들면, 지역사회에서의 봉사활동에 학생들이 참여하는 것을 장려하거나 학생들이 보살핌(caring)을 실천하는 기회를 가질 수 있도록 병원이나 보육소, 고아원, 양로원 등 각종 사회단체에 참여할 기회를 주고, 동물을 사육하고 공원이나 화단 등을 가꾸는 일을 하게 한다. 또한 학생들이 사회환경에 영향을 미칠 수 있는 힘을 기르도록 '전화나 편지에 의한 의견교환, 회합에의 참가, 조사나 연구, 대중 앞에서의 증언, 호별 방문, 자금 수집, 교섭이나 협정, 그 밖에 여러 형태의 공공연한 활동'과 같은 사회개혁의 과정에 참가시키는 프로그램도 제공해 주는 것이다.

교육철학과 보살핌에 대한 저서를 낸 스탠포드 대학의 나딩스(N. Noddings)는 1997년 10월 24~26일 캐나다의 토론토 대학교 OISE에서 있었던 'Holistic Learning: Breaking New Ground'의 기조 강연 'Education for Home Life'에서 '집은 단순한 건물을 의미하는 것이 아니고 친밀한 관계성 속에 가장 안정되고 보살핌이 있는 세계의 중심부'로, 오늘날의 학교는 이러한 가정과 같은 사랑과 보살핌이 깃든 관계성을 더욱 필요로 한다고 하였다(김명자, 김현재, 1997).

둘째, 홀리즘은 실용주의의 한계를 많은 점에서 극복하고 있다고 할 수 있다. 홀리즘은 인식활동을 단면적으로 좁게 이해하고 있지 않고, 문제해결을 위해 은유나 비유 등 인큐베이션을 이용하는 다양한 접근을 적극적으로 장려하고 있다. 그러므로 문제해결법과 같은 단계적인 순서에 구속되는 일이 없다. 홀리스틱 교육과정이 명확하게 순서를 밟거나 인과적으로 곧바로 가는 방법이 취해지지 않는 것은 아니나, 대개 그것들은 직관적 방법과 조합되는 일에 의해 충분한 성과를 올리고 있다.

셋째, 홀리즘은 학생을 전체로서 수용하고 학생이 둘러싸여 있는 관계성으로 그 대상을 본다는 것이다. 원자론에 근거한 능력습득형의 교육은 밖으로 나타난 행위로 학생을 평가하고, 실용주의에 근거한 실험적 탐구학습법은 지적 인식력으로 평가하는 경향이 있다. 홀리스틱 교육과정도 이들 요소를 인식하고는 있으나, 존재의 전체적인 기반의 일부로써 인식하고 있을 뿐이다. 홀리스틱 교육에서 학생은 행위로 구체화되는 모든 능력의 집합체로 환원되는 것이 아니고, 또 지적 과정만으로 추상화되는 것도 아닌, 인간으로서 풍요롭게 체험되는 전체로서 그대로 수용되는 것이다.

넷째, 원자론적 교육에서 교사는 훈련자며 실용주의에서는 탐구의 촉진자였으나, 홀리스틱 교육에서는 관계성이나 전체성의 연결고리를 이어 주는 매개자가 된다. 즉, 홀리스틱 교육과정은 교육자의 전체성도 간과하지 않는다는 것이다. 홀리스틱 교육을 하는 데에서 교사 자신의 인격의 성장은 핵심에 접하는 사항이며, 교사의 인격이 영향을 미치지 않는 홀리스틱 교육은 있을 수가 없다. 자신의 의식 상태가 학생의 의식과 항상 결합하여 영향을 주고 있다는 자각이 교사에게 요구된다.

다섯째, 홀리즘은 원자론의 가치중립적 입장이나 실용주의의 윤리적 상대주의를 취하지 않는다. 선악을 묻는 가치의 문제는 교육의 중심과제다. 홀리스틱 교육과정은 학교나 교사에게 가치판단을 유보하는 중립적인 역할을 요구하는 것이 아니라, 교육과정에 투입되어 있는 가치나 판단기준을 은폐하지 않고 명확하게 제시한다. 홀리스틱 교육은 의견이 대립되는 상황을 피하지 않는다.

이상으로 홀리스틱 교육과정이론의 철학적 배경을 고찰하기 위하여 먼저 일반적인 교육과정이론을 기술하고, 원자론적 교육과정과 실용주의적 교육과정을 탐색한 후 이 두 가지 이론을 절충한 교육과정으로 홀리즘적 교육과정에 대하여 논하였다.

원자론적 세계관은 듀이와 차일즈(Childs)도 언급하였듯이, 그것이 분할과 단편화를 촉진하는 까닭에 현대의 소외상황의 근원을 초래하고 그 한계점을 드러내고 있다. 우주는 이미 원자의 단순한 집합체도 아니며 폐쇄적인 구조도 아니다. 그러나 그렇다고 해서 실용주의가 원자론의 대안이 되는 충분한 철학을 제시하고 있는가 하면 그렇지도 않다. 물론 실용주의의 탐구이론은 확실히 원자론에 연결된 교육개선에 도움이 되고 있으며, 지적 방법을 이용한 인간의 경험을 보다 낙관적으로 보는 관점을 제공하였다. 그런데도 그 지성의 모델에는 문제가 있어서 실용주의의 탐구모델과 합리적 지성은 우리들을 공허 속에 빠지게 한다.

이러한 원자론적 이론과 실용주의적 이론의 단점을 보완한 것으로 홀리즘적 교육과정에 대하여 언급하였지만, 홀리스틱 교육과정이론을 정립한 존 밀러(1996)도 지적한 바와 같이 이 과정에 문제가 없는 것은 아니다. 먼저, 사용되고 있는 언어가 명쾌하지 않기 때문에 '영원철학' 사상은 소원하여 명료하게 표현하는 것이 어렵고 이해하기도 어려우므로, 홀리스틱 교육 프로그램을 학교에 정착시키는 것은 간단한 일이 아니다. 또한 홀리스틱 교육과정은 그 진가를 평가하는 것이 곤란하므로 여유가 없으면 받아들이려 하지 않고 쉽게 버려진다.

그러나 잊어서는 안 되는 것은, 오늘날 학교에서 취급되고 있는 교육방법은 원자론과 실용주의의 시대에 뿌리를 내린 것으로서 교육과정을 세분화하고 단편화하는 것에 의해 풍요로운 '이어짐' 을 잃고 뿔뿔이 흩어진 존재로 만들어 버린다는 것, 즉 모든 것이 상호관계를 갖는 홀리스틱 교육에서야말로 단편화된 우리들의 소외사항을 변화시켜 나갈 수 있다는 사실이다. 홀리스틱적인 세계관에서 우리들은 이미 개개의 원자가 모여져 있는 것도 아니고, 일정한 방식으로 끝없이 문제해결만을 추구하는 존재도 아닌 것이다.

3 심리학적 기초

원자론적 전달(transmission) 입장의 심리학인 행동주의 심리학은 신체적 소아(self)에 기초를 두고, 실용주의적 교류(transaction) 입장의 인지심리학은 마음(mind)에 기초를 두며, 홀리스틱 변용(transformation) 입장의 초개인 심리학은 대아(Self)에 기초하고 있다. 스미스(H. Smith, 1982)는 대아를 '신성한 무의식(sacred unconscious)'이라는 말로 표현하고 있다. 이것을 불교도들은 불성(Buddha-nature), 힌두교도들은 아트만(Atman), 예수는 "네 안에 하나님의 나라가 있다(the Kingdom of God is within you)."고 말하고, 정신통합(psychosynthesis)에서는 초개인적 자아(transpersonal self)라고 부른다. 이 대아는 존재의 가장 깊은 부분인 동시에 신(God)이나 도(道, Tao)와 같은 우주의 최고 원리에 이어져 있다. 힌두교에서는 아트만(Atman: 개인적 의식)과 브라만(Brahman: 보편적 의식)의 범아일여관에 대해 언급한다. 먼저 세 가지 입장과 관련된 심리학에 대해 존 밀러는 다음의 〈표 3-1〉과 같이 정리한다(J. P. Miller, 1996).

〈표 3-1〉 세 가지 입장과 심리학

입장 (Position)	심리학 (Psychology)	소재 (Location)	초점 (Focus)
원자론적 전달 (Transmission)	행동 (Behavioral)	신체 (Body)	행동 (Behavior)
실용주의적 교류 (Transaction)	인지 (Cognitive)	마음 (Mind)	지성 (Intelligence)
홀리스틱 변용 (Transformation)	초개인 (Transpersonal)	자기 (Self)	지혜 (Wisdom)

행동주의 심리학은 개인의 내면적 삶을 고려하지 않고 환경과 행동에만 관심이 있다. 자극과 강화가 인간의 행동에 영향을 주기 위해 계획된다. 예컨대 적극적 강화는 특정한 행동의 빈도를 높이기 위해 이용되며, 반대로 소극적 강화는 행동의 빈도를 낮추도록 계획된다.

인지심리학은 인지와 지능을 대상으로 한다. 이것은 주로 가드너(H. Gardner, 1984)가 수학적 · 논리적 지능이라 명명한 것에 초점이 맞춰지는데, 이 지능은 피아제(G. Piaget)가 연구대상으로 한 것이기도 하다. 가드너는 그 밖에도 일곱 가지의 지능을 들고 있는데, 그것들은 모두 실용주의적 심리학의 범주에 넣을 수 있다. 즉, 초개인 심리학이 주로 다루는 정신적 지능(spiritual intelligence)이나 지혜(wisdom)는 언급하고 있지 않다. 지혜는 자기에 근거한 지능이다. 다음과 같은 중대한 물음에 답하기 위해 지혜는 직관과 지능에 이어져 있다. 우주에서 우리의 역할은 무엇일까? 인류의 고통을 어떻게 다룰 수 있을까?

초개인 심리학은 두 개의 흐름에 근원을 두고 있다. 하나는 기독교, 불교, 이슬람교, 힌두교, 유대교 등의 주요 종교 속에 있는 신비주의적 전통이고, 다른 하나는 융의 심리학이나 정신통합과 같은 영성적 요소를 포함한 심리학이다. 여기에서는 이러한 주요한 영적 전통 속의 대아에 대한 개념에 대하여 살펴보기로 한다.

1. 종교 및 신비주의적 전통과 대아

기독교(Christianity)에서 예수는 명확하게 내면적인 심층의 변용에 대해 언급하고 있다. 이러한 변용에 대해 예수는 자기의 성장(하나님의 나라)과 기타의 성장 이미지를 비유한다. 여러 신비주의자, 성인, 현자가 예수가 말하는 우리 속의 하나님의 나라에 정면으로 도전해 왔다. 아우구스틴(Augustine), 에크하르트(Eckhart), 테레사(Teresa), 웨슬리(J. Wesley) 그리고 머튼(T. Merton) 등은 우리들의 정신의 중심(spiritual center)에 대하여 언급한 많은 성인들 중 극히 일부다. 이 중심을 영혼(spirit), 영혼의 눈(eye of the soul), 영혼의 토대(ground of the soul), 존재의 토대(ground of the being), 마음(heart), 초월적 대아(transcendental Self) 등으로 불렀다(McNamara, 1975). 일반적으로 기독교인들이 말하는 우리의 '대아'는 하나님이 아니라 하나님과 접할 수 있는 우리들 내부의 장소, 하나님과 우리들이 만나는 곳이다. 머튼(1959)은 『내적인 체험(The Inner Experience)』이라는 미간행의 필사본에서 이러한 대아에 대한 개념을 발전시킨다. 머튼은 대아를 '내적인 자아(inner self)'라고 부르며, 우리의 자아(ego) 또는 외적인 '나(I)'와 대비시킨다. 내적인 자아인 대아에 눈뜰 수 있는 방법은 묵상과 사랑을 통해서만 가능하며 묵상과 사랑이라는 두 가지는 서로 밀접하게 연관되어 있다고 주장한다. 그리고 머튼은 묵상과 타인에 대한 봉사의 조화에 대해 말한다. 만약 우리들이 지나치게 자신의 내면만을 고집하고 있으면 타인과의 살아 있는 관계를 잃게 되고, 지나치게 외적인 세계에 마음을 빼앗겨 버리면 외적인 '나' 또는 '자아'에 현혹되어 진정한 자기를 상실하게 된다는 것이다.

초개인적 자아인 대아는 유대교(Judaism)에서도 발견된다. 모세는 호렙 산(Mt. Horeb)에서 타오르는 관목을 보았을 때, 신의 등장을 통해 그의 대아와 만났다. '나는 존재한다(I am)'라고 하는 것은 우리들 존재의 중심(center), 즉 대아의 또 다른 이름이다. 유대교의 신비주의적인 흐름에는 카발라(Kabbalah)로 알려진 것이 있는데(Hoffman, 1980), 그것은 우리들 내부의 일부가 신성한 것과 이어져 있다는 것을 인정하는 것이다. 카발라의 수행법(practices)에는 힌두교의 만트라(mantras)와 유사한 율동적인 기도문의 복창도 포함되는데, 예컨대 히브리어 알파벳의 첫 번째 문자인 '알레프(Aleph)'라는 내면의 소리를 마음속에서 명상하는 것이 제안된다. 이 수행법은 힌두교의 '옴(Aum)' 명상과 매우 유사하다.

불교(Buddhism)는 우리들 자신의 자아를 환상이라 간주하고, 그에 대한 것으로서 불성이라는 것을 생각하게 한다. 보디달마(Bodhidarma)는 6세기에 인도에서 중국으로 건너가 불교를 전파한 선종의 시조인데, 그는 "만약 네가 부처를 구한다면 자기 자신의 본성을 규명하는 것이 필요하다. 자기의 본성이야말로 부처 그 자체이기 때문이다."라고 했다. 보통 불교 신자들은 대아-본성(Self-nature)이 분리되어 있지 않으며 만물과 모든 생명이 상호 연계되어 있다고 믿는다.

힌두교(Hinduism)에서는 개인과 우주의식 사이의 관계를 아트만과 브라만과의 관계로 이해하고 있다. 예배의 목적은 우리들 자신 속의 아트만을 발견하는 것에 있고, 이것이 가능하게 되면 브라만과의 범아일여가 가능하다는 것이다. 이 아트만을 인식할 수 있는 방법으로, 힌두교의 신비한 문학이나 베단타(Vedanta: 인도 철학의 한 파로서 문자상으로는 '철학의 끝'을 의미함)에 신과의 합일을 얻는 4개의 수행법(요가)이 언급되어 있다.

즉, 봉사행의 요가인 카르마 요가(Karma yoga)와 지성을 찾아 신을 자각하는 지혜의 요가인 지나나 요가(Jnana yoga), 헌신의 종교적 요가인 박티 요가(Bakhti yoga)와 합일을 달성하기 위한 방법으로 집중적인 명상에 의해 수행하는 라자 요가(Raja yoga)다. 요기(yogi: 요가 수행자)는 물론 이들 모든 수행법을 사용할 수도 있으나, 대체로 어느 것 하나만을 철저히 실행하여 신과의 합일을 추구하며 어느 것을 선택할지는 요기 자신의 개인적 기질에 의해 좌우된다.

이슬람교(Islam)의 대아 고찰에서는 이슬람적 신앙으로 신비주의적 유파인 수피즘(Sufism)을 거론할 수가 있다. 수피즘은 이슬람교의 몇 개의 흐름에 보이는 과도한 지성주의와 형식주의의 반향으로 생겨났는데, 수피즘에서는 빛과 지혜와 사랑에 의해서만이 신과 교류할 수 있다고 주장한다. 이들은 대아를 자각하기 위해 알라(Allah)라는 신의 이름을 반복하여 부르짖으며 원무하곤 한다. 수피교도를 위한 지혜(wisdom for the Sufi)에 이르는 주요한 방법 중의 하나가 스토리텔링(storytelling)이다.

이상에서 살펴본 바와 같이 하나의 종교 속에서조차 인간의 본질이나 신과 인간과의 관계의 존재방식에 대해서는 끊임없는 논쟁이 계속되고 있으며, 우리들 존재의 핵심의 중요함을 인식하고 '대아'에 이르는 다양한 수행법을 제시하고 있다.

2. 심리학과 대아

스위스의 정신과 의사이자 분석심리학(分析心理學)의 창시자 칼 융(C. G. Jung)은 자기 자신의 무의식과 수많은 사람들의 심리분석 작업을 통해 얻은 방대한 경험자료를 토대로 원시종족의 심성과 여러 문화권의 신화, 민담, 동서양의 철학과 사상, 종교현상들을 비교 · 고찰하였다. 그 결과 인간 심성에는 자아의식과 개인적 특성을 가진 무의식 너머에 의식의 뿌리이며 정신활동의 원천이고 인류 보편의 원초적 행동유형인 많은 원형(原型)들로 이루어진 집단적 무의식의 층이 있음을 확인하였다. 더 나아가 모든 사람의 무의식 속에서 의식의 일방성을 자율적으로 보상하고 개체가 통일된 전체를 실현하게 하는 핵심적인 능력을 갖춘 원형, 즉 대아가 있음을 증명하였다. 융은 마음의 개념도에서 대아는 마음 전체의 중심에 위치하고 있으며, 꿈속 이미지를 원천으로 꿈에서의 스토리를 조직하여 만들어 내고, 자아인 개인의 정신발달에 중요한 이미지를 보낼 수 있다고 지적한다. 그러므로 자기에게서의 메시지를 듣기 위해서는 마음 깊숙한 핵심과 서로 마주할 필요가 있다. 융(1933)은 인간이 위기적인 문제에 직면할 때나 예술적인 활동의 영감을 얻을 때에는 이 같은 대아의 메시지를 통해 이미지가 용솟음쳐 나온다고 한다. 그의 학설은 병리적 현상의 이해와 치료뿐 아니라 건강한 사람의 마음의 뿌리를 보다 깊고 넓게 이해하고 모든 인간의 자기 통찰을 돕는 데 이바지하고 있으며, 시대적 문화, 사회적 현상의 심리적 배경을 이해하는 기초로서 정신의학이나 심리학, 신학, 신화, 민담학, 민속학, 종교심리학, 예술, 문학은 물론 물리, 수학 등 자연과학에 이르기까지 깊은 영향을 끼쳐 왔다. 융은 심혼(心魂)의 의사로서 자기 실현의 가설을 몸소 실천하였을 뿐 아니라, 20세기 유럽이 낳은 정신과학자 중에서 동양사상을 누구보다도 깊이 이해함으로써 동서(東西)에 다리를 놓기도 하였다.

정신통합(psychosynthesis)의 창시자인 아사지올리(R. Assagioli)는 상위의 혹은 초개인적 대아(higher or transpersonal Self)라는 개념을 언급했다. 아사지올리는 의식적 자아인 소아(self)와 초개인적 자아인 대아(Self)를 명확히 구별하고, 전자는 개인적인 의지나 사회적 역할에 의해 형성되는 자아이고, 후자의 초개인적 자아는 개인적인 것을 초월한 보편적인 우주와 이어지는 홀리스틱적인 비전을 포함하고 있다고 하였다. 정신통합은 마음의 각각의 수준에 작용하는 여러 가지 테크닉을 개발해 왔는데, 그 테크닉 중의 하나가 심상활동(visualization)이다. 그 밖에도 여러 활동이 있는데, 자신 속의 하위 퍼스낼리티를 발견하고 그 하위 퍼스낼리티와 대화하는 것, 하위 퍼스낼리티에서 탈동일화하는 것, 자신 속의 현명한 가이드 혹은 대아와 대화하는 것, 자신 속의 참된 의지를 움직이는 것, 기쁨이나 감사, 사랑 등의 질 높은 이상에 마음을 집중하고 마음속에서 천천히 숙성시켜 가는 것 등으로 이것들의 일부는 홀리스틱 교육의 실천에서 다루고 있다.

윌버(K. Wilber)는 초개인 심리학을 대표하는 인물 중의 한 명인데, '의식의 스펙트럼(spectrum of consciousness)' 에서 대아에 대해 기술하고 있다. 이 스펙트럼은 의식의 깊이 수준을 기술한 것으로, 모든 계층을 관통하여 가장 깊은 수준에까지 다다랐을 때 대아가 인식된다. 그 다음은 인간이 이 계층을 어떻게 단계적으로 나아가며 성장하고, 어떻게 대아를 실현해 가는가에 초점이 맞추어져 있다. 가장 깊은 마음의 수준에서 의식은 우주의 현실성에 합일하여 의식과 우주가 하나가 되어 간다. 다음은 마음 수준과 실존 수준 사이에 있는 초개인적 집단이다. 이것은 하나의 유기체로서의 대아 인식에서 우주와의 일체로서의 대아 인식으로 이행하는 과도기에 나타나는 의식의 실제다. 실존 수준에서 각 개인은 대아를 통상의 시간과 공간에 있는 심신(유기체)으로 인식한다. 합리적으로 판단하면서 자신의 의지에 기초하여 행동하는 경험을 통해 대아가 심신일여의 유기체로서 전체적인 정리를 한다는 것이다. 이 수준의 상한을 생물 사회적 집단이라 부른다. 여기에서는 자신이 사회 · 문화적 현실의 일부라는 인식을 갖고, 소속된 가족이나 문화를 중추로 한 동일감을 형성한다. 신체는 자아 수준에서 인간이 의식하고 있는 동일시에 포함되지 않고, 자신이 관념적으로 만들어 낸 대아 이미지와 동일시된다. 따라서 마음속의 대아 이미지와 신체는 분리되어 서로 독립한 것이라 간주된다. 이상의 각 수준은 우주에서 심신유기체로, 유기체 전체에서 자아로, 자아에서 대아의 일부로 동일시의 영역이 점차 좁아져 가는 단계를 표현하고 있다. 의식의 진화단계에 따라 의식의 확장이나 축소 수준이 생겨나는 것이다. 이 의식 수준에 대응하여 심리요법이나 교육의 다양한 형태

〈표 3-2〉 윌버의 의식의 수준

의식 수준	교육방법	교육목적
자아	역할극, 가치명료화, 글래서(Glasser)식 학급회의	긍정적 자기 이미지
실존	움직임 교육, 합류교육, 인식훈련	마음과 신체의 통합
생물 사회	사회소양훈련	사회적 자각과 사회활동
초개인	드림워크(dreamwork), 심상활동(visualization), 위트니스(witness)	자아 초월
마음	명상	우주와의 합일(oneness)

를 정리할 수가 있다.

윌버(1983, 1995)는 최근의 저서에서 의식발달 모델을 제시한다. 〈표 3-3〉은 매슬로우(A. Maslow), 콜버그(L. Kohlberg), 피아제(G. Piaget)의 발달단계 모델과 윌버의 모델을 비교한 것이다.

발달의 출발점을 윌버는 '원형적(archaic)'이라 명명하며, 마술적(magical), 신화적(mythic), 합리적(rational), 영혼적(psychic), 정묘적(subtle), 인과적(causal) 단계까지 제시하고 있다. 윌버는 신비주의적 심리학의 주도적 연구에 기초하여 합리적 수준 위에 3개의 수준을 부가하여 설정하였다. 영혼적 단계는 합리적 사고수준을 넘은 처음 수준으로, 여기서는 통각(統覺)작용에 의해 고차의 질서를 추구하여 '이어짐을 만들고 모든 사고 조정을 하며 제 개념을 정리한다' (Wilber, 1983). 윌버는 이 단계에서 직관적 통찰 혹은 일루미네이션(일종의 비전, 순수 투명한 지성, 영감, 인스피레이션 그리고 종종 입혼(入魂)적, 때로는 탈혼적인 것)조

〈표 3-3〉 윌버, 매슬로우, 콜버그, 피아제에 의한 발달단계 모델의 비교

윌버 (Wilber)	매슬로우 (Maslow)	콜버그 (Kohlberg)	피아제 (Piaget)
인과적 (Causal)	·	·	·
정묘적 (Subtle)	자기초월 (Self-transcendence)	·	·
영혼적 (Psychic)	자아실현 (Self-actualization)	자기 선택적 윤리 원리 (Self-chosen ethical principles)	·
합리적 (Rational)	자기존중 (Self-esteem)	사회계약적 위치 (Social-contract position)	형식적 조작기 (Formal operations)
신화적 (Mythic)	귀속 욕구 (Belongingness)	인습적 도덕단계 3-4 (Conventional morality stages 3-4)	구체적 조작기 (Concrete operations)
마술적 (Magical)	안전 욕구 (Safety needs)	자기중심적 성향 (Egocentric orientation)	전 조작기 (Pre-operations)
원형적 (Archaic)	생리적 욕구 (Physiological needs)	체벌성향 (Punishment orientation)	감각운동기 (Sensori-motor)

차 경험하는 일이 있다고 한다. 정묘적 단계에서는 매슬로우가 자기초월이라고 부르는 것을 체험하게 된다. 윌버에 의하면, 과거의 위대한 성자가 수행을 쌓아 얻은 통찰이 이 수준으로서 체험되는 것은 최고차원의 영적 직관인 것이다. 인과적 단계, 이

것이 초개인적 발달 진화가 추구하는 지고의 수준이다. 윌버는 성자(saints)와 현인(sages)의 구별을 논하면서 이 단계를 현인의 수준이라고 한다.

윌버(1983)는 또 감각운동적 지각(body), 지적 · 개념적 사고(mind), 영혼(spirit)이라는 3개의 기본적 인식양식을 들고 있는데, 이 셋은 홀리스틱 교육이 추구하는 세 가지 방향에 상응하는 것이다. 윌버가 육체의 눈이라고도 부른 제1의 양식은 전달(transmission)과 원자론의 입장과 관련하고, 제2의 관념이나 논리, 개념에 관계있는 이해와 지(知)의 눈은 교류(transaction)나 실용주의 입장에 대응한다. 그리고 제3의 영성은 직관이나 묵상의 원천이며, 여러 형태의 명상에 의해 가까이 할 수 있는 '대아' 속에 존재하는 것으로 영성의 직관, 즉 '명상의 눈'은 변용(transformation)과 홀리즘의 입장인 것이다.

4 홀리스틱 교육비전 10원칙

홀리스틱 교육이란 학생의 지적인 측면만이 아니라 신체적인 측면이나 감정적 · 논리적 · 정신적인 측면 등 전체적인 존재에 관계를 갖고자 하는 것이다. 곧, 인간을 지식이나 기술만이 아니라 삶의 의미를 추구하는 존재라 생각하여 개개인의 내부에 갖고 있는 가장 중요한 염원을 충만하게 하고자 한다. 따라서 홀리스틱 교육은 어느 특정한 커리큘럼이나 방법에 제한 받지 않고 모든 교육방식을 포괄한다. 도움이 되는 것은 무엇이나 살려 가려 하며, 느긋하게 확산하며 같은 방향을 목표로 하는 교육방식을 모두 수용한다. 이렇게 개방적임과 동시에 끊임없이 발전하고 변화해 가는 것이며, 이러한 실천은 예부터 있어 온 것으로 결코 새로운 것만은 아니다. 홀리스틱 교육을 지지하는 세계관은 이 세상에 존재하는 모든 것은 어떤 식으로든 관련을 갖고 서로 도움을 주고받고 있다는 것으로, 이것은 현대의 위기 속에서 교육 · 과학 · 산업계 등 여러 방면에서 때를 같이하여 주목 받고 있는 세계관이다. 또한 이것은 환경문제나 생태계 등 최전선의 과학지식과 함께 여러 가지 정신적인 전통이 가르치는 사고방식이기도 하다.

홀리스틱 교육이 추구하는 비전에 대하여 1991년 6월 GATE (Global Alliance for Transforming Education)[1] 총회에서의 검토를 거쳐 8월에 발표된 『EDUCATION 2000/홀리스틱 교육비전 선언』에 제시된 홀리스틱 교육 10원칙을 보면 다음과 같다(GATE, 1991; Carol L. Flake, Ph.D., Editor, 1993; ホリスティック教育研究会獪, 1995; 송민영, 2000).

1. 제1원칙: 인간 발달을 위한 교육 (Educating for Human Development)

제1원칙은 인간성의 최우선으로 교육이 가장 중요시해야 하는 근본적인 목적은 인간이 태어나면서부터 갖고 있는 성장의 가능성을 최대한 키워 가야 한다는 것이다. 아이들은 자신만의 독특한 모습으로 꽃을 피우고 열매를 맺을 수 있는 무궁무진한 가능성을 지닌 한 알의 씨앗이다. 우리 아이들이 그러한 자신다움을 갖추고 맘껏 자라날 수 있도록 교육은 최대한의 배려를 해 주어야 한다.

학교는 배우는 자 모두가 참된 의미로 배우도록 하고 전인적

---

1) 1990년 6월, 홀리스틱적인 교육에의 전환을 지지하는 80여 명의 교육자가 세계 각지에서 국경을 넘어 시카고에 모여 집중적인 토의를 거쳐 발표한 선언이 '시카고 선언'인데, GATE는 이 선언을 계기로 발족했으며, 'EDUCATION 2000'은 이 시카고 선언을 토대로 하여 1991년 6월의 GATE 총회에서 논의를 깊이 하는 중에 나온 것이다.

으로 성장하는 것을 촉진하는 장소여야 한다. 학습은 자기 자신과 가족, 주변에 있는 사람들과의 관계를 돈독히 하고 또 세계 속의 사람들, 지구라는 별 그리고 우주와 자신의 관계를 풍요롭게 해 가는 것이 되어야 한다. 이 같은 사고방식은 페스탈로치, 프뢰벨, 듀이, 몬테소리, 슈타이너 등 위대한 선구적인 교육자들이 이미 역설하고 실천해 온 것이다.

새삼 오늘날에는 퇴색되어 버린 듯한 인간의 이상인 조화, 평화, 협력, 마음이 서로 통하는 지역사회, 성실, 정의, 공평, 타인의 아픔을 아는 일, 이해, 사랑 등에 대한 의미를 재인식해 볼 필요가 있다. 인간은 노동자나 시민으로서의 역할만으로는 이해할 수 없는 보다 복잡하고 전체적인 존재다. 국가의 교육정책이나 아동복지정책이 민주적인 가치관을 육성하는 것이 되지 않을 경우, 경제적인 성공도 결국은 사회 도덕의 붕괴에 의해 조만간 파탄되어 버릴 것이다. 실제로 이와 같은 일들이 이미 일어나고 있다. 마약 · 신나 등의 폭발적인 유행이나 범죄, 알코올 중독, 아동학대, 정계 · 재계의 부패, 젊은이들의 소외나 자살, 교내 폭력 등과 같은 절박한 문제들이 현실로 나타나고 있다. 우리들이 인간적 성장을 우선으로 해야 한다고 생각하는 것은 건전한 인간이 길러지지 않으면 건전한 사회도, 건전한 경제도 결국 불가능하기 때문이다. 경제 시스템에는 확실한 기능을 갖춘 믿을 수 있는 노동력이 필요하다. 그러한 노동력을 확보하기 위해서라도 젊은이를 먼저 인간으로 보고, 미래의 주인공으로 보는 편이 현실적인 것이다. 건강하고 충실한 의의 있는 인생을 살아가는 사람만이 실로 생산적인 활동에도 종사할 수 있는 것이다. 경제구조의 필요와 이념 간의 이상을 보다 높은 차원에서 조화롭게 구성해 갈 필요가 있다. 인간의 이상은 경제보다도 중요하며, 그러한 이상이 있고 나서 처음으로 책임 있는 행동도 얻을 수 있는 것이다.

2. 제2원칙: 인격체로서 학생 존중하기 (Honoring Students as Individuals)

제2원칙은 인간 개개인을 존중함으로써 학생들은 누구나 그 무엇과도 바꿀 수 없는 귀중한 존재라는 것을 인식해야 한다는 것이다. 한 사람 한 사람이 서로 다르기 때문에 의미가 있는 것이다. 그것은 또 학생들이 각기 다른 사람이 있다는 것을 인정하고 서로의 개성을 존중하며 이해하도록 격려하는 것이다. 인간은 모두 태어나면서부터 창의성을 갖고 있으며 신체적, 정서적, 지적, 정신적으로 그 사람만의 독특한 능력과 지향성을 갖고 있다. 그리고 연령을 불문하고 인간은 언제까지라도 무한하게 배워 갈 능력을 갖고 있다.

그러므로 전원 일률적인 시험과 성적평가방식은 근본적으로 재조정되지 않으면 안 된다. 성적평가의 가장 중요한 목적은 보다 잘 가르치기 위한 학생이 학습한 것에 대한 피드백이다. 수치화되는 점수평가는 실제로는 학생의 학습이나 인간적 성장에 도움이 되지 않는다. 측정하여 점수화하는 것에만 쫓겨 측정은 되지 않으나 인간이 성장하는 데 있어 가장 중요한 그 무엇인가를 우리는 무시하게 될 수도 있다. 또 전원 일률적으로 시행되는 평가는 배우는 쪽 하나하나의 중요한 개성을 간과하고, 표준화에서 벗어난 학생을 떨쳐 버리는 역할도 해 왔다. 일률적인 평가

대신 학생 개개인에 대한 참된(authentic) 수행평가(performance assessment) 방식은 학생 스스로를 잘 알게 하고, 참된 학습의욕을 갖고 배움에 임하게 하는 등 좋은 성과를 거두고 있다.

지금까지 축적된 학습형태, 복합적 이해, 학습의 심리적인 기반에 대한 전문 지식을 폭넓게 실제로 활용하여야 한다. 어떤 학생이라도 자신에게 적합한 배움의 방식이 있으며, 각자의 견해에 따라 자기 나름의 형태로 배우는 것이 효과적이라는 것이 명실상부하게 된 지금, 학생들에게 동일한 과제 · 방법 · 교재로 획일적인 학습을 강요해서는 안 된다. 다중지능(Multiple Intelligence) 이론에 의하면 언어적, 논리 · 수학적 분야에 미숙한 학생이라도 신체 운동적, 음악적, 공간적 분야 등 본인이 자신 있는 분야를 도입하는 것에 의해 보다 효과적인 학습을 할 수 있다. 즉, '영재, 학습부진아, 문제아' 라는 용어에는 어떤 의미가 있는 것인가에 대해서도 재고해 보아야 한다.

학생들의 능력, 재능, 지향성, 자란 환경은 다양하다. 이러한 요소들은 개개인의 참된 자질을 나타내고 있는 것이 아니라 사회상황에 그 학생이 어느 정도 응할 수 있는가를 언급한 것에 지나지 않는다. 특히 '문제아' 라는 낙인을 찍는 것은 안 된다. 교육구조는 이 같은 낙인을 찍는 것으로 학생들 각각의 배경을 무시해 버리고, 오직 획일적인 목표를 향해 학생들을 경쟁으로 몰아세우게 된다. 학교 교육은 이와 같은 일을 그만두고 학생 개개인의 개성이 보다 중시되도록 변혁되고 변용(transformation) 되어야 한다. 이로써 처음으로 학생들은 다양한 존재가 있다는 것을 중요하게 여기고 그 다른 점에서 배우고자 하며, 자신이 갖고 있는 개성이나 자신다움에 눈을 돌려 서로 채워 주고 도와주는 힘을 얻을 수 있게 되는 것이다. 이 참된 배움의 공동체야말로 배우는 자 한 사람 한 사람의 필요를 충족시켜 주는 것이다.

3. 제3원칙: 경험의 중심적 역할 (The Central Role of Experience)

통찰력 있는 교육자들이 몇 세기에 걸쳐 논의해 온 바와 같이 교육은 경험의 소산이다. 경험 · 체험학습을 중시하는 것이 필요하다. 세계가 얼마나 신비하고 놀라운지 그것들과 만날 수 있도록 적극적으로 환경을 설정하고, '생명' 의 세계에서 체험한 것들을 느끼도록 해야 한다. 배움이란 인간이 여러 가지 감각을 써서 적극적으로 세계에 부딪쳐 가는 것이다. 그 만남의 체험은 배우는 자에게 영감을 주어 세계가 갖는 풍부한 의미를 명확히 해 준다. 살아 있는 체험은 끊임없이 성장해 가는 것으로, 교육의 목적은 학생들이 경험을 통해 건강하고 자연스러운 성장을 이루도록 돕는 것에 있다.

지역의 경제적 · 사회적 생활을 배우는 자가 실제로 경험할 수 있도록 교육을 사회의 실생활과 이어 가야 한다. 교육은 예술이나 진지한 대화, 때때로 조용히 자기를 주시하는 것에 의해 배우는 자를 자기 자신의 내면적인 세계와 관계하도록 이끌어 가야만 한다. 자기 자신을 잘 알지 못하면서 갖게 되는 외적 지식은 아무런 의미 없는 것이 되어 버릴 수도 있기 때문이다.

4. 제4원칙: 홀리스틱 교육으로의 패러다임 전환 (Holistic Education)

제4원칙 홀리스틱 교육으로의 패러다임 전환으로 교육과정의 '전체성(wholeness)'이 중시되어야 한다. 홀리스틱 교육의 실천을 위해 현행의 교육제도나 교육정책도 재고되어야 한다. 그간 학교는 개인차의 존재를 부정하는 방법을 찾는 데 에너지를 소비해 왔다. 각종 성적이나 심리검사를 통해 계열별로 조직을 나누고, 장애아나 특수아를 위한 특별학급의 설치 등 모든 것을 동질적으로 구분하는 데 주력함으로써 학생들의 다양성을 무시하고, 관계성을 상실한 반생명적인 감성을 길러내는 반생태학적인 학교사회를 만들어 냈다. 즉, 미국의 국가교육위원회 지도자, 전미교사협회에서 교육개혁의 필수적인 단계로 주장하고 있는 대안학교에 대한 것과 일리치(Illich)의 '탈학교론'에 대해서도 관심을 기울이고 검토해야 할 필요가 있다.

인간이 살아 있다고 하는 것과 관계를 맺어야 하는 모든 생명체가 서로 얽혀 있다는 사실은 어떤 것으로도 분명하게 나눌 수 없는 복잡 다양한 풍부함을 갖는 하나의 커다란 전체다. 또한 학교에서 가르치는 개개의 교과목은 이 전체를 어느 하나의 각도에서 잘라내어 본 것에 불과하다. 홀리스틱 교육은 새로운 관점에서 지금 전개되고 있는 열린 지식의 존재방식을 존중하고, 이를 적극적으로 도입하려 하고 있다. 교육은 인간의 지적 혹은 기능적인 측면만이 아니라 신체적, 사회적, 도덕적, 미적, 창의적 측면과 더불어 특정의 종교에 국한되지 않는 정신적인 측면을 중시해야 한다. 홀리스틱 교육은 눈에 보이는 경험적인 현실에 더하여 '생명'이나 우주의 신비도 시야에 넣고자 한다.

홀리스틱 교육을 향한 교육 패러다임(사물을 보는 방식·발상의 테두리)의 전환이 시도되고 있으며, 홀리스틱 교육은 여러 학문 분야의 풍부한 유산을 이어받아 지금 다시 주목받기 시작했다. 각각 따로 전개되고 있는 이론이나 연구 및 실천은 본래 상호 관련되어 있는 것으로 그 근저에는 우주가 하나의 덩어리로 모든 것을 포괄하고 있는 전체이며 모든 존재는 상호 관련성을 갖고 있다는 생각이 깔려 있다. 이 '전체로서의 하나'라는 홀리스틱 패러다임은 근대에 널리 만연되어 있는 단절과 세분화의 패러다임에 정면으로 대립하고 있는 것으로 과학과 인간의 가능성을 보다 넓은 의미로 다루어 환원주의적 접근에 편중된 근대의 패러다임을 수정하려는 시도다. 또한 이러한 사고방식은 인류를 포함한 지구 생태계나 진화에 매우 큰 의의를 갖고 있는 것으로, 이는 홀리스틱 교육비전 선언문 전체를 통해 논의되고 있다.

5. 제5원칙: 교사의 새로운 역할(New Role of Educators)

교사의 역할이 재인식될 필요가 있으며 교사의 새로운 역할이 기대된다. 근대의 학교구조는 공학 모델에 의존하여 교사는 전문 기술자고 학생은 가공되어야 할 소재였다. 즉, 의도적, 계획적, 기술적으로 질 좋은 규격품을 만들기 위해 교사는 교수 테크닉을 습득하고 그것을 활용하는 데 정열을 쏟았다. 그러나 이제는 교사 자신의 내면적인 성장과 창의적인 인식을 촉진할 새로운 교사상이 필요하며, 가르치는 자로서만이 아니라 함께 배우는 자로서 자아실현도 하는 새로운 교사의 역할이 기대된다. 즉, 교육의 참된 주체는 학습자도 교육자도 아닌 양자 사이의 관계성이며, 참된 창의적인 학습은 학생과 교사가 상호 교류하며 순환적인 상호과정을 만들어 가는, 살아 있는 학습 프로세스에서 생겨날 수 있는 것이다.

교직은 과학적인 실천과 함께 예술적인 감성도 필요로 하는 천직 또는 사명이다. 그러나 지금까지의 많은 교사들은 제도화된 자격이나 형식적인 증명서에 관리되었고 전문 용어나 교수 테크닉에 제약되며 또 직업적으로 구분되어져 학생이 인간적으로 성장해 가는 중에 겪게 되는 정신적 · 정서적인 문제에 긴밀하게 관계하는 일이 적었다. 그러나 교사는 자연적 과정인 인간 성장을 촉진하는 존재가 되어야 한다. 학습은 교사가 만들어 내는 제품이 아니라 자연히 생겨나는 것이며 교사는 이 배움의 과정에서 촉진자 역할을 해야 한다. 이를 위해 학생 개개인에 맞춰 배우는 환경을 구성하고 실천할 수 있는 자유로운 재량권이 교사에게 주어져야 한다.

또한 교사 자신의 내면적인 성장과 창의적인 인식을 촉진할 새로운 교사교육 모델이 필요하다. 교사가 자기 자신의 내면에 생겨나고 있는 것에 마음을 열고 있을 때 배움의 장에서 배우는 자와 함께 배우고, 함께 창조해 가는 과정을 자연스럽게 도입할 수 있게 된다. 가르치기 위해서 필요한 것은 이미 만들어져 있는 교수법이나 교재가 아니라 인간이 성장하면서 직면하게 되는 과제를 적절하고도 확실하게 포착할 수 있는 예민한 감성이다. 학생 개개인을 그 무엇과도 대신할 수 없는 존재로 대하고 존중하는 '배우는 자 중심의 교육자'가 필요하다. 교육자는 학생 개개인의 요구나 능력을 인식하고 그것이 각각 다르다는 것에도 주의를 기울여 모든 수준에서의 요구에 응해야 한다. 또한 학생 하나하나를 가정, 학교, 사회, 지역 공동체, 우주라는 각각 존재의 차원에서 정확히 수용해야 하는 것이다.

학교가 참된 인간적 만남의 장이 되도록 학교는 관료적인 관리·통제에서 벗어날 필요가 있다. 물론 이것은 학교에만 국한된 것이 아니며 모든 배움의 장이 참된 만남의 장이 되어야 한다. 그러나 학교현장에서 교사는 교육행정관의 감독하에 여러 면에서 관리·통제를 받고 있다. 근본적으로 교사가 그 요구에 응하지 않으면 안 되는 대상은 자신을 관리하는 상사가 아니라 다음 세대를 짊어지고 갈 역량들이며, 이 세계의 의미를 깊이 배우기를 원하는 눈앞의 학생들이다. 교사가 관리되어 있는 상황에서는 학교가 참된 만남의 장이 되기 어렵다.

6. 제6원칙: 선택의 자유(Freedom of Choice)

제6원칙은 배움의 과정의 전 단계에서 교육의 종류를 자유롭게 고를 수 있는 기회가 필요하다는 것이다. 세계인권선언 제26조에 의하면 부모는 아이들에게 주어질 교육의 종류를 선택할 우선적인 권리를 갖고 있다. 그러나 현실은 그렇지 않다. 통학구역이나 취학지역 등에 의해 가야 할 학교가 지정되고, 일부 사립이나 국립대학 부속학교를 선택할 수 있는 권한도 부모의 경제력에 의해 불공평하게 주어진다. 미국의 몇 개 주에서 시행되고 있는 '바우처(voucher, 사증)'를 배부하여 학교를 선택하게 하거나, 일본의 시나가와 현에서 실시되고 있는 학교선택제에 대해 관심을 기울여 볼 필요가 있으며, 하버마스(Habermas)의 '학교선택제'와 메요(Mayor)의 '작은 학교(small school)' 운동에 대한 고려도 필요하다.

참된 교육은 자유로운 분위기에서만 있을 수 있다. 질문할 자유, 표현할 자유 그리고 인간적으로 성장할 자유가 필요하다. 일반적으로 학생들은 배우는 데에 참된 선택권이 주어져야 한다. 교육과정이나 배움의 방식은 학생들 자신이 책임질 수 있는 범위에서 의견을 논하고, 그것을 충분히 수용하여 결정되어야 한다. 그러나 일반적으로는 철학적인 신조나 특수한 집단을 상대로 하고 있다고 하는 이유로 어른 주도의 지시적인 교육방침이 존속되고 있는 것이 현실이다. 공교육제도 속에서 학생이나 부모는 더 다양한 교육의 존재방식을 선택할 수 있어야 한다. 선택의 여지가 아주 적은 현행의 시스템에 대신하여 보다 다양한 선택을 포함한 공교육 제도를 만들어 내야 한다. 많은 다양한 가치관이 존재하는 현세대에게 공교육이 획일석인 문화만을 강요하는 것은 이미 시대에 뒤떨어진 사고방식이다. 보다 특성화된 사립학교의 육성도 필요하다. 사립학교 쪽이 과감한 개혁을 하기 쉽고, 종교적 또는 공동체적 가치관을 반영시키는 것이 비교적 용이하기 때문이다. 각 가정은 자신의 아이를 가정에서 공적인 권위의 부당한 개입 없이 교육할 수 있는 자유를 가져야만 한다. 홈 스쿨링(home schooling)이 교육적, 사회적, 도덕적으로 많은 아이들에게 유익한 결과를 내고 있다는 것이 증명되고 있다.

7. 제7원칙: 참여민주주의 교육 (Educating for a Participatory Democracy)

제7원칙은 참된 민주교육의 모델을 만들기 위해 모든 시민이 참된 의미에서 정치 및 교육 운영에 참여할 수 있는 힘을 길러 가야 한다는 것이다. 스탠포드 대학의 나딩스 교수는 학생들이 사회환경에 영향을 미칠 수 있는 힘을 기르도록 사회개혁의 과정에 참가시키는 프로그램을 적극적으로 활용하고 있다.

참여민주주의 교육 모델을 만들고, 모든 시민이 주변에 있는 지구나 지역사회에서의 의사결정에 참여할 수 있게 해 나가는 것이 필요하다. 참된 민주사회의 건설이란 선거에서 지도자를 선택하게 하는 것에서만 그치지 않는다. 자신이 생활하는 사회에 문제가 생겼을 때 해결하는 방법을 스스로 찾고, 그것에 참여하여 문제해결을 향해 적극적으로 움직이는 힘을 기르게 하는 것이 필요하다. 참된 민주적인 사회란 다수결의 지배 이상의 것이다. 그것은 그 사회의 구성원들이 다수의 의견이나 자신과는 다른 의견에 대해서도 귀 기울이고 성심성의껏 인간적인 관심을 나타낼 수 있는 사회로, 이는 사회적 혹은 문화적으로 변혁할 필요가 생겼을 경우에는 커다란 변혁을 향해 나아갈 수 있는 힘이 되기도 한다.

이 같은 사회를 만들고 유지해 가기 위해서는 시민적인 공감대 형성과 함께 인류가 살아가는 중에 필요로 하는 것을 정말로 이해하고, 그것이 충족되지 않을 경우 아픔을 느끼는 정신이 사회에 견고히 뿌리내리고 있어야 한다. 인류가 마을을 만들고,

나라를 만들고, 세계적 관계망을 만들어 놓은 것은 그렇게 하지 않으면 살아갈 수 없기 때문이며, 우리들은 자신이나 타인이 살아가기 위해 필요로 하는 것을 서로 이해하기 때문이다. 보편적으로 인간이 요구하고 있는 것을 이해하면, 그곳에서 정의를 중시하는 마음도 생겨난다. 그러나 이 같은 높은 이상을 갖고 나가는 것은 사물을 비판적으로 생각하는 힘이 없으면 불가능하다. 참된 민주주의의 성패는 선동적 선전과 진실을 구분해 일부의 이익이 아니라 인류 공통의 이익을 판별할 수 있는 시민이 어느 정도 있는가에 달려 있다. 정치가 위선된 선전에 의해 행해지고 있는 오늘날, 참된 민주주의의 유지를 위해 사회정의의 진위를 판단할 수 있는 능력은 매우 중요하다.

이들은 모두 교육으로 이루어져야 하는 것들이다. 가르치고 배우는 가운데 이러한 상황들을 실제로 체험하여 공감대를 형성해야 한다. 정의와 인간이 보편적으로 추구하고 있는 것, 자신이 비판적으로 생각하는 것을 표현할 수 있는 동기부여 및 용기를 주는 것 등이 교육현장에서 중요시되어야 한다. 실제로 이러한 것들이 교육이 나아가야 할 방향으로서 지금까지의 교육구조 안에서는 거의 실현되지 않았던 것들이다.

8. 제8원칙: 문화적 다양성과 글로벌 시민 교육 (Educating for Cultural Diversity and Global Citizenship)

제8원칙은 문화적 다양성 및 전 지구적 시민권을 위해서 교육해야 한다는 것으로 글로벌 시대의 교육은 문화의 차이를 넘어 모든 문화를 포용할 수 있는 참된 인간적인 존재방식을 젊은이들과 함께 탐구하고자 한다. 우리는 모두 인식하고 있건 그렇지 않건 간에 틀림없이 글로벌 시민이다. 인간의 일은 매우 다양하여 하나의 문화 가치관이나 사고양식만을 수용한다는 것은 불가능하다. 그러나 지구가 하나의 공동체가 되어 가고 있는 오늘날, 우리들은 역사상 그 유례가 없을 정도의 다양한 문화나 세계관에 접하고 있다. 지금이야말로 인간사의 일이 놀랄 정도로 다양하다는 것을 적극적으로 인정하여 인류가 잃어버리고 있는 잠재능력 혹은 미지의 가능성을 이해할 때다. 그리고 그 가능성을 만드는 것이 교육의 역할이다. 전 지구 시대의 교육은 문화의 차이를 넘어 모든 문화를 포용할 수 있는 참된, 인간적인 존재방식을 젊은이들과 함께 탐구하는 것이 되어야 한다.

글로벌 시민 교육의 출발점은 생태학적 사고방식이다. 인간생활과 문화는 자연과 깊이 관계되어 있으며 자연을 떠나서는 있을 수 없다는 것이다. 학교 운동장에서 자연의 숲을 가꾸면서, 자연과 함께하는 아이들을 육성하는 것은 교육의 수월성 추구다. 글로벌 시민 교육은 인간 개개인이 지구 전체의 생태계, 즉 인류를 포함한 지구의 커다란 생명구조 안에서 자신이 기여해야 할 역할에 눈뜨게 하는 것이다. 또한 글로벌 시민 교육의 목적은 '마음을 열게 하는 것'에 있다. 이것은 전문 분야 혹은 교과의 범위를 넘어선 학제적(學制的) 연구나 통합학습, 이해나 내성(內省)을 깊이 하여 판단력을 기르는 것 같은 경험, 창의적인 감동 등을 통해 얻을 수 있다. 글로벌 시대에는 교육을 포함한 인간의 모든 일이 조화로운 생태계를 유지하는 원칙에 근거하고 있다. 예를 들면, 다양한 것의 유용성, 협력과 조화의 중요성, 관여하는 자의 필요와 권리, 시스템 안에서 지속 가능한 것

등을 인정하는 것이다.

대립이나 경쟁의 근본 원인을 이해하고 그것을 해결하는 방법을 경험적으로 배워 가는 것도 글로벌 시민 교육에서 중요하게 여기고 있다. 또 인권이나 사회정의, 인구문제, 개발문제 등의 사회적인 문제에 대해 생각해 보는 것도 전쟁의 원인과 평화의 조건을 바르게 이해하기 위해서 매우 필요한 것이다. 세계 속의 여러 가지 종교나 정신문화의 전통은 큰 영향력을 갖고 있기 때문에 글로벌 시민 교육에서는 그것들을 이해하고 정당하게 평가하도록 인도하는 것이 매우 중요하다. 그들 종교나 정신적인 전통이 물려준 보편적인 가치, 즉 인생의 의미, 사랑, 자비, 진리, 조화에 대해 탐구해 온 것들을 문화나 시대의 자이를 넘어 이해하게 하는 것이 필요하다. 전 지구적 시대에는 문화의 차이를 넘어 보다 보편적인 인간다움을 추구하는 교육이 절실히 요구된다.

9. 제9원칙: 지구소양교육(Educating for Earth Literacy)

제9원칙은 공생을 위한 지구생태교육이다. 교육은 모든 형태의 생명 중에 흐르고 있는 '생명' 에 대한 깊은 외경의 염원에서 시작한 것으로 홀리스틱 교육에서는 지구 생명권에 대한 이해를 촉구하는 교육을 기원한다. 지구의 모든 존재가 서로 도움을 주고받고 있으며, 개인의 행복과 지구 전체의 행복이 깊은 곳에서 서로 일치한다는 것을 자각하고 자신들 개개인이 담당하고 있는 역할과 책임의 넓이와 깊이를 이해하도록 하는 교육이 필요하다.

자연을 개발해야만 하는 자원으로 보는 것이 아니라 공생해야 하는 것으로 다루어 인간과 자연과의 관계를 재인식하도록 해야 한다. 이것이 21세기를 전망하는 교육비전의 핵심이다.

지구라는 행성은 대단히 복잡하지만 근본적으로는 하나의 살아 있는 시스템이며, 이 지구 생명권은 암흑의 우주 공간에 떠 있는 생명의 오아시스다. 뉴턴 이후의 현대 과학 시스템 이론이나 교육사상들은 이 행성과 이곳에 살고 있는 모든 것들이 서로 도움을 주고받고 있는 하나의 '전체'라는 사실을 인식하기 시작하였다. 이것은 또 고대부터 면면히 전해져 온 신화나 정신적 전승의 가르침과도 일치한다. 경제적, 사회적, 정치적인 제도는 이 상호 의존성을 깊이 인식하지 않으면 안 된다. 인류가 이 행성에서 살아가기 위해서는 지구규모에서의 상호 협력과 생태계를 인식하는 부드러운 감성이 필요하다. 아이들이 건강하게 살아가며 배우고 성장해 갈 수 있도록 지구에는 깨끗한 공기와 물, 일광, 풍부한 대지 그리고 생태계의 구성원인 건강한 생명체가 있어야 한다. 병든 지구에서 감성 풍부한 아이들을 기를 수는 없다. 생명체로 살아가고 있는 모든 것이 서로 깊은 관계를 갖고 있다는 것을 다음 세대에 알리기 위해서, 지구소양교육은 생태학적 사고방식에 확고히 뿌리를 내리고 있어야 한다. 지구와 공생하기 위하여 교육은 이 지구의 모든 생명을 보전하고 있는 관계의 존재방식을 홀리스틱하게, 즉 모든 각도에서 전체적으로 배울 수 있도록 제공되어야 한다. 중요한 것은 생명을 유지하고 있는 기본적인 시스템, 에너지의 흐름, 생명의 연쇄, 상호관계 그리고 그 생성·변화 등을 아는 것이다. 공생을 위한 교육은 정치, 경제, 문화, 역사 그리고 자신이나 사회가 어떻게 변해야만 하는가를 포함한 종합적인 분야다.

10. 제10원칙: 영성과 교육(Spirituality and Education)

제10원칙은 영성(정신성)교육에 관한 것인데, 우리 모두는 인간의 형태를 갖고 있는 성스런 정신적 존재로서 그 개성을 천부의 재능이나 능력, 직관이나 지성을 통해 표현하고 있다는 것이다. 이 신성한 영성(정신성)은 육체나 감정, 지성이 성장하도록 돕고, 그 또한 그러한 과정 속에서 자라 간다. 정신이 자람에 따라 인간은 자기 자신과 또는 타인과 깊이 있게 만나고, 나날의 생활에 의미와 목적을 느끼게 된다. 또 이 영성을 통해 '생명'은 전체로서 하나로 서로 도움을 주고 받고 있다는 것을 실감하게 되고 현대 생활의 분주함이나 과도한 자극에 좌우되지 않는 느긋한 시간의 흐름을 느끼게 된다. 또한 무언가를 만들어 내고 생산해 내는 것에 대한 충실한 만족감과 '생명'의 신비에 대한 깊은 외경심이 마음에 스며드는 것을 경험하게 된다. 인간의 가장 가치 있는 부분은 개개인의 깊은 내부에 주어져 있는 '생명'인 참된 자기, 영성인 것이다. 이 같은 정신성을 잃어버리면 자신이 자신을 파멸의 구렁텅이로 빠뜨리는 행동을 하게 된다. 마약이나 알코올 중독, 허무한 성행위, 범죄, 가정파괴 등은 타인과의 관계나 '생명'의 신비, 살아가는 것의 의미를 알지 못해 일어나는 결과다. 참된 충실감을 제공해 주는 원천을 잃어버리면 인간은 그 아픔에서 벗어나려 한다.

교육은 '생명'과의 정신적인 정리(인연)가 건강하게 길러지는 것이 되어야 하며, 결코 그것을 냉혹한 점수평가나 경쟁으로 난

폭하게 상처 입혀서는 안 된다. 교육의 중요한 역할 중 하나는 '생명' 속에서 모든 것이 서로 관계를 갖고 있다는 것을 자각하게 하는 것이다. 세계의 위대한 전통에는 공통적으로 '타인에게 무언가를 하면, 그것은 자기 자신에게 한 것이 된다.' 라는 의미의 격언이 있는데, 이것은 전체가 서로 관계를 갖고 있다는 홀리스틱적 자각의 핵심을 지적하고 있는 말이다. 이러한 사고방식, 즉 인간은 모든 사람이나 만물과 관계 맺는 존재라는 생각은 '자신이 바뀌면 전체도 바뀌는 것' 이라는 생각과 함께 인간 개개인에게 용기를 준다.

홀리스틱 교육은 주변에 있는 사람들과 지구, 자신이 언제나 관계를 맺고 있다는 것을 실감하게 하고, 이로써 자신에 대한, 또 타인에 대한, 그리고 이 지구에 대한 책임감을 기르도록 하는 교육이다. 이 책임감이라는 것은 밖에서부터 짊어지게 된 무거운 짐이 아니라, 자기 자신이 그 관계 속에 있다고 느끼는 것에 힘을 얻어 자연스럽게 솟아나는 참된 책임감인 것이다. 누군가가 괴로워하면 돕고 싶다고 느끼는 것과 같은, 타인의 아픔을 느낄 수 있는 감성을 기르는 것에 의해 세계는 변한다는 것이다. 이러한 확신을 마음 깊이 뿌리내리는 것에 의해 실제로 세상을 바꾸고 움직이게 되고, 그에 의해 개개인과 여러 그룹, 지구 규모의 책임감이 길러지는 것이다.

즉, 홀리스틱 교육에서는 생태계 교육, 영성(정신성)교육, 인간성 교육, 지구소양교육, 참여민주주의 교육 등이 강조되고 있으며, 홀리스틱 교육이 추구하는 견해와 사고방식은 다음과 같다.

1) 존재하는 것은 다른 모든 것과 깊은 곳에서 서로 이어져

있다.

2) 인간은 신체, 감정, 의지, 정신성 등 모든 것을 포함하는 전체적인 존재다.
3) 생명체로서의 인간은 스스로 자각하고 배우며 성장하는 힘, 스스로의 방향성을 갖고 있다.
4) 우리는 지식 · 기술의 전달에 그치지 않고, 생명이 갖고 있는 모든 가능성을 꽃피우도록 지원해 가야 한다.
5) 교사 자신도 아이들과 함께 배우고 성장하며 살아 있는 배움의 장을 만들어 간다. 교사 자신이 배움의 기쁨을 느낄 때 아이들도 활기차게 배우고 자라난다.
6) 지구 규모의 환경문제나 사회문제에 열린 시야를 갖고, 지역사회와의 관계에도 관심을 갖는다.

현재 우리들의 사회제도나 직업윤리는 그 많은 것들이 변해야 하는 시기에 접어들었다. 교육에 관계하는 사람들도 자신의 직업의 목적이나 방법, 그리고 지금의 학교제도와 같은 시스템이 역사의 어느 제한된 시대를 위해 만들어져 있다는 것, 또한 지금 실로 그 시대가 끝나려 하고 있다는 것을 인식하기 시작하였다. 교육도 바뀌지 않으면 안 될 때가 온 것이다.

다가올 시대의 교육은 홀리스틱이 되지 않으면 안 된다. 홀리스틱적인 사고는 무엇보다도 먼저 이 지구의 생명체로 살아가는 모든 것이 무수한 그물눈으로 깊이 그리고 정밀하게 관계되어 있다는 사실을 받아들이는 것에서부터 출발한다. 교육은 지구공동체를 소중히 여기는 마음을 기르는 것이 되어야 한다. 또 홀리스틱의 입장은 지구나 '생명'과 조화를 이룬, 지속 가능하고 공정한, 그리고 평화로운 사회를 만들기 위한 도전이다. 이를 위해서는 생태학적 감성, 지구 위에서 다양한 형태로 표현하고 있는 '생명'을 깊이 인식하고, 더불어 토착의 전통 문화와 근대 문화의 어느 쪽도 무시하지 않고 존경할 수 있는 감성이 있어야 한다. 또 홀리스틱 사고방식은 자신과 세계에 대한 지(知)의 존재방식을 합리적, 논리적, 언어적인 견해만으로 한정시켜 버리는 것이 아니라, 보다 넓은 직관이나 감정, 신체, 영성이라는 인간의 내부에 감추어진 힘에까지 빛을 비추고자 한다.

홀리스틱 교육은 인간이라는 존재가 지식이나 기술만이 아니라 의미를 추구하는 존재라는 것을 이해하고 있다. 인간은 건강하게 성장하고 원숙해져 가는 중에 살아가는 의미를 찾아야 한다. 살아가는 의미를 충분히 인식하는 인간만이 건강한 사회를 만들 수 있다. 홀리스틱 교육은 인간의 정신을 갖고 있는 가장 중요한 염원을 기르고 신장해 가는 것이다. 홀리스틱 교육은 어느 특정한 커리큘럼이나 방법론이 아니라 다음을 포함한 일련의 가설(假說)이다.

- 교육은 점점 역동적으로 전개해 가는 열린 인간관계 그 자체다.
- 교육은 배우는 자가 자신의 생활의 여러 가지 차원, 예를 들어 도덕, 문화, 생태, 경제, 기술, 정치 등에 대해 자기 나름의 판단을 가질 수 있게 하는 것이다.
- 인간은 누구나 측정할 수 없는 다면적인 스타일을 갖고 있어 여러 폭이나 깊이로 표현되는데, 이러한 모든 존재방식을 중요시해야 한다.

- 홀리스틱 사고방식에서는 무언가를 알고자 할 때에 전후의 흐름이나 배경을 읽고 이를 직관적으로 이해하거나, 창의적인 활동을 통해 습득하고 몸으로 감지하는 것도 중요한 것으로 취급된다.
- 배운다는 것은 학교생활에서만이 아니라 일생에 걸쳐 이어지는 것이다. 생애 중 어떤 상황이라도 그것은 배움을 주는 것이다.
- 배움은 자신을 발견한다고 하는 내적인 과정인 동시에 타자와의 관계 속에서 협동하여 행하는 활동인 것이다.
- 배움은 자신에게서 나아가 스스로 하고 싶기 때문에 하는 것이며, 인간의 정신 혹은 영성을 자극하여 격려하는 것이다.
- 홀리스틱 교육과정은 교과의 범위를 넘어 종합적 · 학제적인 것으로, 출신 지역의 시점과 지구 규모의 시점 양쪽을 통합하는 것이다.

5 홀리스틱 교육과 현대 교육사조

일정한 시 · 공간을 지배한 교육의 이데올로기나 신념체계 및 사조를 교육사상, 교육사조라 할 수 있다. 교육사상이란 구체적인 정치, 경제, 사회, 역사, 종교 및 문화적 산물로서 특히 사상(思想)의 진전이 뒷받침되어 새로운 교육사상의 제창을 가능하게 했다(한기언, 1988). 그러나 교육에 대한 사고방식과 사고체계는 일정한 시간과 특정 지역에만 한정되는 것이 아니므로 현대 교육사상이 무엇인가를 한마디로 표현하기란 매우 곤란하다.

한기언(1988)은 현대 교육사상을 크게 '자연주의, 이상주의, 실재주의, 실용주의' 교육사상의 네 계보로 분류하여 자연주의 교육사상의 대표자로 루소와 스펜서, 케이, 몬테소리를, 이상주의 교육사상가로 나토르프와 미국의 본질주의자들을, 실재주의 교육사상가로 라이, 모이만, 손다이크, 잣드, 베르게만, 슈프랑거, 크리크, 리트, 케르셴슈타이너 등 '교육의 과학적 연구'를 주창한 인물들을 들고, 실용주의 교육사상가로 듀이와 킬패트릭을 들고 있다. 한편 신득렬(2003)은 20세기의 교육사상으로 '진보주의, 항존주의, 본질주의, 재건주의' 교육사상과 '분석적 교육철학, 낭만주의 교육사상'을 들었고, 정호표과 김병희(2002)는 현대 교육사조로 '진보주의, 본질주의, 항존주의, 개조주의' 교육을 들고 있다. 한편, 김귀성 · 노상우(2002)는 현대교육사상으로 미국의 현대교육사상(실용주의, 진보주의, 본질주의, 항존주의, 재건주의, 실존주의 교육사상과 함께 '분석철학과 교육, 현상학과 교육, 구조주의와 교육, 실증주의와 교육, 마르크스주의와 교육, 비판이론과 교육, 낭만주의와 교육, 보수주의와 교육, 포스트모더니즘과 교육, 신자유주의와 교육, 생태주의와 교육, 동양의 종교와 교육'을 다루고 있다. 그리고 주영흠(2001)은 현대의 교육사상으로 '실존주의 교육사상'과 '실용주의' 및 '현대 미국의 교육사조(진보주의, 본질주의, 항존주의, 재건주의)'를 다루고, 최근의 교육사조로 '포스트모더니즘'과 '환경교육'을 다루고 있다.

홀리스틱이란 '결합시키는 패턴'(베이트슨), '세계의 짜는 법의 패턴'(스머츠) 그 자체가 무엇인가 하고 묻는다면 아직 그것은 명료하다고 할 수가 없다. 따라서 '홀리스틱 사상' 그 자체를 주제화하고 그것을 더욱 세련된 것으로 하기 위해서 현대 교육사상과 결합시키고 대화하면서 고찰하려고 한다.

홀리스틱 교육은 동양 철학과도 관련성을 갖고 서로 대화하면서 발전하고 있는 것으로서 저자는 한국 교육의 이념을 우리 자신의 땅에서 찾아보자는 '학토불이(學土不二)'의 추구를 위하여 홀리스틱 교육과 한국 교육사상과의 만남을 위한 여러 차례의 시도(Park, Young-Mann & Song, Min-Young, 2001; 송민영, 2001a; 송민영, 2001b; 송민영, 2001c)를 한 바 있다.

현대는 요소 환원주의적 · 기계론적 패러다임이 지배적인 근대에서 홀리스틱 패러다임에 기반을 둔 포스트 근대로 이동하는 인류사적 전환기다. 먼저, 홀리스틱 교육사상이 갖는 의미를 명확히 하기 위하여 이 사상이 대두되게 된 배경과 극복해야 할 문제들을 북미에서의 자성적 비판론자들의 의견과 함께 제시하고자 한다. 이어서 대표적인 홀리스틱 교육론자인 존 밀러의 발자취를 통해 홀리스틱 교육에 대한 이해를 깊이하고, 현대 교육사상의 제 계보 중 '실존주의(實存主義, existentialism)' 사상과 '21세기 생명 · 생태사상'을 중심으로 홀리스틱 교육론과의 대화를 모색하고자 한다.

홀리스틱 교육론은 제반 교육사상 문맥과의 연관을 통하여 점차 그 모습을 나타낸 것으로, 현대 교육사상의 각각의 계보와도 내재적인 대화의 요소를 갖고 있기 마련이다. 그 관련성을 하나하나 확인해 가면서 그 결과들을 통해 새로운 홀리스틱의 지평을 열어 가는 것도 매우 의미 있는 일이다.

1. 홀리스틱 교육의 사상적 재음미

1) 홀리스틱 교육사상의 대두

문명사적인 전환기를 지나 현 시대는 많은 희생을 수반하면서 혼돈의 국면에 들어갔다. 그러나 혼돈의 시대는 항상 분기점에 있고, 위기임과 동시에 새로운 질서가 생성하는 기회이기도 하다. 혼돈을 통해서 새로운 수준에서의 질서가 생긴다. 그렇기 때문에 개방성과 다양성의 연결이 촉진되는 것이며, 이질적인 것이 서로 만나서 차이를 인정하고, 대화를 통해서 보다 깊어진

사상의 지평을 이룰 수 있게 되는 것이다. 이미 유동적인 혼돈 속에서 새로운 만남이나 대화가 시작되고 있다. 보수와 혁신, 우파와 좌파, 종교와 과학, 의식과 무의식, 인간과 자연 그리고 서양과 동양 등 서로 대립하던 것들이 상호 물음에 응답하면서 대화를 쌓아 나가고 있으며, 이것은 바로 시대가 요청하고 있는 것이다. '홀리스틱' 사상은 바로 이러한 혼돈 속 대화를 통해서 나타나게 된 것이다.

홀리스틱 사상은 현대의 동시다발적인 사회문제나 교육문제, 환경문제 등을 문명사적인 전환기의 문제로서 시대인식하고, 문제를 이해하려고 노력했다.

근대 문명의 문제는 그것이 '물질' 문명인가 '과학기술' 문명인가 하는 문제보다도 그것에 접근하는 '관련 방법' 의 문제이기 때문에 보다 근본적으로 그 관련 방법을 지탱하는 인식의 방법과 세계관, 인간관의 틀을 물어야만 한다. 현대의 기본적인 세계관이나 자연관, 인간관 그리고 가치관을 자리 매김하고 있는 '사물관 · 생각하는 방법의 틀' 그 자체의 문제를 감지한다는 것은 특히 교육이나 인간성 형성에서 매우 중요하다.

요시다아츠히코(吉田敦彦)는 근대의 주도적인 과학 · 사상으로 기계론적 패러다임은 '데카르트적 인식론 · 세계관, 고전물리학, 행동주의 심리학, 테크놀로지, 근대 서양 의학, 다윈적 진화론'과 관련짓고, 홀리스틱 패러다임은 '양자역학, 일반 시스템론, 생태학, 비평형계열 역학, 트랜스퍼스널 심리학, 동양 전통 의학, 신비사상, 동양사상' 등과 관련지어 논하고 있다(ホリスティック教育研究會編, 1995). 또한 홀리스틱 사상의 지평을 '기계론 = 생기론의 환원주의적 지평, 전체론/개인주의 = 전체주의의

실체론적 지평, 홀론 관계론/물질주의 = 정신주의의 이원론적 지평, 일즉다원론/진보주의 = 보수주의의 결정론적 지평, 생성론의 네 가지를 통해 제안하고 있다(吉田敦彦, 1999).

양자역학의 취급대상인 미시적인 현상을 뉴턴 역학에서는 설명할 수 없다는 것으로 알려져 있지만, 그 사실이 거시적 영역에 서의 일정 조건하에서 고전 물리학의 유효성을 부정하는 것은 아니다. 양자역학에 의해 뉴턴적 세계상은 만능이 아니라 더욱 확장된 홀리즘적인 통일 이론의 일부분으로 한정해서 볼 수 있게 된 것이다. 마찬가지로 포괄적인 홀리스틱 교육의 입장은 기계론적 입장의 교육을 전면 부정하는 것이 아니라, 오히려 그 입장에서만 기계론적 입장의 교육이 그의 한정된 지위와 정당성을 얻는다. 좀 더 구체적으로 말한다면, 포괄적인 홀리스틱의 입장은 교육자에게서 학습자에게로 지식의 전달이나 객관적 평가 등을 부정하는 것이 아니라 오히려 그것들의 한정된 유효성을 갖는다는 것을 명시하여 직관, 신체, 이미지 등의 다각적인 접근과 통합을 하고자 한 것이다.

'홀리스틱 교육'이라는 개념이 근대 교육의 변용(transformation)을 목표로 한 북미의 다양한 조류에 의해 공유되기 시작한 것은 1980년대 뉴 에이지의 유행현상이 일으킨 문제가 이미 여러 곳에서 발견되었던 1988년 이후의 일이었다.[1)]

2) 홀리스틱 교육사상이 극복해야 할 문제들

스머츠(J. C. Smuts, 1926)는 1920년대에 특히 생물학의 분야에

1) 1장의 '홀리스틱 교육발전의 역사적 발자취' 참조.

서 기계론과 생기론과의 대립을 넘어서는 것으로 홀리즘을 제창한 이래 폰베르트란프(長野 · 飯島譯, 1954)를 비롯하여 그와 같은 문제의식을 갖는 과학자들에 의해 적지 않게 주목받았지만, 다른 한편에서는 방법론상의 모호성의 지적과 함께 전체와 부분과의 관계(홀론)의 탐구적 연구[2)]의 필요성 등이 언급되었다.

『홀리즘과 진화(Holism and Evolution)』(J. C. Smuts, 1926)는 인문계보다도 오히려 자연과학(science)의 분야에서 주목받았다.

---

2) 한국 홀리스틱 교육학회 2001년 춘계 학술 세미나(서울대 교수회관)에서 최봉영(한국항공대학교)은 'holistic approach'의 근저가 되는 '하나의 전체(whole−holos)'가 어떠한 세계관적 기초를 갖고 있는지에 대한 논의를 전개하여 전체와 개체에 따른 세계관의 유형을 다음의 4가지로 정리하고 있다.

① 유럽과 중동의 중세 문화: 통체(統體, whole) 종속자(從屬子, subordinator) 세계관

② 유럽의 근대 문화: 개별자(個別子, individual) 합체(合體, assemblage) 세계관

③ 남아시아 문화: 통체(統體, whole) 연기자(緣起子, destinater) 세계관

④ 동아시아 문화: 통체(統體, whole) 부분자(部分子, positioner) 세계관

홀리스틱 교육에서 추구하는 전체론에 대한 이해를 돕기 위하여 인간이 사물을 이해하는 것은 '전체(whole)'와 '개체(individual)'의 관계가 기초를 이루는 것으로, 이것은 홀리스틱 교육 패러다임의 다양화와 실천적인 방향제시를 위한 개념의 명확화에 중요한 시사점을 제시해 주고 있다.

유럽의 근대 문화뿐만 아니라 불교 문명권에서도 '개별자'의 개념이 '천상천하유아독존(天上天下唯我獨尊)'을 외친 싯다르타의 가르침 속에 살아 있다. 만인에게 불성이 있음을 가르친 싯다르타와 더불어 하나님의 형상을 지닌 인간 개개인이 하나님의 자녀인 것을 가르친 예수, 한국의 인내천사상 등은 모두 개개인의 인권존중의 초석이 된다.

또한 유학의 본질은 내성외왕(內聖外王)과 수기치인(修己治人)으로 내성 혹은 수기의 차원에서 천인합일(天人合一)이 중요시된다. 천인합일은 전체(혹은 통체, whole)와 개체의 합일을 의미한다. 천인관계의 일

19세기부터 20세기에 걸쳐서 전 세계의 과학계를 이끌어 온 '영국학술협회(The British Association for the Advancement of Science)'의 100주년 기념대회(1931년)에서 초대강연을 하고 회장에 취임한 사람이 바로 스머츠다. 그는 강연에 참가한 5천여 명의 과학자들 앞에서 19세기에 지배적인 '데카르트, 뉴턴적인 이원론적 · 기계론적 세계상'이 라마르크, 다윈, 멘델이나 마르크스, 프랭크, 아인슈타인 등의 업적에 의해서 어떻게 변천하고 변신이 강요되었는가, 특히 양자역학의 '장(field) 이론'에 주목하면서 '기계론적 세계상의 부분적인 진리가 유기체론 혹은 홀리즘의 심층진리에 의해서 어떠한 한정을 받을 것인가'를 신중히 해설해 간다. 그러면서 그는 점점 대담히게 '과학과 예술과 종교'의 협력의 절실함과 가능성을 호소하기 시작했다(J. C. Smuts, 1931). "종교와 예술과 과학은 지금은 아직도 그 가치가 분리된 채이지만 이것이 언제까지나 지속될 수는 없다. 인간에게 현재 가장 중요한 과제는 과학을 윤리적인 가치와 결부시켜서 인류의 미래를 위협하고 스스로 무덤을 파고 있는 위험을 피하는 데 있다." 그리고 물질에서 생명체로, 생명체에서 인간의

치성에 대한 인식은 유교 사상의 핵심을 이루었다. 『중용』의 첫 구절은 '천명지위성(天命之謂性)'으로 시작한다. 이는 하늘의 명령, 즉 천명(天命)이 인간의 성품〔性〕으로 부여되었음을 확인하여 인간이 하늘과 그 본성에서 통하고 있음을 제시한다. 특히 송대 및 조선시대 성리학에서는 하늘과 인간성의 일치를 근원적으로 추구하였다. 권근(權近)의 '천인심성합일지도(天人心性合一之圖)'나 정지운(鄭之雲)의 '천명도(天命圖)'에서도 '천인합일(天人合一)'의 명제가 중심 문제이며, 이는 조선조 유학사의 철학적 핵심 과제였다.

인격성으로 점차 진화해 가는 우주를 일관하여 부단히 새로운 '홀즈(holes)'를 계속 창출하는 과정으로서 이해하는 홀리스틱한 과학사상은 이 과제에 응하려고 한 것이라는 결론을 내렸다. 그러나 저작물 『홀리즘과 진화』와 관련하여 '종교'에 대한 심층적 언급은 회피되어 있다. 그래서 종교 옹호적인 입장에서 스머츠의 이론은 '과학적 무신론'이라는 낙인이 붙어 버릴 정도였으나 그는 침묵함으로써 과학과 종교, 예술과의 단절에 다리를 놓으려고 했던 것이다. 참고로 스머츠는 전쟁의 불씨이기도 했던 배타적 · 도그마(dogma)적인 종교에는 엄격히 반대했지만, 경건한 퀘이커(Quaker)교도적 평화주의자였다고 한다.

홀리스틱 교육 이론과 사상은 아직은 형성도상에 있어 완성된 것이 아니며 극복되어야 할 난점도 많이 갖고 있다. 이러한 사실은 홀리스틱 교육론자들에 의해서도 초기부터 자각되어 있어서 상호 비판을 포함한 대화적 논쟁이 계속되어 왔다. 이러한 상황은 때로는 엄격한 시련에도 부딪히게 하지만, 그러한 과정을 통해서만 교육을 의미 있게 발전시키는 패러다임의 전환이 가능할 것이다.

홀리스틱 교육의 이론적 포럼(forum)은 기관지 『Holistic Education Review』(1988년 창간)를 통해 이루어져 왔다. 홀리스틱 교육론자들은 1991년 여름호(Vol. 4, No. 2)에서 「홀리즘의 비판적 시점」(A Critical Look at Holism)을 특집으로 다뤄 「How Whole is Holistic Education?」(David E. Purpel & Ron Miller), 「Not Necessarily the New Paradigm: Holism and the Future」(Steven Gelb), 「Holism: Implications of the New Paradigm: Response to Purpel & Miller and Gelb」(Edward T. Clark, Jr.),

「Some Reflections on this Discussion」(Ron Miller)이라는 4편의 논문을 소개하고, 1991년 겨울호(Vol. 4, No. 4)에서는 「A Critical Look at Holism, Part 2」에서 「On Paradigms, Metaphors, and Holism: An Analysis of a Critique」(Lous Heshusius), 「The Unfinished Puzzle: Sustaining a Dynamic Holism」(Kathleen Kesson)이라는 2편의 논문을 통해 홀리즘에 대한 자성적인 비판의 소리를 교환하고 있다.

이 논쟁적인 대화에서는 아직도 사상적 기반을 갖지 않는 홀리스틱 교육의 사조가 자칫하면 빠지기 쉬운 문제 및 홀리스틱 사상이 극복해야 할 문제들을 제시하고 있는데, 이를 요시다(吉田敦彦, 1999)는 『홀리스틱 교육론 — 일본의 동향과 사상의 지평』(ホリスティック教育論－日本の動向と思想の地平)에서 상호 연관된 다음의 여덟 가지, 즉 ① 전체주의에 기울어진 위기 ② 주관주의·정신주의적 경향 ③ 지성의 경시라는 문제 경향 ④ 비판적 정신의 약점 ⑤ 새로운 자연과학 신앙 ⑥ '패러다임 전환' 에의 안주 ⑦ 진보사관·예정 조화설 ⑧ 인간성의 낭만주의적 낙관시로 정리하고 있다.

3) 존 밀러의 홀리스틱 교육론

존 밀러는 북미 홀리스틱 교육론의 대표적 저작인 『The Holistic Curriculum』(1988)의 초판 발간 이전에 그 직접적인 선구가 되는 두 개의 저작 『The Educational Spectrum: Orientations to Curriculum』(1983), 『Curriculum: Perspectives and Practice』(1985)을 출판했다. 여기에서 그의 '홀리스틱 교육론' 이 결정되어 온 과정을 읽어 낼 수가 있다. 동서 초판 출판 이후의 일련의 저작 『Holistic Learning』(1990), 『The Holistic Teacher』(1993), 『The Contemplative Practitioner』(1994)에는 존 밀러의 관심이 교육과정 이론, 기초적 교육 이론부터 교사론, 교사의 자기 형성론 쪽으로 발전적으로 이행해 가는 것을 느낄 수 있다. 그리고 그는 1996년에 『The Holistic Curriculum』의 대폭적인 개정 증보판을 냈는데, 여기에서 1988년 이후에 숙성해 온 그의 홀리스틱 교육론의 결실을 볼 수가 있다.

(1) 존 밀러의 생애

존 밀러의 홀리스틱 교육론은 구체적 실천(실천가의 전 이론적 이해)→교육 제 이론(교육 제 원리의 개별 과학에 따르는 정당화) →기초적 교육 이론(교육 제 이론의 보다 완전한 자기 이해를 가능하게 하는)이라는 방향으로 이론을 전개함으로써 성립되었다고 한다. 이것은 실천기법도 여러 가지 교육 제반 이론의 하나도 아닌(교육 제 이론의 자기 이해를 가능하게 하는) 기초적 교육 이론으로서 존 밀러가 이러한 경로에 이르게 되는 과정을 알기 위해서 그의 생애의 일면을 제시해 둔다.

① 존 밀러는 학부에서 사회과학을 전공한 뒤 하버드 대학 대학원에서 교수학 석사를 받고 고등학교의 사회과 교사로 출발하였다. 그리고 베트남전 병역 거부를 계기로 캐나다로 이주하고, 토론토 대학 대학원 OISE(온타리오 교육학 연구소)의 교육과정 전공 박사학위를 받은 후 OISE가 주내 각지에 설치한 '필드 센터'(실지 연구 · 지도 센터)에 들어가게 된다. 여기에서 학교 교사의 한 방을 사무실로 하여 현장

의 교사나 교육과정 작성자의 직접 지도에 20여 년간 종사한다.

그 때문에 그의 초기 연구는 '구체적 실천'으로 사용되고 있거나 곧바로 쓸 수 있는 것이 가능한 다양한 교육방법이나 교육과정 편성론 또는 발달 이론의 연구, 즉 '교육 제 이론' 만들기를 향하고 있다. 1970년대의 초점은 인간성 중심 교육이나 인간성 심리학에 맞춰져 있으며, 1983년경부터는 그것들의 제 이론의 배후에 있는 '세계관' 이나 '지향성' 에 주목하게 된다. 그는 『The Educational Spectrum』(J. P. Miller, 1983)의 첫 페이지에서 "우리들의 세계관은 말하자면 현실을 읽어 내는 '지도' 다. 이 지도는 우리들의 생육사나 경험이나 문화에 따라 형성되고, 우리들의 물질을 보는 견해를 규정하는 콘텍스트를 제공한다" 라고 하고 있다.

실천가에 의하면 어느 것인가의 구체적 계략(메시지)이 선택될 때 그 선택에는 각자의 이 세계관(콘텍스트)이 불가피하게 관여되어 있고, 또 그 계략을 통하여 세계관 그 자체도 동시에 교육하고 있다. 그러나 실제로는 그것에 무자각한 채로 있는 경우가 많다. 그는 현장에서 메시지의 교환을 통하여 한 사람 한 사람의 교사가 대부분 알아차리지 못하는 자신의 콘텍스트를 자각하는 것이 소중하다고 느끼게 되고, 그 콘텍스트의 자기 이해를 위해서는 다양한 콘텍스트의 특질과 위치를 일망하여 간파할 수 있는 '콘텍스트 지도' (메타 · 콘텍스트)를 작성해야 한다고 느끼게 된다. 『교육의 스펙트럼』(1983)은 그 최초의 시험이고, 『홀리스틱 교육』(1988)은 그 시험이 맺은 결실이라고 할 수 있다.

② 동시에 또 그는 토론토 대학 OISE 대학원의 교수로서 현직 연수에 종사하고, 그곳에 그의 주도로 '홀리스틱 교육 종합 코스'를 마련했다. 이것은 전공 횡단적 코스로서 교육철학, 교육사, 응용심리학, 교육행정학 등을 전공한 10명의 교원이 22개 정도의 과목을 제공하게 되었다. 그것이 발전하여 1996년의 대학 조직개혁의 시기에 교육과정 전공 학부 중 5개 중 하나로서 공적으로 위치하게 되었다. 현재는 '홀리스틱과 미적 교육 전공'[3]이라고 이름 붙여지고, 전공의 취지가 다음과 같이 기록되어 있다.

"이것은 석사와 박사의 학위 프로그램을 갖는 교육과정 연구과 중의 영역 횡단적 학제성에 초점을 맞추는 것이다. 신체·지성·정의·정신성의 상호 관련을 존중하고, 학문을 유기적이고 경험적인 프로세스로서 간주하여 이어짐을 낳는 것을 학습 프로세스의 중심적 과제로 한다.…" 이와 같은 영역 횡단적, 학제적인 연대를 위해서는 교육 제 과학·제 이론의 서로 다른 분야의 맥락에 대한 상호 이해와 공유할 수 있는 메타 콘텍스트(meta-context)가 필요하게

---

3) 토론토 대학의 OISE(Ontario Institute for Studies in Education)는 OISE가 종래부터 갖고 있던 대학원 교육, 현직 교원 재교육·생애 학습기능을 토론토 대학의 교원양성과정과 결합하는 1996년의 조직개혁을 거쳐, 1998년 시점에서는 석사과정 1,397명, 박사과정 940명, 교원양성과정 1,101명의 학생과 176명의 교수 스태프를 지닌다. 성인 교육·커뮤니티 형성 및 상담 심리학, 커리큘럼, 티칭·러닝, 인간성 발달 및 응용심리학, 교육사회학·평등 교육, 교육의 이론철학 및 정책이라고 말하는 5개의 연구 부문을 갖고, 그 '커리큘럼, 티칭·러닝' 연구과에 '홀리스틱과 미적 교육' 전공이 자리를 확보하고 있다. 수업은 11명 전후의 교수·강사진에 의해 25~28개 정도의 과목이 개설되어 있다.

된다.

홀리스틱 교육론은 이와 같은 '콘텍스트의 지도'(메타콘텍스트)를 형성하는 포괄적인 '기초적 교육 이론'으로서, 존 밀러는 그 자신이 만든 대학원 교육과정에도 반영되어 있다고 말한다.

(2) 교육의 스펙트럼과 삼층 포괄론: 교육 제 이론의 포괄적 유형화

존 밀러는 『홀리스틱 교육과정』 초판 이전의 1983년도 저작 『교육의 스펙트럼』에서 분광기에 의해 분석되는 홍색의 빛 스펙트럼의 은유를 들어 제 교육 이론군을 〈표 5-1〉과 같은 일곱 가지로 분석되는 스펙트럼으로 규정하고 있다(J. P. Miller, 1983: 3).

이 시점에서 위의 일곱 가지 교육 제 이론의 콘텍스트를 골라내어 그것을 규정하는 스펙트럼 형태의 지도를 작성했다. 나아가 그는 이것들의 일곱 가지를 한층 크게 세 개로 묶는 메타 수

〈표 5-1〉 일곱 가지의 교육 제 이론 스펙트럼

(존 밀러에 의한)

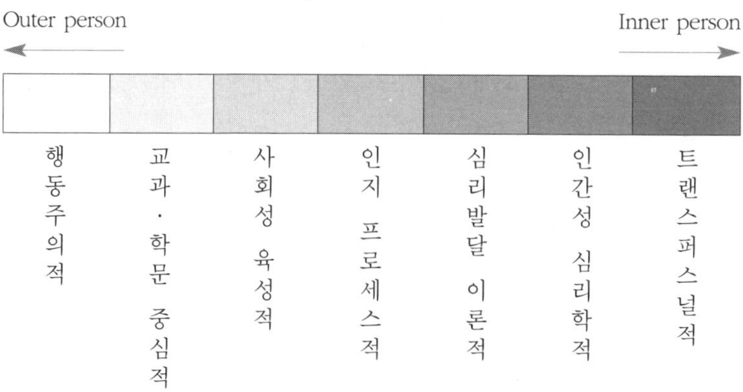

준의 콘텍스트가 있다고 하고, 그것을 『교육과정/전망과 실천』(1985)의 단계에서 '트랜스미션(transmission)' '트랜스액션(transaction)' '트랜스포메이션(transformation)' 이라는 3개의 층으로 정리한다. 확실히 다음에서 보는 바와 같이 이보다 간단한 3개의 그룹으로 나누는 쪽이 각각의 이론의 콘텍스트를 이해하는 데도 용이하다. '교육 제 이론의 보다 완전한 자기 이해를 가능케 하는 기초적 교육 이론' 은 우선은 이와 같은 연속적이면서도 색조를 분석할 수 있는 무지개의 일곱 가지 색의 지도라는 것에서 출발하여, 1988년의 『홀리스틱 교육』을 거쳐 그 개정 증보판(1996)에 이르는 과정을 거쳐 숙성된다. 개정 증보판에서는 홀리스틱 교육을 개설적으로 설명하는 구판의 서론이 1993년경부터 사용되기 시작한 세 가지의 설명 원리에 따라 거의 전면적으로 고쳐 쓰이고 있다. 그 세 가지 원리란 '포괄성 · 통합성(inclusion)' '균형 · 조화(balance)' '연관성(connection)' 이다.

존 밀러는 북미에서 영향력을 갖고 있는 기존의 교육학설의 지향성을 '교육의 스펙트럼' 의 일곱가지로부터 '원자론(atomism), 실용주의(pragmatism), 홀리즘(holism)' 이라는 사상적 · 세계관적 입장에 따라 세 가지로 묶어 정리하여 트랜스미션(전달), 트랜스액션(교류), 트랜스포메이션(변용)의 세 개의 형태로 크게 나누고 있다.

① '트랜스미션(transmission)' (원자론)에는 보비트 이후의 지식 · 기능을 구성요소로 분절화한 후에 계통화하는 교육과정 이론, 기계론적 스키너류의 교수공학, 프로그램 학습, 행동주의 심리학(행동요법적 접근), 또 완전습득 학습 등을

포함하고 있다. 기초적인 정보를 효율적으로 전달하거나 반복 훈련에 의해 습득하는 기능을 전수하거나 하는, 한정됐던 장면으로 이 형태가 유효성을 갖는다. 원자론을 비롯한 '데카르트 = 뉴튼' 철학, '논리실증주의', 분석철학 등을 사상철학으로 한다.

② '트랜스액션(transaction)'에는 원자론의 한계를 자각적으로 응시하여 바로 트랜스액션을 키워드로 하는 실체론에서 관계론으로, 기계론적 · 결정론적인 세계상에서 열린 생성 프로세스로서의 세계상으로 이행된 듀이 영향하의 조류를 규정한다. 그러나 합리적 지성을 신체성이나 정신성에서 분리하여 특권화 했던 점이 다음의 홀리즘과의 차이다. 인지수준을 주된 대상으로 하는 피아제나 콜버그의 인지발달학도 여기에 포함할 수 있다. 실용주의이나 구조주의, 인지발달학(認知發達學)을 사상철학으로 한다.

③ '트랜스포메이션(transformation)'에는 에머슨을 필두로 하이데기, 부비, 기에르케고르 등의 북미 교육철학회에서는 '실존주의와 현상학'으로서 분류되어지는 사상가, 간디나 크리슈나무르티나 틱낫한 등의 특히 동양의 종교적 사상가, 그리고 데이비드 봄, 융, 베이트슨, 윌버 등을 원용하면서 '실존주의와 현상학'적 교육철학, 프뢰벨, 슈타이너, 프레이레, 나딩스(케어링 교육학) 등의 교육론에 위치를 부여해 간다.

(3) 존 밀러의 이극 조화론

존 밀러는 양극 사이의 '적절한 관련방법'에 초점을 두는 '이극 조화론'을 취하고 있다. 『홀리스틱 교육』에서 교육사적인 고찰을 할 때에도 교육목적론적으로는 사회 중심과 아동 중심(사회화와 개성화, 사회적응과 자기 실현), 교육방법론적으로는 지도와 방임(강제와 자유)이라는 양극성을 축으로 한 교육학설 사상의 제론(소크라테스, 플라톤, 아우구스틴부터 시작하여 부라메르도까지)을 규정하고 있다(J. P. Miller, 1988: 62-72). 교육의 운영에서는 '교육적 이율배반', '교육학적 근본형식'으로서 주제화되어 온 양극성, 모순, 패러독스(역설)가 있다.

교육사상도 당연히 같은 양극성을 갖고 있다. 그 어느 쪽인가의 극으로 환원해 버리는 것이 아니라, 그 양극에 대하여 자각적으로 긴장·갈등을 갖고 상황에 부응해 균형을 도모해 가기 위해서 사용되는 '이극 밸런스론'을 택하고 있는 것이다.

존 밀러는 사회과학적인 관점을 근거로 하는 사회변혁 지향성을 갖고 있지만, 다른 한편으로는 명상을 매일 실천할 정도의 내면적·정신적인 변용 지향을 추구하는 양극(兩極)적인 경향을 함께 갖고 있다. 그 양극의 폭의 크기가 그의 논문의 스케일을 정하고, 또 그 양극의 조화가 홀리스틱 교육론의 신뢰성을 높이고 있는 것이다. 이와 같은 양극 경향의 배경이 되는 그의 '자기사(自己史)'에서의 결정적인 사건을 두 가지 들어 본다(J. P. Miller, 1994: 154-160; 吉田敦彦, 1998).

① 하나는 베트남 반전운동이다. 1943년에 미 합중국에서 태어난 그가 1968년 캐나다에 이주한 것은 소위 '양심적 병역거부'로 미국 국내에 체류할 수 없게 되었기 때문이다. 처음부터 사회과학적 관심이 강했던 그는 대학에서 사회과학을 전공하고, 베트남 전쟁에 대해서도 인도적인 평화주의자로서뿐만 아니라 베트남에의 군사침공이 역사적 과오

라는 냉정한 인식을 갖고 양심적 병역거부에 관한 취지서를 제출하여 관철시킨다. 소로와 에머슨을 애독한 그는 법에 대항하고 고향과 가족을, 그리고 고등학교 사회과 교사직을 통한의 생각으로 내릴 수밖에 없었던 체험이 '최초의 인생의 전기' 였다고 한다.

② 두 번째는 아내의 암 투병생활에서 경험한 정신적 변용이다. 그것은 아직도 어리기만 한 아들과 딸을 둔 39세의 아내가 사망할 때(1982~1988)까지의 긴 과정이었다. 특히 1986년에 기적적인 회복을 보였던 1년간의 아내의 모습에서 확실히 그는 '정신적 각성' 을 경험했다. 그것은 아내의 '의식 속에 살아 있었다' 고 할 수 있는 '영혼의 깊이에서 발하는 그녀의 따뜻한 빛' 이었다. 그의 아내는 고통이나 공포 앞에서도 "나는 이렇게도 축복받고 있다." 고 종종 말하곤 했다. 그의 아내가 그와 아이들을 충분히 사랑한 최후의 나날들 전체를 지탱하고 있었던 것은 그의 아내와 그가 실천하고 있었던 명상(meditation)이었다.

2. 홀리스틱 교육과 현대 교육사상들과의 대화

이상과 같은 이론을 기초로 하여 존 밀러는 기존의 다종다양한 교육사상 및 교육학설이나 교육과정론, 방법론 등에 위치를 부여하고 방향을 정하고 있다. 즉, 그의 홀리스틱 교육론은 다양한 교육사상을 배타적이지 않으면서 포괄적으로 연관시키는 것을 기본으로 성립되었다고 할 수 있다.

이 절에서는 일반적인 종래의 교육사상의 분류와 관련지어 존 밀러의 논의를 시작으로 하는 홀리스틱 교육론에 위치를 부여하며, 그것과 연관방법을 찾는 대화를 시도하고자 한다. 요시다(吉田敦彦, 1999)는 교육사상을 유기체론적 자연주의, 실존주의와 현상학, 듀이 교육학과 인지발달학, 네오마르크스주의와 비판적 교육학, 신비주의적 종교사상의 다섯 가지 계보로 나눠 홀리스틱 교육론과의 연관을 고찰하고 있다. 이 다섯 가지 교육사상의 계보와 존 밀러를 시작으로 하는 『홀리스틱 교육 리뷰』(Holistic Education Review)지의 편집위원회에 속하는 주요한 논자를 일람해 정리한 조견표를 제시하면 〈표 5-2〉와 같다(吉田敦彦, 1999).

한편, 현대의 다양한 교육사상들에 직·간접으로 영향을 미친 철학사상들을 다음과 같이 정리해 볼 수도 있다.

구성주의(I. Kant, J. Piaget, L. S. Vygotsky), 실증주의와 분석철학(G. Moore, B. Russell, L. Wittgenstein, R. Carnap), 실용주의(C. Pierce, W. James, G. Mead, J. Dewey), 실존주의(S. Kierkegaard, J. Sartres, O. Bollnow, M. Buber), 마르크시즘·주체사상·비판이론(K. Marx, M. Horkheimer, T. Adorno, J. Harbermas), 구조주의(L. Strauss, L. Althusser, J. Lacan, J. Bruner, N. Chomsky), 낭만주의와 전일(全一)주의(J. Rousseau, J. Pestalozzi, J. Goethe, A. Huxley, M. Montssori), 포스트모더니즘(J. Lyotard, M. Foucault, J. Derrida), 생명·생태주의(L. White Jr., F. Capra, M. Bookchin, 노자와 장자를 위시한 도가철학), 유가철학사상, 불가철학사상, 인도철학사상, 기독교철학사상, 이슬람철학사상 등이다.

이들 중 여기에서는 '실존주의' 사상과 '생명·생태주의' 사상에 국한하여 홀리스틱 교육사상과의 대화를 시도하고, 그 사상의 특징과 함께 홀리스틱 교육과 연관지어 대화를 시도하고자 한다.

〈표 5-2〉 다섯 가지 교육사상 계보와 홀리스틱 교육론자

← 내향: 정신변용 ←←←←←←←←← →→→→→→→→→ 사회변혁: 외향 →

신비주의적 종교사상	실존주의와 현상학	유기체론적 자연주의	듀이의 인지발달학	네오마르크스주의 비판적 교육학
		루소(셰링그)		
		페스탈로치	에머슨	
융	키에르케고르	프뢰벨		마르크스
슈타이너	하이데거	톨스토이	듀이	페레르
부버			차일즈	칸트
도·샤르탄				브라메르도
간디	(보르노)			코조르
크리슈나뮤티		A. 케스트러	콜버그	푸레이레
틱낫힌		베이트슨		애플
캠벨	M. 그린	(프리고진, 바레라)	슈와브	지르
휴스턴·스미스		D. 봄, 프리브람		D. 파페르
	메슬러	A. 와이르	D. 스론	K. 케트손
윌버	J. 켄	나딩스		론 밀러
존 밀러				

☞ 인명: 존 밀러가 적극적으로 언급하는 대표적 인물. 단, 괄호 안은 제외.
(음영)는 『Holistic Education Review』지의 편집위원.

1) 실존주의 교육사상과의 대화

(1) 실존주의 교육사상의 특징

실존주의는 현대 이성의 붕괴에 대한 체험에서부터 시작되어 인간은 누구나 자유롭고 자신의 운명을 스스로 선택할 수 있으며 그 선택에 대해 책임을 진다는 내용의 존재에 관한 철학이다. 또한 20세기 전반 합리주의와 실증주의 사상에 대한 반동으로서 독일과 프랑스를 중심으로 일어난 사상이다. 제1차 세계대전 후의 '생(生)의 철학' 이나 현상학의 계보를 잇는 이 철학사상은 제2차 세계대전 후에는 문학이나 예술 분야에까지 확대되었다.

실존(實存)이란 말은 원래 철학 용어로서 어떤 본질이 그 일반적 본성을 의미하는 데 대하여 개별자(個別者)로서 존재하는 것을 의미하며 특히 인간의 존재를 나타내는 술어로 사용된다. 그것은 인간의 일반적 본질보다도 개개 인간의 실존, 특히 타자(他者)와 대치(代置)할 수 없는 자기 독자의 실존을 강조하기 때문인데, 이 같은 경향의 선구자로서는 키에르케고르나 포이어바흐를 들 수 있다. 이 두 사람은 모두 헤겔이 주장하는 보편적 정신의 존재를 부정하고 인간 정신을 개별적인 것으로 보아 개인의 주체성이 진리임을 주장한다. 따라서 인류는 개별적인 '나' 와 '너' 로 형성되어 있다고 보는데 바로 이와 같은 주장이 실존주의 사상의 핵심을 이루고 있다.

사르트르(J. P. Sartre)의 분류에 따르면 초월자 또는 신(神)의 존재를 인정하는 야스퍼스나 마르셀은 '유신론적(有神論的) 실존주의자' 이고, 사르트르 자신은 '무신론적 실존주의자' 임을 주장한다. 즉 사르트르의 생각으로는 인간에게는 실존이 본질에 선행(先行)하며, 따라서 인간의 본질을 결정하는 신은 존재하지 않기 때문에 개인은 완전히 자유로운 입장에서 스스로 인간의 존재 방식을 선택하게끔 운명지어져 있다. 만약 인간의 본질이 결정되어 있다면 개인은 다만 그 결정에 따라 살아가기만 하면 되지만, 본질이 결정되어 있지 않다는 바로 그 이유 때문에 인간 한 사람 한 사람의 자각적인 생활방식이 실로 중요하게 된다는 것이다.

실존주의 철학자로는 이 밖에 세스토프, 베르자에프, 부버를 들 수 있고, 문학자로는 사르트르 이외에 카뮈, 카프카 등을 들 수 있으며, 실존주의의 시조(始祖)로서는 니체나 도스토예프스키, 나아가서는 파스칼까지도 거론되는 경우가 있다.

(2) 실존주의 교육사상의 교육원리

실존에서 문제되는 것은 개별적이고 독특한 인간의 존재방식이며, 따라서 이들은 인간이란 용이 대신 현존재, 실존조명, 탈자적, 자기 초월적 존재 등 실존을 의미하는 특유한 용어를 사용한다. 실존주의에서는 인간을 순수한 주체성으로 보고, 참된 인식은 오성에서 얻어지는 것이 아니라 현실적 체험에서 나오는 것이며, 이 체험은 불안과 고뇌를 통해 이루어진다고 본다.

따라서 '교육 원리'로서 다음의 것들을 중요시하는데, 이것들은 존 밀러를 중심으로 하는 홀리스틱 교육론자들이 제시하고 있는 교육방식과도 상통한다.

① 개인(個人)의 중요성을 강조한다.

② 사회적 적합성을 거부하여 사회적 규범과 기준에 예속되는

것을 허락하지 않는다.

③ 전인교육(全人敎育)을 강조한다.

④ 인격교육(人格敎育)을 강조한다.

⑤ 자아인식(自我認識)을 위한 교과과정을 강조한다.

⑥ 대화(對話)에 의한 교수-학습을 강조한다. 부버(M. Buber)의 대화 이론에서 말하는 교수-학습방식은 나와 너의 담화로, 이것은 삶의 밑바닥에 자리잡고 있는 경험적이고 구체적인 의사소통이며 영적인 교섭이다.

⑦ 교육자의 정신적 자세 및 솔직한 교사의 모습을 중요시한다.

실존주의 교육사상을 통해 보는 교육 원리는 '인간의 주체성을 존중하고 교육에서 인간의 권위를 회복' 하여 '주체인을 기를 것을 주장' 하며, 교육이 '인간성 지향의 학문' 으로 발전하게 하는 데 의의를 갖고 있다.

그러나 실존주의는 '인간의 현재성의 기저를 사회과학적 시각에서 파악하고자 하는 노력이 미흡' 하고, '비연속적 형식의 교육을 강조하여 방법화의 어려움을 극복하는 데 소극적' 이라는 한계도 보인다.

(3) 실존주의 교육사상가 키에르케고르: 참사람이 되는 길

키에르케고르(S. A. Kierkegaard)에 대해서는 공저서 『통합교육과정과 전인교육: 21세기 교육의 홀리스틱 패러다임』(2003: 112-120)에서 전인 · 통합교육의 철학 · 사상적 기초로 다루고 있는 내용을 인용하고자 한다.

① 키에르케고르의 생애

키에르케고르(S. A. Kierkegaard, 1813~1855)는 덴마크의 중산층 가정에 태어나 아버지에게서 강한 기독교 신앙교육을 받았고, 더불어 그의 우울(melancholy)한 정서적 영향도 받았다. 그는 자라면서 철학, 신학, 심리학 등에 걸쳐 폭넓게 사유하였고, '실존철학의 아버지'라 불리기도 한다.

그는 애석하게도 결혼에 이르지 못하고 심리적 혹은 성격상의 이유로 약혼녀와 결별하게 된다. 이에 대해 여론의 풍자적 공격을 받고 이에 대해 변론하고 논쟁을 벌이는데, 이것이 그가 본격적으로 글을 쓰게 되는 계기가 된다. 키에르케고르는 자신의 약혼파기의 원인으로 '종교적 충돌'을 들고 있다. 자신은 역설적인 변증법적 종교성을 갖고 있는데, 약혼녀 레기나는 직접적인 미적 종교성을 갖고 있다는 것이다. 이런 모호한 말과 더불어 키에르케고르는 약혼파기의 원인이 자신의 우울증에 있다고 하였다. "나는 몹시 그녀에게 끌렸고 그녀를 사랑했다. 그러나 나의 우울증과 정신적 고뇌가 나를 불행하게 만들었다. 나에게는 그녀와 나눌 아무런 행복도 없었다."

약혼파기로 키에르케고르의 인생은 큰 전환점을 맞는다. 약혼파기 이후에도 키에르케고르는 레기나를 사랑했으며, 반면에 더욱 가중되는 우울증과 더불어 인간 본질을 탐구하기 위해 작가의 길을 선택한다. 그는 『이것이냐, 저것이냐』, 『두려움과 떨림』 『반복』, 『철학적 단편』, 『불안의 개념』, 『인생 길의 여러 단계』 등의 명작을 잇따라 내놓았고 '나의 오직 한 사람의 독자'라며 그의 저서를 레기나에게 바쳤다.

키에르케고르는 당시의 기독교권의 사람들이 존재한다는 것이 무엇인지를 잊어버렸다고 비판하면서 사람들이 알고 있었으나 잊어버렸던 것을 상기(remind)시키고자 했다. 참인간이 되는 길 나아가 참 기독교인이 되는 길을 설파했다. 키에르케고르의 눈에는 기독교 국가에서 태어나 세례받고 교회에 다니는 것만으로 기독교인이라고 생각하는 것은 착각으로 비추어졌다. 이러한 착각을 깨뜨리기 위해 마치 덴마크에 나타난 소크라테스처럼 끊임없이 질문하여 거짓을 폭로하고 진리의 눈을 뜨게 하는 소크라테스적 산파술을 사용하였다. 또한 그는 사람들은 스스로 기독교인이라고 하면서 안락에 빠지는 착각을 깨뜨리고 나와 허무와 절망을 직시하고 이를 믿음과 사랑으로 극복하여 참 기독교인이 되어야 한다고 하였다. 1947년에 출간된 키에르케고르의 『사랑의 역사』는 기독교의 핵심인 사랑에 대해 성찰하면서 그 당시 기독교계의 사랑 없음과 부패와 위선을 비판한 책이다.

키에르케고르는 소크라테스가 아테네를 누비며 대화를 즐긴 것처럼 코펜하겐을 거닐며 사람들과 대화를 나누었다. 이러한 산책과 대화는 키에르케고르의 사상의 밑거름이 되어 『죽음에 이르는 병』(1949)과 『기독교 안에서의 훈련』(1950)이라는 명저들을 남긴다.

② 키에르케고르의 사상: 실존이 되어감, 참사람이 되어감

• 소크라테스와 예수의 정신을 아울러 계승

서양 문화는 1) 기독교 전통과 2) 소크라테스와 플라톤을 위시한 철학 전통 그리고 3) 근현대의 과학이라는 세 줄로 꼬아지거나, 경우에 따라서 한두 줄이 강조된 형태로 나타난다. 키에르케고르의 사상은 사랑의 예수와 산파술의 소크라테스 정신이

고스란히 녹아 들어가 있는 철학적 신학 혹은 신학적 철학이며, 과학적 객관보다는 실존적 주체성이 강조되고 있다.

• 헤겔 비판과 더불어 실존적 주체성의 확립

인간은 합리적 체계 속에서는 해소(解消)될 수 없는 구체적이며 개별적인 단독자다. 키에르케고르는 관념론적 헤겔(Hegel)에 대해서 다음과 같이 비판한다. "어떤 사상가(헤겔)가 거대한 집을 짓고 있다. 인간 전체와 세계사 따위를 포괄하는 체계를 짓고 있다. 그런데 그의 개인적인 삶을 살펴보면 놀랍게도 그는 헛간이나 강아지 집에서 아니면 고작 문지기 방에서 살고 있다고 하는 끔찍하고도 우스꽝스러운 사실을 발견하게 된다(『죽음에 이르는 병』)."

헤겔의 인위적으로 완성된 체계와는 달리 인간의 실존은 완결되지 않은 과정이며, 이 과정 속에서 개인(the individual)은 자유로운 선택을 통해 자아(self) 정체성을 이루는 책임을 져야 한다. 개인이 자아를 형성하기 위해 선택하고 행동하는 데에 지성만으로는 부족하며 내면의 열정(passion)과 주체성(subjectivity)이 있어야 한다. 사랑과 믿음, 열정은 저절로 생기는 것이 아니라 실존적으로 양육되어야 한다. 그렇게 될 때 산업혁명 이후 기계문명과 대중사회에서 나타나는 비인간화 혹은 물화(物化)가 극복된다.

• 실존이 되어감

실존이란 본래의 자기를 깨닫고 실현하려는 계속적인 노력이요, 끊임없는 되어감(Werden, 영어로는 becoming)이다. 실존의 자기 실현은 미적, 윤리적, 종교적인 세 가지 실존영역을 거치며 이루어진다.

첫째, 미적(美的) 실존은 자연적 욕망의 충족을 꾀하여 감성적이며 직접적인 향락적 삶을 추구한다. 미적 실존은 쾌락의 가능성 속에서 떠돌며 재치 있게 살아가는 것이다. 많은 여인을 유혹했다는 전설의 인물 돈 쥬앙은 미적 실존의 전형으로, 프로이트(S. Frued, 1856-1939)의 '이드(id)'의 쾌락 원리를 연상시킨다. 솔로몬도 성경의 전도서(傳道書)에서 향락의 덧없음을 읊었다. 향락은 더 많고 새로운 향락을 초래하므로 미적 실존은 만족이 없고 피곤해지며 권태를 느끼게 된다. 또한 스스로 쾌락의 노예가 되었음을 자각하게 되어 뉘우침과 더불어 윤리적 실존에 눈뜨게 되며, '이것이냐 저것이냐'(미적 실존이냐 윤리적 실존이냐)의 선택 앞에 서게 된다.

둘째, 윤리적 실존은 절대적이고 영원한 '나'를 선택하여 이를 끝까지 지키며 성실하게 살아가게 하고, 이기적인 미적 실존과는 달리 양심을 갖고 사회에 대한 고려를 하며 자기 행위를 결정하게 한다. 그러나 윤리적 실존은 영원한 나를 실현하려 하면 할수록 또한 양심에 따라 살려고 하면 할수록 스스로 무력한 유한자임을 통감하게 되어, 양심 앞에 스스로 좌절하고 절망하면서 자신의 근거를 받쳐 주는 다른 근거를 찾게 되고 종교적 실존으로 넘어가게 한다. 이는 성경에 등장하는 바리새인들의 '율법주의'가 '복음(gospel)'으로 극복될 수 있음과 일맥상통하는 바가 있다.

셋째, 종교적 실존은 믿음을 가지고 살게 한다. 종교적 실존은 영원한 행복을 추구하지만 자신 안에 절대적이고 영원한 것이 들어 있지 않음을 깨닫게 한다. 지금까지 실존은 '주체성 = 진리'라고 생각하며 그 진리를 자신의 내면에서 찾았으나, 내면에

파산선고를 내리고 '주체성 = 비진리 = 죄'라는 것을 깨달아 초월적 계시종교인 기독교에 이르게 한다. 여기에서 '절대자 앞에 벌거벗은 단독자'로 서서, 개별자로 들어온 영원자인 절대자(예수 그리스도)를 만난다(참고로 성경에 의하면, 성경 속의 많은 율법들은 유한한 인간의 도덕생활의 한계를 깨닫게 하고 그리스도를 향하게 하는 역할을 한다). 예수 그리스도의 고난의 삶을 바탕으로 삼으며 신앙과 사랑이 자라날 때 불안과 죽음의 문제가 극복되고 참된 실존이 회복되며, 삶의 궁극적 목적인 구원, 즉 영원한 행복을 누리게 된다는 것이다.

③ 키에르케고르의 참사람이 되는 교육

• 교사–학생의 파트너십

교사와 학생은 실존의 본질을 실현하며 도덕성을 넘어 영성(spirituality)까지 실현하는 전인교육을 향해 가는 파트너다. 교사와 학생의 파트너십과 영성교육은 홀리스틱 교육의 핵심사항이다. "사람을 어떤 정해진 장소로 이끌어 내려면 그가 있는 곳을 찾아가서 거기서부터 시작해야 한다. 사람을 돕기 위한 진정한 노력은 자기 겸양으로부터 시작된다. 돕는다는 것은 섬기는 것이다." "교사란 이렇게 저렇게 설명하거나 강의하는 사람이 아니다. 교사는 배우는 자다. 교육이란 교사가 학생에게서 가르침을 받고 학생의 이해 속으로 들어가 학생이 무엇을 어떻게 이해했는가를 몸소 배우는 데서 시작된다(『두려움과 떨림』)."

• 실존의 되어감을 돕는 홀리스틱 전인·영성교육

키에르케고르에게 있어 중요한 것은 객관적 지식의 주입이 아니라 실존적 삶의 의미를 깨닫고 매 순간의 결단을 통해 행복을 찾는 일이었다. 소크라테스와 같은 끊임없는 질문으로 교사는 학생에게 쾌락을 추구하는 미적 실존의 권태와 피로를 깨닫게 하고 윤리적 실존으로 나아가도록 돕는다. 또한, 양심적으로 살고자 하는 윤리적 실존이 가상하기는 하지만 그 모순과 무기력함을 깨달아 결단하여 종교적 실존으로 나아가도록 돕고, 종국에는 단독자로 절대자를 만나 참자아를 찾아 행복을 누릴 수 있도록 한다. 이때 영원한 절대자와 유한한 인간 사이의 다리가 되는 것이 예수 그리스도다. 요컨대 그의 인간교육은 인간 실존의 전 영역(심미적 · 윤리적 · 종교적 영역)을 포괄하고, 기독교적이며 영적인 색채를 짙게 풍기는 실존주의적 홀리스틱 전인 · 영성교육이다.

참고로 '절대자 앞에 단독자로 서는 것'은 한국의 오랜 전통 혹은 퇴계의 '경천(敬天)'과도 일맥상통하는 바가 있다. 단, 키에르케고르는 영원한 절대자와 유한한 인간의 존재론적 이원론을 강조하는 반면, 퇴계 이황은 천리(天理)로서의 성리(性理)를 지닌 인간이 하늘의 파트너임을 강조하였다.

키에르케고르의 일생은 서양 문화의 두 원형인 예수와 소크라테스의 정신을 이어받으며 비인간화를 극복하고 참인간이 되는 길을 찾아 나선 실존적 모범이었다. 참인간을 향한 전인교육의 과정에서 파트너십을 발휘하는 것이 키에르케고르가 생각하는 교사와 학생의 관계였다. 영성교육을 포함한 전인교육과 교사-학생의 파트너십은 홀리스틱 교육의 핵심사항들이기도 하다.

그는 20세기의 실존사상가인 사르트르와 카뮈에게 깊은 영향을 끼쳤다. 또한 키에르케고르를 위시한 실존철학자들은 인본주의 심리학자들, 예를 들어, 로저스(C. Rogers)와 매슬로우(A.

Maslow)에게 큰 영향을 끼쳤다. 예컨대 매슬로우는 자아실현(self-actualization)을 인간의 궁극적인 목표로 보면서 자아실현의 길이 막힐 때 신경정신증이 나타날 수 있다고 보았다. 그는 말년에 자아(실현)를 넘어서는 초자아(trans-person)에 대한 언급도 하였다. '초자아'로 나아감은 초월적인 절대자를 대면한 '단독자'가 초월을 향한 '믿음의 도약(leap of faith)'으로 자신을 넘어서는 것과 유사한 면이 있다.

키에르케고르는 실존의 내면여행을 통해 절대자 앞에 단독자로 서는 것을 강조했으며 예수를 따라 십자가의 사랑과 희생의 길을 가라고 했다. 그러나 이 길에서 실존적 개인이 사람들과 더불어 구체적으로 어떤 단계를 밟아 인민애물(仁民愛物, 퇴계의 용어)해야 하는지에 대한 사회·자연과학적 연구는 키에르케고르가 미처 다루지 못한 앞으로의 과제다(E. Hirsch, H. Gerdes, & H. M. Junghans 등이 편집한 『Kierkegaard: Gesammelte Werke』 독일어판 케에르케고르 전집 참고).

(4) 홀리스틱 교육사상과의 대화 —현상학적, 해석학적 접근

존 밀러는 『홀리스틱 교육』에서 다양한 교육 제 이론을 소개하면서도 그 매듭의 장에서 이것들은 교사의 '실존의 존재방식'에 의해 옳고 그름이 정해진다고 강조하고, 키에르케고르나 하이데거, 나딩스의 '본래성'이나 '케어링(caring, 보살핌, 배려)' 개념을 중시한다(J. P. Miller, 1988: 133-139). 또 부버의 실존철학에는 나딩스나 켄 등 주요한 홀리스틱 교육론자가 자주 언급된다.

부버와 홀리스틱 교육과의 밀접한 연관에 대해서 존 밀러는 물론 일본 홀리스틱 교육 연구자들도 자주 언급하고 있었다. 참

고로 홀리스틱교육연구회 편, 『실천홀리스틱 교육』(1995: 195-218) 제11장에서는 '부버와 홀리스틱 교육(ブーバーとホリスティック教育)'을 다루고 있다. '케어링 교육학'의 제1인자이며 『Holistic Education Review』지의 편집위원도 맡고 있는 나딩스는 '교육에의 얼터너티브 어프로치(An Alternative Approach to Education)'라는 부제를 가진 『학교에서 돌봄에의 도전(The Challenge to Care in Schools)』이라는 저서를 썼다. 여기에서 나딩스는 서구 근대의 남성성을 중심으로 한 원리(합리성, 힘에 의한 컨트롤, 생산성 등)에 대신하는 대안적인 원리로서의 여성성에 초점을 맞춘 교육비전, 즉 '대안적 비전'[4]을 제창한다(Noddings, 1992). 나딩스는 1997년 10월 캐나다 토론토 대학 대학원에서

---

4) 그것은 다음의 네 가지로 요약된다(N. Noddings(1992). *The Challenge to Care in Schools: An Alternative Approach to Education*, p.62. Teachers College Press.).

① 타인에게 마음을 주어 돌보려 할 때에는 (시대나 문화를 넘어서) 어떠한 사람들도 나누어 가졌던 것이었으며 또 거기에서 아이들의 여러 힘을 길러 왔다는 사실을 확인한다.

② 그러한 케어링의 장에서 특히 교육의 일은 모든 아이들의 인식하는 힘, 또는 지성을 기르는 데 있지만, 그것은 언어적 논리와 수학적인 지성뿐만 아니라 음악적인 지식, 신체적인 지성, 인간적인 사람과 사람과의 연계의 지성, 정신적인 지성 등을 포함한 폭넓은 다원적 지성이어야 한다.

③ 케어링에게서 아이의 성장은 항상 인종이나 성, 민족문화, 종교 등의 다양성이 고려되어 있으며 또 그 다양성에 의해서 풍부하게 채워지는 것이어야 한다.

④ 아이들의 재능의 개발이나 성인 후의 직업에 대한 관심뿐만 아니라 상대에게 애정을 쏟거나 상대를 수용하여 만족하는 것과 같은 '모성애적인 관심' 등을 소중히 하여 또래 아이들과 연계하고, 또 그 연계에 의해서 아이들 마음에 돌보고자하는 마음을 기른다.

개최된 'Holistic Learning: Breaking New Ground 국제대회'의 기조 강연자이기도 하다. 그녀는 어른과 아이의 '연계'(돌봄관계)를 중시하고, 정신성을 포함한 아이의 다원적·전인적인 지성, 다양하고 중층적인 사회관계 등을 포괄적으로 시야에 넣음으로써 대안적 비전의 홀리스틱한 특질을 잘 나타내고 있다(N. Noddings, 1994). 또한 계간지 『Holistic Education Review』는 1998년부터 『Encouter(만남)-Education for Meaning and Social Justice』로 타이틀이 바뀌는데, 이는 편집장 제프리 켄(Jeffrey Kane)이 부버의 강한 영향을 받아 채택한 것이라고 한다.

존 밀러의 『명상하는 실천자(The Contemplative Practitioner: Meditation in Education and the Professions)』(1994)도 실존주의인 교사의 존재론(存在論)을 향한 시도다. 그러나 이것은 단지 교사론에만 머무르지 않으며, 밀러의 트랜스포메이션은 알아차림, 번뜩임, 만남, 각성, 자각, 지고(至高)체험, 계시(啓示) 등을 인간형성상의 중요한 체험으로 위치를 부여하고자 하는 시도다.

미국의 교육철학 중에는 '실존주의와 현상학·해석학'으로 정리되는 조류가 있지만, 이 계보의 대표적 인물인 그린(M. Greene)이나 나딩스는 전술한 바와 같이 『Holistic Education Review (H.E.R.)』지의 편집위원을 맡고 있고, 켄(J. Kane)은 편집장이다. 학문적 방법론으로서의 현상학·해석학에 관해서는 『H.E.R.』지의 창간자 론 밀러에 의해 홀리스틱 교육의 연구접근은 근대 자연과학도 이데올로기도 아닌 현상 학문적인 것이라고 명시되고 있다(R. Miller, 1993: 13).

앞에서 언급한 토론토 대학 OISE의 '홀리스틱과 미적 교육 전공에서는 '현상학적 방법'이 중요한 위치를 차지한다. 동 전공의 개론을 담당하는 두 사람, 실버스와 로조우스키는 공저로 『해석학적 인간과학: 현상 학문적 연구에의 서론(Interpretive Human Studies: An Introduction to Phenomenological Reseach)』을 1982년에 발간하고 있다(V. Darroch-Lozowski & R. J. Silvers, 1982). 로조우스키는 『Human Studies』지의 특집 '현상 학문적으로 가르치는 것(Teaching Phenomenologically: An Introductory Note)' 의 편집자이기도 하다(V. Darroch-Lozowski, 1995).

캐나다의 엘버타 대학 마넨 교수에 의해 1983년에 창간된 기관지 『현상학과 교육학(Phenomenology and Pedagogy)』에는 이 두 사람은 물론 존 밀러의 논문 'Beyond Reflection to Being: The Contemplative Practitioner(J. P. Miller, 1991: 319-334)' 도 게재되어 있다.

이미 본 바와 같은 존 밀러의 『교육의 스펙트럼』 이후, 교육현실에 의미를 부여하여 해석하는 개개인의 교육자가 암묵 속에 안고 있는 해석도식이나 의미세계 및 '지향성' 을 교육과정이나 교육방법의 차원에서 이해하고 실천자 스스로가 각자의 그것을 의식할 수 있도록 돕자는 연구방식을 '현상학적, 해석학적' 접근이라고 할 수 있다.

이와 같은 '현상학 및 해석학' 의 방법은 19세기 후반부터 20세기를 통하여 자연과학적인 주관과 객관을 구별하는 인식론을 넘는 접근을 서구 지식의 내부에서 모색해 온 귀중한 지적 유산이다. 교육에서의 현상학(現象學)의 조류가 이처럼 '홀리스틱 교육(holistic education)' 이라 이름 붙여진 영역과 합류하고 있다는 사실은 홀리스틱 교육사상이 갖는 큰 가능성과 비전을 시사하고 있는 것이다.

2) 21세기 생명 · 생태사상과의 대화

20세기 후반에 부상하여 21세기의 가장 중요한 사상들 중의 하나가 된 '생명 · 생태사상'은 자연과 인간의 공생(共生), 상생(相生) 그리고 어울림을 지향하며 통합적 시야를 필요로 하고 있다. '21세기 생명 · 생태사상과 교육'을 도표화하면 <표 5-3>과 같다(송민영, 2002; 박영만, 송민영, 2003).

〈표 5-3〉 21세기 생명 · 생태사상과 교육

구분	생명 · 생태사상과 교육
등장배경	인간중심주의(anthropocentrism)와 생태계의 파괴를 치유하기 위해서
주요 인물	화이트(L. White Jr., 영적 생태론), 카프라(F. Capra, 과학생태론, 현존) 북친(M. Bookchin, 『사회생태론의 철학』) 동양 철학의 재발견—퇴계, 장자, 노자 등
존재 세계 역사	인간과 자연의 유기적 상생(相生, win-win)적 세계관 도(道)와 덕(德)의 세계관(노자)
인간 인식 언어	자연과 더불어 존재하는 인간 무위자연(無爲自然)의 인생관(도가), 생명존중과 연기(불가)
문화가치	홀리스틱(holistic), 생태적(ecological), 시스템적(systemic) 문화를 창조, 상생과 협력과 조화
교육/수련	생명 · 생태교육, 영성교육, 전인교육, 통합교육과정
평가, 전망	생명 · 생태에 대한 기존의 영성적, 자연과학적, 사회과학적 접근들은 각각 의미하는 바가 크다. 그런데 앞으로 이러한 다양한 개별적인 접근들이 통합교과를 이루어 천지인(天地人)의 조화를 지향할 때, 경천애인의 정신과 신홍익인간(사람과 생명 · 생태계를 널리 이롭게 하는)의 교육이념이 실현된다.

(1) 인간중심주의의 한계

서양 근현대의 인간중심주의(anthropocentism), 이성주의 그리고 과학주의는 자연을 분석 · 측정하고 통제하고 지배하며 풍요로운 물질생활과 경제발전을 도모하고자 했다.

그러나 이러한 시도는 많은 부작용을 낳았다. 예를 들어, 공해와 오염에 의한 자연파괴, 환경호르몬에 의한 건강파괴, 온실효과에 의한 지구온난화와 기후변동, 극지방의 빙하가 녹아서 해수면 상승으로 섬들이 잠기는 현상, 동식물의 멸종 등이다. 많은 동식물이 사라진 다음에 인간이 사라질 차례가 올지도 모른다.

(2) 생명 · 생태주의의 등장

레오폴드(A. Leopold, 1887~1948)는 땅의 윤리(land ethic)를 주장하면서 인간은 생명의 공동체인 땅의 소유주가 아니라 땅의 일원이라고 했다. 네스(A. Naess)는 깊은 생태학(deep ecology)을 주창했다.

카슨(R. Carson)이 지은 『침묵의 봄(Silent Spring)』(1962)과 싱어(P. Singer)가 지은 『동물 해방(Animal Liberation)』(1975)은 생명 · 생태계에 대한 대단한 관심을 불러일으켜 생명 · 생태주의를 등장시키는 촉매가 되었다. 『침묵의 봄(Silent Spring)』은 살충제 등에 의한 공해로 새들도 자연도 모두 죽어 버리면 봄은 더 이상 노래하지 않는다는 내용을 담고 있다.

앞으로 『침묵의 봄』에 이어 누군가 『호흡의 침묵』을 발간할지도 모를 일이다. 이 책은 "작용−반작용의 법칙처럼 인간이 자연을 해치면 그 해가 인간에게 되돌아온다. 지구의 허파라 불리는 아마존의 나무들을 자꾸 잘라내면 지구 사람들이 숨쉬기 어려워지는 때가 올 수 있다."라는 경고를 하지 않을까?

(3) 생명 · 생태주의의 다양한 목소리

일반적으로 생명 · 생태주의는 인간 중심주의를 비판하며, '인간이란? 자연이란?' 하는 질문과 더불어 인간(human-beings)과 환경(non-human environment)과의 바람직한 관계를 구축하고, 자연세계의 '본질적인 가치(intrinsic value)'를 발견해 내고자 한다. 생태주의는 현재와 미래, 인간(human)과 인간 이외의 존재(non-human), 개체와 전체와의 균형에 관심을 갖는다.

① 화이트는 환경위기가 갖는 철학적, 영적 의미를 최초로 고려한 사람 중의 한 사람이다. 그는 환경문제가 근본적으로 영적인 것과 관계된다고 보았으며, 인간과 자연과의 관계를 이해하는 방식에서 근본적인 변화를 강조했다. 그는 말하기를 "우리가 지구 생태계를 위하여 무엇을 할 수 있는가는 인간과 자연에 대한 우리의 사고방식에 달렸다. 우리가 새로운 종교를 발견하든지, 아니면 지금까지의 인간 중심적인 철학과 종교를 근본적으로 재고하기 전에는 어떤 과학이나 기술로도 현재의 생태계 위기에서 벗어날 수 없을 것이다(『고등학교 도덕』, 2002: 34)."라고 하였다. 우리나라 고등학교 교과서가 21세기 교육의 핵심 주제들에 속하는 영성과 생명 · 생태를 다루고 있음은 기쁜 일이다.

과학자이며 신학자인 샤르뎅은 과학과 영성의 접목을 시도했으며, 영적 환경(spiritual milieu)을 강조했다. 또한 간디는 정치영역까지 영적으로 만들어야 한다("spiritualize the politics.")고 주장했다. 한편 실존철학자 하이데거(M. Heidegger, 1889~1976)도 서양의 인간 중심주의적 사고가 모든 존재를 객관화하고 수량화하여 이용하고 파괴했음을 비판했다. 우리는 녹색 영성(green spirituality)을 양육해야 한다.

② 카프라에 의하면 과학의 새 틀은 홀리스틱(holistic)·생태학적(ecological)·시스템적(systemic) 성격을 띠며, 다음과 같은 다섯 가지 특징을 포함한다.

첫째, 부분에서 전체로의 전이(shift from part to the whole)다. 과학의 낡은 틀은 부분들을 이해함으로써 전체를 이해했다. 그러나 과학의 새 틀은 전체의 역동성에서부터 부분이 이해된다. 궁극적으로 부분이란 없다. 부분이란 전체라는 관계의 거미줄에 나타난 하나의 현상일 뿐이다.

둘째, 구조에서 과정으로의 전이(shift from structure to process)다. 심층의 구조(structure)가 과정(process)의 원인이 되는 것이 아니라, 밑바탕의 역동적인 관계의 과정이 만들어 내는 것이 구조다.

셋째, 객관적 과학에서 인식(론)적 과학으로의 전이(shift from objective science to epistemic science)다. 객관적인 과학은 불가능하고 인식론적 과학(epistemic science)이 가능하다.

넷째, 지식의 은유가 빌딩에서 네트워크로 전이(shift from building to network as metaphor of knowledge)된다. 지식은 빌딩(building)이 아니라 네트워크(망상조직, network)다. 네트워크에는 피라미드적인 계급조직(hierarchy)이나 기초구조물(foundations)이 없다. 과학도 이 네트워크의 한 부분이므로 과학이 더 이상 만학의 기준이 될 수 없다.

다섯째, (절대적) 진리에서 근사한 서술로의 전이(shift from truth to approximate description)다. 절대적 진리가 아니라 근사한 서술(approximate description)이 가능할 뿐이다(F. Capra & D. Steindl-Rast의 『Belonging to the Universe: Explorations on the Frontiers of Science & Spirituality』(1991)참조). 카프라는 『물리학의 도(The Tao of Physics)』에서 현대과학과 동양철학과의 대화를 시도하고 있다. 『전환점(The Turning Point: Science, Society, and the Rising Culture)』은 역경의 복괘(復卦)를 첫 페이지에 인용하면서 시작되고, 『우주에 속하기(Belonging to the Universe)』에서는 현대과학과 신학 · 영성과의 대화를 시도한다.

③ 사회생태론자들은 사회적 요인을 중요시한다. 예를 들어, 북친(M. Bookchin)에 의하면 생명 · 생태계의 위기는 인간 개개인이 자연을 보호하고 배려한다고 해결되는 것이 아니다. 다시 말해 생태계의 위기가 실존적인 차원에서 해결되는 것이 아니라 사회 · 경제적인 정의와 평화를 수립할 때 비로소 해결될 수 있다. 자본주의의 무차별 이윤 추구, 신자유주의의 무한경쟁, 경제발전에 비례하여 전쟁같이 치러지는 자연파괴 등의 사회구조적 문제가 생명 · 생태계 위기의 주요 원인이다. 사회과학적 접근과 비평 그리고 제도와 구조개혁이 필요하다.

한편, 생태여성주의(eco-feminism)도 등장하여 모태 지구(Mother Earth)를 더 이상 '강간(rape)'하지 말라고 외치며,

가부장적이며 권위적이고 전투적인 남성 문화가 생태계 파괴를 주도해 왔다고 비판하고 있다.

(4) 생명 · 생태주의와 홀리스틱 교육과정

생명 · 생태주의는 인간, 자연, 사회, 문화 등에 대해 근본적인 질문을 던지며, 이들의 관계를 재정립할 수 있는 통합적 사고와 홀리스틱 교육과정을 요청한다.

① 생명 · 생태주의는 바른 인간관(人間觀) 교육을 요청한다

자연의 지배자요, 정복자로서의 인간의 '초상화'는 빛이 바랬다. 앞으로는 자연과 벗하며 사람은 물론 자연까지도 이롭게 하는 신홍익인간(新弘益人間) 교육이 요청되며, 이를 위해 철학, 종교, 문학, 예술 등이 통합교과적으로 홀리스틱하게 협력할 수 있다.

퇴계 이황의 체인적(體仁的) 인민애물(仁民愛物) 사상은 심오한 생명 · 생태사상을 내포한다. 퇴계는 한낱 미물에 지나지 않는 개미를 보호하기 위해 개미 둑을 돌아갈 것을 권하는 등 인간을 생명공동체의 책임 있는 일원으로 이해했으며, 시로 자연과 교감했고 평생 자연과 더불어 화초를 가꾸며 살았다.

② 생명 · 생태주의는 바른 자연관(自然觀) 교육을 요청한다

정복의 대상으로서의 자연 '풍경화'도 빛이 바랬다. 인간과 자연의 유기적인 공생 · 상생관계, 자연의 홀리스틱 · 생태학적 · 시스템적 성격, 생물들의 생육권(生育權), 생태계의 보전과 다양성, 생태계의 미시적 · 거시적 순환과정, 생태계의 문제와 치유, 자연의 생물과 무생물(지수화풍 등)의 공공재화(公共財貨)성, 지구

자원의 한계, 무분별한 자원개발과 지구의 자정능력(自淨能力)을 넘어서는 지나친 오염물질 배출문제 등에 대해 깊고 넓게 논해야 한다.

자연에 대한 관찰과 체험 그리고 물리, 화학, 생물, 지학, 천문학, 통계학 등이 통합교과적으로 어울려 이러한 논의들을 도울 수 있다. 교육은 자연질서와 인간 문명의 조화로운 공존과, '후손에게 빌려 쓰고' 있는 지구를 아름답게 가꾸어 물려주는 길을 모색해야 한다. 생태관광(eco-tourism)을 위해 우리나라의 동강, 새만금 갯벌, 한라산 등을 방문해도 좋다.

③ 생명 · 생태주의는 사회 · 문화적 실천을 요청한다

각자 가정이나 학교에서 아나바다안(아껴 쓰고, 나눠 쓰고, 비꿔 쓰고, 다시 쓰고, 안 쓰자) 운동에 참가해도 좋다. 물이나 전기도 아껴 쓰고 안 써도 될 것은 쓰지 말자. 컴퓨터 게임 등으로 생명 에너지를 소진하지 말고 아끼자. 수학적 재능이 뛰어난 학생은 자신의 수학적 지식을 친구에게 나눠 주자. 지식과 지혜를 나누면 더욱 풍성해질 수 있다.

물질적 소유와 소비에서 자신의 존재를 확인하는 천박한 생각을 극복하는 의식과 문화개혁운동도 필요하다. 개인, 가정, 학교, 마을, 국가 그리고 국제사회 등의 협력으로 하나뿐인 지구를 자연 · 생명 · 생태는 물론이요, 정치 · 경제 · 사회 · 문화의 모든 면에서 총체적으로 보살펴야 한다. 자연과 인간은 상생의 관계에 있음을 깨닫고 실천해야 한다. 사람이 자연을 사랑하고 돌보면 자연은 사람을 사랑하고 돌본다.

'생명의 학교 숲 가꾸기 운동'(송민영, 1999)을 통해서 학교에

서 학생들이 자연과 교감하고 자연을 이해(송민영, 1999)하며 동식물의 벗으로 변화해 가는 것을 보는 것은 매우 보람 있는 일이다. 나아가 학생들이 교사, 이웃 주민들과 협력하여 학교와 학교 주변의 나무와 숲을 가꿀 때 자연사랑 속에서 친구사랑, 사제지간의 사랑, 이웃사랑이 피어나며, 그 숲은 동물과 학교와 지역사회에 생명의 녹지와 산소를 공급하는 생명의 숲이 된다.

④ 생명 · 생태주의는 동양의 지혜를 요청한다.

"환경철학(environmental philosophy)은 자연에서의 인간의 위치(human's place in nature)를 물으며 과거의 철학과 문화에서 선례와 영감을 구하고 있다(R. Audi, 1999: 269)."

"최근 유가(儒家)와 도가(道家) 그리고 불교 사상에서 환경문제를 해결할 수 있는 시사점을 찾는 논의가 활발히 전개되고 있다. 첫째, 유가에서는 서구의 개인주의에 대한 효과적인 공동체주의를 시사하고 있다. 사회적 존재로서의 인간을 강조하는 유가에서는 생태계의 연결고리인 사람들 사이의 화합과 조화를 이루는 데 적절한 도움을 준다. 그리고 이러한 유가의 기본 관점이 생명공동체에까지 확대된다면 하나의 환경철학으로 발전할 수도 있다. 둘째, 도가에서는 무위자연(無爲自然)의 삶을 강조한다. … 셋째, 불교에서는 모든 생명체를 잠재적인 부처나 보살로 간주한다." 불교의 연기론과 생명존중의식도 지혜롭고 아름답다. "당신이 꽃과 나무에 물을 주는 것은 지구 전체에 물을 주는 것이다. 당신이 꽃과 대화할 때 당신은 당신 자신과 대화하는 것이다. 세상의 모든 것들은 연결되어 있다(틱낫한)."

우리나라의 화랑들과 도사(道師)들의 자연과의 어울림, 도선대사의 풍수지리사상, 선비들의 이기론적 자연이해와 풍류, 배산

임수의 집을 짓는 민간문화 등도 흥미로운 연구거리다.

(5) 홀리스틱 교육사상과의 대화: 유기체론적 자연주의관

"홀리스틱 교육이란 교육이라는 일을 역동적으로 상호 연관되어 있는 자연의 근원적 실체에 정합시켜 가는 시도다(J. Miller, 1996: 1)." 『홀리스틱 교육과정』을 개정하면서 존 밀러가 머리말에서 새롭게 추가한 문장이다. '자연'을 모델 또는 유추로 하여 교육적 영위를 설명하고 실천하고자 하는 것이 교육상의 광의의 자연주의라면, 존 밀러의 입장도 일종의 '자연주의(自然主義)'다. 그렇다면 먼저 루소 내지 코메니우스 이후의 자연주의 계보와의 관련을 생각해 둘 필요가 있다.

알려져 있는 바와 같이 뉴턴적인 자연과학 융성기의 자연주의는 어떠한 '자연'을 참조하는가에 의해 상반되는 두 개의 방향을 갖는다. 하나는 당시의 기계론적 자연과학의 세계관에 서서 실증주의나 유물론으로 통하는 방향이며, 다른 하나는 인위적·인공적인 사회나 문명을 비관적으로 다뤄 그것에 '타락하는 자연'을 대치하여 루소적인 '자연에의 회귀'나 '자연의 선성(善性)'의 개화를 설명하는 방향이다. 페스탈로치와 프뢰벨의 계보는 낭만주의적인 후자의 입장에서부터 물리학적인 기계론 모델이 아닌, 괴테(J. W. Goethe)나 셰링(Sharing)에 이어지는 생물 유기체를 모델로 하는 자연 철학적 배경을 갖는다.

그런데 존 밀러의 경우는 '자연'을 이끌어 조명하는 방법으로 홀리스틱 교육을 정의할 때 가장 먼저 인용한 것이 바로 프뢰벨이다. 프뢰벨의 '생의 합일', '만물 화합', '부분적 전체' 등의 주요 개념은 밀러의 홀리스틱 교육론 중에 계승되고 있으며 프

뢰벨은 델타이 등을 거쳐 독일어권의 정신과학적 교육학으로서, 또 듀이 교육학의 유기체론적인 측면에서 발전적으로 계승되는 근대 교육학의 거의 보편적인 원천이다.

즉, 존 밀러 혹은 홀리스틱 교육론에서 특징적으로 계승되고 있는 것은 밀러도 자주 인용하는 양자물리학자 데이비드 봄의 '잠재적인 질서' '홀로그래픽 패러다임'이나 베이트슨의 '맺어 이어지는 패턴' 등의 포스트뉴턴적으로 갱신된 자연상이다. 이에 의해 프뢰벨에게 당시 자연과학의 한계에 규정되어 만물 화합을 '신성'이라는 초월원인에 의한 '신적 통일'로서 이야기되었던 것을 설명하고자 한다.

'생기론(生氣論)'과 '기계론(機械論)'의 특히 생물학에서 급진화하고 있던 이항대립의 극복이라는 관심은 앞 장에서 본 바와 같이 1920년대의 스머츠에 의한 제창 이후의 홀리즘의 일관된 관심이다. 그것은 자기 조직화론이나 오토포이에시즘론(제3세대 시스템론) 등의 시스템론의 현대적 전개 속에 계승되어, 거기에서는 셰링(Sharing)의 자연철학도 재평가되고 있다. 윌버(K. Wilber)는 1995년의 저서 『Sex, Ecology, Spirituality: The Spirit of Evolution』에서 이에 관해 언급하고 있다. 홀리스틱 자연관이나 인간관은 "현재로서는 의학이나 소립자 물리학 등의 다양한 분야의 과학자들에 의해 이야기되기 시작하고 있다(J. Miller, 1988: 27)."

즉, 앞의 자연주의의 두 개의 경향인 '기계론적인 과학주의적 자연주의'와 '낭만주의적인 유기체론적 자연주의'를 상반하는 것으로 나누었지만, 자연과학적인 자연상의 현대 과학적 갱신에 의해 '기계론적'과 '낭만주의적 또는 생기론적'이라는 수식어가 불필요하게 되었다. 그것을 기초로 프뢰벨의 '신성(神性)' 등의 생기론적 개념이나 자발(自發) 자전(自展)적인 식물성장 모델적인 유기체론의 한계를 넘어 낭만주의에 빠지지 않는 새로운 자연주의적 교육관을 제기할 수 있는 가능성이 열렸다. 이 '신자연주의' 적인 접근에 관하여는 와다슈지(和田修二) 등이 『인간의 생애와 교육과제/신자연주의 교육학시론』(1988)에서 북미에서의 홀리스틱 교육이 등장하게 되는 1988년에 이미 푸리고진 등의 현대 과학의 신동향에 관해 언급하고 있다. 여기에서 그들은 "이러한 자연을 둘러싼 현대 과학과 철학의 대화 재개에 호응하여 인간을 포함한 인간 세상에 있는 모든 것은 다중적으로 연관되어 서로 작용하며 끊임없이 생성해 가고 있다고 볼 때, 교육의 의미와 과제는 어떠한 것이라고 생각해야 하는가."라고 말한다. 이렇게 그는 홀리스틱 과제 설정을 하고 있으며, 또한 근대 후기에 요구되는 사고법은 '홀리스틱(holistic), 우주론적(cosmological), 생태적(ecological)' 이라고 제시한다. 이것 역시 홀리스틱 과학과 사상의 연대(連帶)를 배경으로 하는 홀리스틱 교육론의 주된 역할의 하나다. 그리고 이것에 의해 '과학적 지성' 을 존중하는 듀이 등의 다른 입장과의 대화도 용이하게 된다.

존 밀러는 홀리스틱 교육론의 과제의식과 함께 듀이가 이원론, 기계론, 원자론을 철저한 관계론과 생성론에 의해 극복하고 있다고 평가하면서 '창조성', '독창성' 의 원천을 상상력이나 직관, 인큐베이션으로 인정하여 이것들의 단계를 듀이적인 문제해결적 사고 모델로 창의적으로 제안하고 있다(J. P. Miller, 1988: 104-108). 또한 카렌의 다원론과의 관계에서 선명해지는 듀이의 '전체론' 적 경향의 문제를 지적하면서, 듀이도 'holism' 이 아니고 'wholism' 이었다고 재평가하고 있다. 홀리스틱(holistic)은 때로 'wholistic' 이라고 쓰이는 일이 있는데, 밀러는 이 둘의 쓰이는 방식을 구별해 'holistic' 은 영성이나 성스러운 것에의 감각을 포함하는 의미로 사용하고, 'wholistic' 은 보다 생물학적이고 물리학적인 물질 · 신체적 · 사회적 상호 연관 관계를 표현하는데 사용하고 있다. 즉, 간디(Gandhi)나 슈타이너가 'holistic적' 이었다고 한다면, 듀이는 'wholism' 을 논했다고 한 것이다(J. P. Miller, 1996: 3).

존 밀러는 실용주의에 대해 ① 탐구적 지성에는 직관이나 이미지나 인큐베이션이 능숙하게 추가되어 있지 않다는 것, ② 존재의 전체성에 대한 외경이나 놀라움의 센스가 결여되어 있다는 것, ③ 가치판단은 그때마다의 개별적 상황이나 목적달성과 관련된 유용성에 의존하기 때문에 상황 의존적인 윤리적 상대주의에 빠지는 위험이 있다는 것의 세 가지를 지적하고 있다. 그러나 자기 실현에서부터 자기 초월의 단계를 간과하고 있는 점을 매슬로우나 윌버와 대비해 지적하면서 듀이와 피아제를 통합하는 콜버그와 함께 실용주의자들을 '홀리스틱/트랜스포메이션' 의 입장을 뒷받침하는 '실용주의/트랜스미션' 으로 위치를 부여하고 있다(J. P. Miller, 1988).

'홀리스틱 교육과 존 · 듀이의 교육사상(박영만, 2001)' 을 비롯하여 윌버, 몬테소리, 슈타이너, 화이트헤드, 크리슈나무르티, 베네딕트의 교육사상에 대해서는 『홀리스틱 교육 연구』 제5집 제2호(특집)에 실려 있다.

'홀리스틱 교육' 의 논자들이 끊임없이 해 온 것과 같이 '홀리스틱한 관점' 을 둘러싸고 자기를 상대화하여 상호 비판하는 대화가 계속적으로 필요하다.

스머츠가 『홀리즘 이론(The Theory of Holism)』(1927)에서 언급한 바와 같이 전부가 모두 상호 관련되고 있고 어떤 것은 다른 것을 지탱하고 있다. 이렇게 생각한다면 강인함과 평화를 얻게 된다. 그렇게 생각하지 않는 것보다는 인생과 자연에 대한 건전한(wholesome) 견해를 얻게 되고 이러한 전체성(wholeness)은 사상의 열쇠가 되는 개념이다. 이런 관점에 서면 우주의 비밀을 지금보다도 훨씬 해독하기 쉬워지는 것이다.

그런 의미에서 홀리스틱 교육사상은 앞에서 본 것 이외에 신비주의적 종교사상에서부터 네오마르크스주의 비판 이론에 이르기까지 일반적으로는 대극적으로 상반하는 것이라고 생각할 수 있는 교육사상의 계보와도 폭넓고 적극적으로 대화한다. 일본의 홀리스틱 교육론자 중 동경대학 교수 니시히라나오시(西平直, 1997)는 『혼의 라이프사이클－융, 윌버, 슈타이너－』(魂のライフサイクル－ユング, ウイルバー, シュタイナー－)에서 융, 윌버, 슈타이너와 대화하였고, 한국 홀리스틱 교육학회에서도 이와 관련된 국제 학술대회를 여러 차례 시도한 바 있다. 그리고 홀리스틱 교육론은 근대 교육학의 이해지평을 상대화하고 근대 교육사상의 제 계보 간의 상호작용적 대화를 촉진하는 것에 의해 그것들을 총체로서 변용시키며 새로운 지평을 연다.

홀리스틱 계간지 『Holistic Education Review』(현재는 ENCOUNTER)의 편집방침을 보아도, 존 밀러에 국한되지 않고 이질적으로 보이는 다양한 분야의 이론가, 실천가들이 서로 대화를 넓혀 가며 '홀리스틱 교육론'이 갖고 있는 근본적인 과제를 해결하기 위해 공동 연구를 진행시키고 있다.

지면의 제약에 의해 소수의 사상에 대해서만 언급했다는 한계를 아쉽게 여기며, 제반 교육사상들과의 대화를 통하여 새로운 홀리스틱 교육사상의 지평을 열고, 또한 이러한 대화를 통해 희망적인 교육의 미래도 조망했으면 하는 바람을 갖는다.

6 동서양의 홀리스틱 교육사상

1. 우리의 전통 교육사상과 홀리스틱 교육[1)]

동서양의 사상가들과 대화하면서 21세기 한국교육의 방향을 설정하는 것은 매우 의미 있는 일로, 한국홀리스틱교육학회에서는 2001년도 춘계 학술 세미나(2001. 4. 21. 서울대학교 교수회관 본회의실)를 통해 '홀리스틱 교육과 제반 교육사상들과의 관련성 탐색'을 하였다(한국 홀리스틱 교육실천학회, 2001). 그것을 통해 윌버, 듀이, 몬테소리, 슈타이너, 화이트헤드, 크리슈나무르티의 교육사상과 베네딕트의 영성교육사상이 홀리스틱 교육과 깊은 사상적 교류를 하고 있다는 것을 확인하였을 뿐 아니라, 조선시대의 교육사상가들 중 홀리스틱 교육이념을 펼친 사상가들이 많다는 것을 제시하였다(송민영, 2001c). 조선시대에 국한하지

1) 이 장은 한국교육신문사 발간 『새교육』에서 2001년 9월호 특집으로 게재한 「홀리스틱 교육」 중 '홀리스틱 교육과 우리의 전통교육사상'으로 저술한 저자의 논문을 수정 게재한 것이다.

않더라도 한국에는 훌륭한 사상 혹은 사상가들이 많다. 예를 들면 경천애인과 홍익인간사상, 화랑 수련교육사상과 원효, 지눌, 안향, 서경덕, 이황, 율곡, 정약용, 최한기, 최제우, 박은식, 이승훈, 안창호, 남궁억 같은 인물 등이 있다.

이들 중 한국뿐만 아니라 세계적으로 널리 알려져 있는 원효와 율곡에 대한 연구를 통해 한국적 홀리스틱 교육론 전개를 위한 디딤돌을 마련하고자 한다(송민영, 2001a; Park, Young-Mann & Song, Min-Young, 2001a). 이는 한국적 교육사상이 부재한 우리의 교육현실에서 한국 교육의 이념을 우리 자신의 땅에서 찾아보자는 '학토불이(學土不二)' 의 추구임과 동시에 '가장 지역적인 것이야말로 가장 세계적인 것' 이 된다는 것에 대한 도전이기도 하다. 앞에서는 원효의 사상을, 뒤에서는 율곡의 사상을 다루고, 〈표 6-1〉에서 원효, 율곡과 서양의 대표적인 홀리스틱 교육사상가 존 밀러의 사상에 대해 도표로 일목요연하게 비교 · 제시하고자 한다.

1) 원효의 교육사상

(1) 원효의 생애

원효(617~686)의 전 생애에 대해서 일목요연하게 서술해 주는 기록은 남아 있지 않다. 그러나 『삼국유사(三國遺事)』, 『당고승전(唐高僧傳)』, 『송고승전(宋高僧傳)』과 전설 등에서 원효의 생애의 단편들을 찾을 수 있다. 원효는 명석한 머리와 따뜻한 가슴을 지닌 매력적인 인물로서 평생 '상구보리 하화중생(上求菩提 下化衆生)' 의 길을 걸었다. 원효의 삶은 진리에의 추구로 진지하였으며, 때로는 파격적이고 흥미진진하여 소설이나 영화로 만들어 우리 시대에 다시 만나고 싶은 인물이다.

원효는 지평왕 39년(617)에 신라 압량군 남쪽(지금의 경북 경산군)에서 태어났다. 그는 어려서는 새털이라 불렀으며, 승려가 되어서는 스스로를 원효(元曉)라 칭하고, 환속하여 거사(居士)로 처신할 때는 자기를 낮추는 뜻에서 소성(小性)이라 하였다. 원효란 어둠에서 만물을 일깨우는 여명, 바로 새벽을 의미한다.

원효는 어릴 때부터 총명하여 15세 전후에 유교, 불교, 도교를 두루 섭렵하고 출가하였다. 원효는 처음에는 스승을 통해 불문에 들어가 열심히 학업을 닦았으나, 곧 여러 이름난 고승들을 찾아 두루 편력하였으며 불경을 스스로 깨쳐 나갔나(學不從師, 三國遺事). 원효는 명철한 사고와 뛰어난 문장력으로 당대의 논객들을 제압하여 '만인의 적'이라 불리기도 하였다. 이는 그리스 광장을 누비며 토론을 벌여 무지(無知)의 지(知)를 이끌어 내던 소크라테스를 생각니게 한다.

원효는 국내의 학문에 만족하지 않고 견문을 넓히기 위해서 당 유학의 길에 오르지만 첫 번째는 고구려 국경에서 간첩으로 오인되어 갇혔다가 돌아온다. 10년 후인 661년, 45세 되던 해에 백제가 망하자 두 번째로 바닷길을 통해 유학길에 오르나 이번에는 중도에 유학을 포기하고 신라로 돌아온다. 『송고승전』에 의하면 원효는 유학 도중 비가 와서 묵게 된 무덤 속에서 '모든 세상사는 오직 마음에 의한 것이요, 모든 진리는 오직 마음의 작용에 의한 것'임을 깨달았다고 한다. 그 유명한 원효의 무덤 이야기를 요약하면 다음과 같다. 원효는 비를 피해 들어간 칠흑같이 어두운 무덤 속에서 목이 말라 손을 더듬어 바가지의 물을 맛있게 마신다. 아침에 눈을 떴을 때 지난밤에 해골바가지에 담긴 물을 마신 것을 알고 구역질이 나는 순간 '모든 것이 마음에 달렸구나.' 하는 것을 원효는 깨닫는다.

이것이 한마음(일심, 一心)의 깨달음 체험이다. 화엄경, 대승기신론에서 배운 진리를 직접 체험으로 깨닫게 된 것이다. 곧 원효의 용어를 빌려 표현하자면, 문혜(聞慧: 들어서 깨달음)와 사혜(思慧: 스스로 생각해서 깨달음)에 그치지 않고 수혜(修慧: 몸과 마음으로 닦아 체험적으로 깨달음)를 통해 한마음을 깨달은 것이다(문혜, 사혜, 수혜에 대해서는 제8장 2절에서 다시 한번 정의되고 논의될 것이다). 이제까지 배운 것을 몸과 마음으로 체득한 원효는 오랜 숙제처럼 남아 있던 구법행(求法行)을 깨끗이 털어 버린다. 그리고 법(法)보시(법, 진리, 가르침을 베푸는 일)에 주력한다. 자신이 공부했던 경론(經論)을 지식인들이 바로 이해할 수 있게 해석한다. 원효의 저술작업은 화엄경소(華嚴經疏)의 십회향품(十廻向品) 풀이에서 중단된다. 그때부터 원효는 불교의 진리를 몸으로 보여 주는 회향(廻向)실천, 즉 대중 교육의 길에 나선다. 그러던 중 요석공주와의 사이에서 설총을 낳게 된다. 설총은 후에 대유학자로 이두 문자의 창안자가 된다. 파계 이후 원효는 평민 옷으로 갈아입고 스스로를 소성거사(小性居士)라고 칭했다. 그리고 서민들과 삶을 함께하며 하화중생(下化衆生)의 길을 걷고 만년에는 암자에서 살다가 686년 70세에 생애를 마감한다.

후세 고려에서는 원효를 '원효보살, 원효성사, 화쟁국사'로 칭하며 추앙했다. 또한 원효의 저술은 중국과 일본 불교에 큰 영향을 끼쳤으며, 중국인들은 원효를 '해동법사(海東法師)' 또는 '효공법사(曉公法師)'라 부르며 존경하였다.

(2) 원효의 사상 일반

원효의 사상은 한마음(一心)사상, 무애(無碍)사상, 화쟁(和爭)사상을 그 골격으로 한다. 여기에서는 이에 대해 하나하나 그 중요한 일면을 살펴보기로 한다. 한마음은 무애와 화쟁으로, 무애는 화쟁과 한마음으로, 화쟁은 한마음과 무애로 이어진다([그림 6-1] 참조).

① 한마음(一心)사상

원효에 의하면 진리는 말과 생각을 넘어서므로 그 이름을 부르기 어려우나 쉽게 이름하여 한마음이라 한다.[2)]한마음이란 인간 본연의 참 자아요, 우주의 실체다. 한마음은 여래장(如來藏) 혹은 일법계(一法界)라고도 불린다. 원효는 그의 명저 『대승기신론소(大乘起信論疏)』에서 대승기신론(大乘起信論)을 일심이문(一心

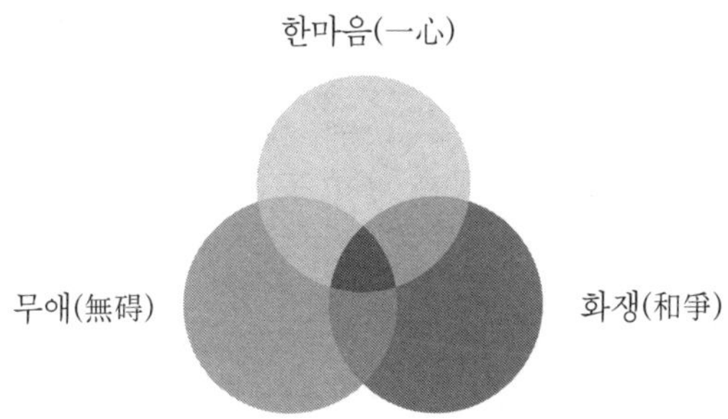

[그림 6-1] 한마음－무애－화쟁의 유기적 연관성

2) 이는 『도덕경』의 첫 구절인 '도가도비상도 명가명비상명(道可道非常道 名可名非常名)'을 생각나게 한다. 도(道)라 이름할 수 있는 것은 참 도가 아니고, 도(道)라 이름 지어질 수 있는 것은 참 이름이 아니다. 언어의 한계를 나타내는 동시에 진리가 언어의 세계보다 더 크고 깊고 높다는 것을 나타내 준다.

二門)으로 요약했다. 이문이란 진여문(眞如門)과 생멸문(生滅門)을 말하는 것으로서 모든 것을 수용하나 난잡하지 않고(容萬義而不亂), 개합이 자재하고(開合自在), 입파에 걸림이 없다(立破無碍).[3] 또 일심에서 진과 속은 둘이 아니며(眞俗不二), 유무도 둘이 아니며(有無不二), 생사와 열반이 둘이 아니며, 원인과 결과가 둘이 아니며 원융무애(圓融無碍)하다. 원효는 이론과 실천수행의 양면에서 귀일심원(歸一心源), 일체무애, 대자유를 실현했다.

한마음사상에 대해서 그의 저서 『금강삼매경론(金剛三昧經論)』에 나오는 원효의 말을 들어 보면 다음과 같다.

> "첫번에 금강삼매경이 대의를 말한다면 한마음(一心, 하나의 근본마음)의 근원은 유와 무를 떠나서 홀로 청정하고 삼공(三空: 我空, 法空, 俱空)의 바다는 진과 속을 융합하여 담연(湛然)하다.

---

3) 저자는 원효의 입파의 정신을 다음과 같이 정리하고 발전시켜 본다.
양자택일의 사고(either/or way of thinking)를 넘어서 양자 긍정의 사고(both/and way of thinking)와 양자 부정의 사고(neither/nor way of thinking)까지 나아가면 입파(立破)가 자유로워진다. 예를 들면, 율곡의 앞모습, 옆모습은 다르지만 이 둘은 모두 율곡의 모습을 나타내 준다고 할 수 있다(양자긍정). 그런데 이 둘 다 율곡의 전모는 아닌 것이다(양자부정). 진리의 전체는 인간들이 알고 있는 것들의 합을 넘어선다.
양자택일적인 사고는 아리스토텔레스(Aristoteles)의 논리학 3대 원칙 ① 동일률(同一律), ② 모순률(矛盾律), ③ 배중률(排中律)에 근거한다. 이 사고가 서양 근 · 현대 문명의 특징이다. 그런데 요즘의 양자역학은 이러한 사고를 넘어설 것을 요구하고 있다. 예컨대 과거에는 '빛은 파동이 아니면 입자다.' 라는 양자택일적 사고를 했으나, 현대 물리학은 '빛은 파동이기도 하고 입자이기도 함' 을 발견했다. 상대적으로 서양에 양자택일적인 사고가 더 많고, 동양에 양자긍정이나 양자부정의 사고가 더 많은데, 필요에 따라 이 셋을 적절히 사용할 때에 사고의 폭이 넓어진다.

> 담연하여 둘(眞, 俗)을 융합했으나 하나도 아니며 홀로 청정하여 두 변을 떠나되 중간도 아니다. 중간도 아니고 두 변을 떠났으므로 진공(眞空)의 법(法)이 곧 무(無)에 머물러 있지 않고, 묘유(妙有)인 실상이 곧 유(有)에 머물러 있지 않다. …… 쳐부수는 것 없으면서 쳐부수지 못함이 없으며, 내세움이 없으면서 내세우지 못함이 없다. 이를 '이치가 없는 지극한 이치이며, 그러함이 없는 크나 큰 그러함' 이라고 말할 수 있나니 이를 이 경(金剛三昧經)의 대의라고 말한다."

위의 원효의 말에서 보듯이 한마음은 원융하여 걸림이 없고, 두 변을 떠나되 중간도 아닌 고차원의 중도사상이다. 한마음은 진과 속을 양자긍정(both/and)하는 듯하지만, 그 둘을 뛰어넘어(neither/nor) 절대진리의 세계로 나아간다. 한마음은 깊고 무한한 바다처럼 만물을 품되 그보다 더 넓고 깊다. 또한 한마음은 높고 무한한 하늘처럼 만물을 품되 그보다 더 넓고 높아 무한진리를 투명하게 내비친다.

금강삼매경론은 귀일심원(歸一心源), 곧 한마음의 근원으로 돌아가는 일미관행(一味觀行)의 실천수행의 길을 제시한다. 일미란 한강, 금강, 낙동강의 물이 각각 다르지만, 이러한 물들이 바다로 흘러들면 오직 바닷물의 짠맛 한 맛이 된다는 것이다.

② 무애사상(無碍思想)

진여문과 생멸문, 이와 사, 진과 속의 세계를 자유자재로 뛰어넘는 것이 무애사상이다. 원효의 생애를 볼 때, 원효는 생사를 벗어난 일체무애인으로(一道出生死 一切無碍人), 무애박을 잡고 무애가를 부르며 무애춤을 추면서 이 마을 저 마을을 누비며 무애행을 하였다. 또한 원효는 대승기신론이나 금강삼매경 등을 주석할 때에 그 논리의 개합이 자재하고(開合自在), 입파가 거리낌이 없었다(入破無礙).

원효에 의하면, "인간의 마음은 원래부터 성정본각(性淨本覺)의 상태에 있다."고 한다. 성정본각이란 본래부터 갖고 있는 청정한 본각을 말한다. 비유컨대, 사람은 누구나 밝은 둥근 달 같은 본각을 마음속에 지니고 있다. 이 밝은 둥근 달이 구름에 가려져 보이지 않는 상태가 불각(不覺)이고, 구름 속에서 달이 조금씩 나타나는 것을 시각(始覺)이라 부른다. 시각이나 본각은 하나의 둥근 달을 가리키는 말이다. 기신론에서도 '불각(不覺)과 시각(始覺)과 본각(本覺)은 동일각(同一覺)' 이라고 말한다. 무애(無碍)란 둥근달 같은 마음에 걸림이 없는 것을 말한다.

따라서 무애인(無碍人)이란 밝은 둥근달 같은 인간이다. 귀일심원(歸一心源)하여 자기 속의 보물인 정성본각을 찾은 사람이 무애인이다. 한마음은 누구에게나 주어져 있는 크고 궁극적인 마음이다. 한마음은 이사무애(理事無碍)뿐만 아니라 사사무애(事事無碍)로 나아가 대자유인이 된다.[4)]

이사무애란 무엇인지 비유를 들면 다음과 같다. 험난한 바다에 파도가 치고 있는 세계가 사(事)의 세계라면, 파도 밑에 있는 깊고 고요한 바다가 이(理)의 세계다. 파도는 거칠지만 심해(深海)는 고요하여 서로 다른 것 같지만 실상은 둘 다 물로 되어 있

4) 원효는 학문과 삶으로 화엄경의 이사무애, 사사무애의 정신을 실현했다. 원효의 이사무애 정신은 대유학자 이이의 기발이승일도설(氣發理乘一途說), 즉 이기통일론(理氣統一論)·이통기국설(理通氣局說)로 이어진다. 원효에게서는 이와 사가 이원론적 둘이 아니며, 이이에게서는 이와 기가 이원론적 둘이 아니다. 원효가 유·불·선을 모두 공부했고, 이이도 유학뿐만 아니라 불교를 공부했다는 것은 통합교육의 좋은 예다.

는 바다의 양 모습인 것이다. 파도가 속(俗)의 세계 혹은 생멸문이라면, 심해는 진의 세계 혹은 여래문이다. 물의 속성을 깊이 이해하면 파도 속에서 서핑을 할 수도 있고, 심해에서 스킨스쿠버를 할 수도 있는 것이다. 물이라는 일미를 맛보면 된다. 한마음은 무애하여 이와 사의 세계에서 한 맛 혹은 한 깨달음을 얻는 것이다.

③ 화쟁사상(和爭思想)

한마음은 화쟁사상으로 이어진다. 한마음은 유와 공을 융합하여 중도의 논리로 이견들이나 이설들을 회통(會通) 혹은 화쟁(和爭)시킨다. 원효는 경이나 논을 주석하면서 견해의 차이가 보일 때에는 그 근본 의도를 잘 파악하여 이를 화회(和會) 내지 화쟁(和諍)시키고 있다. 그의 저술인 『십문화쟁론(十問和諍論)』에서 원효는 불교의 여러 가지(꼭 열 가지에만 국한하는 것은 아니다.) 분야에서의 각 이론을 화쟁시킨다. 애석하게도 이 논술의 일부분만이 남아 오늘에 선해지고 있다. 20세기에 들어와 해인사에서 목판에 새긴 십문화쟁론이 발견되었지만, 유감스럽게도 극히 일부분에 불과하여 원효 화쟁사상의 전모와 체계는 여전히 미궁 속에 남겨진 셈이다. 이 외에도 원효의 다른 현존 저서의 군데군데에서도 회통과 화쟁의 논리와 사상을 발견할 수 있다.

십문화쟁론의 화쟁에서는 "… 이론이 구름같이 분분하여 … 마침내 황하(黃河)와 한수(漢水)를 이루었다. … 유를 미워하고 공을 좋아하는 것은 마치 나무를 버리고 수풀로 나아가는 것과 같다. 비유하자면 청색과 남색이 체(體)를 같이하고, 얼음과 물이 그 근원을 한 가지로 하고, 거울이 만 가지 형체를 용납한다….”(韓國佛教全書, 제1책)라고 언급하고 있다. 그렇다. H_2O가 얼음과 물의 근원이다. 체(體)는 같고 상(相)이나 용(用)이 다를 뿐이다. 만물이 다른 모양을 지니고 있어도 $E=MC^2$(E: 에너지, M: 중량, C: 빛의 속도)의 법칙에 의하면, 만물은 에너지의 차원에서 서로 같이 교통되는 것이다.

원효의 『보살계본지범요기(菩薩戒本持犯要記)』에서는 다음과 같이 언급하고 있다. “불도는 넓어서 걸림이 없고 모가 없으며 의거하는 바가 영원히 없어서 합당하지 않음이 없다. 어리석은 사람들은 견문이 적고 견해가 좁아 동조자를 만나면 서로 옳다 하고, 견해를 달리하는 자를 만나면 모두 탈실(脫失)했다고 한다. 이것은 마치 어떤 사람이 갈대 구멍으로 하늘을 엿보며 말하기를 갈대 구멍 안으로 엿보지 않는 사람은 모두 푸른 하늘을 보지 않는 것이라고 하는 것과 같다. 이것을 식견이 적은 자가 많은 자를 비방하는 어리석음이라 한다.” 원효의 비유와 상징은 적절하여 많은 것을 생각하게 한다.

(3) 교육사상

① 한마음과 인간존중

한마음(一心)은 모든 인간에게 보편적으로 내재하는 본연의 마음으로서 무한가치라고 할 수 있다. 한마음은 원융무애(圓融無碍)하여 하나와 전체 사이의 유기적인 관계를 이룬다. 화엄경은 이를 일즉다 다즉일(一卽多 多卽一)로 가르친다. 하나의 의미가 무한히 확대되며, 하나와 전체가 서로 드나드는 경지가 된다. 하나의 마음은 보편적 마음이며 만물의 근원으로 한마음 앞에서 인간은 평등하다. 따라서 원효의 한마음사상은 인간 존중과 인간 평등의 사상으로 연결된다.

원효의 한마음사상은 1991년 GATE(Global Alliance for Transforming Education) 총회에서 제시한 홀리스틱 교육비전 10원칙 중 제1원칙 '인간 발달을 위한 교육(인간성 최우선)'과도 일맥상통한다.

교육이 가장 중요시해야 하는 것은 '인간성의 최우선'이다. 그러나 유감스럽게도 지금까지 근대의 공교육은 인간성을 최대한 개발하는 것을 우선적인 목적으로는 해 오지 않았다. 1980년대부터 90년대에 걸쳐 주장되어 온 미국의 교육개혁론도 국가경제의 생산성과 경쟁력의 향상이라는 목적을 위해 젊은이들의 능력과 꿈에 고삐를 달아 그들을 경제발전의 목표를 향해 매진하도록 하고 있다. 그러나 인간으로서의 성장이 경제성장보다 우선되어야 한다(ホリスティック教育研究會, 1995). 인간은 노동자나 시민으로서의 역할만으로는 이해할 수 없다. 보다 복잡하고 전체적인 존재로 건전한 인간이 길러지지 않으면 건전한 사회는 물론 건전한 경제조차도 있을 수 없다. 경제 시스템에는 탁월한 기능을 갖춘 믿을 수 있는 노동력도 필요하지만, 건강하고 충실한 의의 있는 인생을 살아가는 사람이야말로 실로 생산적인 활동에도 탁월하게 종사할 수 있다는 것을 간과해서는 안 된다.

② 한마음을 일깨우는 홀리스틱 교육사상

또한 원효의 한마음사상은 홀리스틱 교육, 즉 전인교육사상으로 이어진다. 원효의 깨우침의 교육은 소크라테스와 플라톤의 산파술과도 상통하는 바가 있다. 산파술이란 학습자가 자신의 천부적인 잠재력을 산출할 수 있도록 교사가 산파처럼 도와주는 교육법을 말한다. 또한 원효의 깨우침의 교육은 'education'(교육)의 라틴어원인 'educare'(재능, 잠재력 등을 끌어낸다. 불러 깨운다)와도 상통한다. 인간의 가장 깊은 곳에 숨어 있는 무한가치의 한마음을 일깨우는 것이야말로 홀리스틱 교육으로 가는 지름길이다.

인간들이 깨닫지 못하는 이유는 법에 대한 의혹인데, 기신론은 그것을 제거하고자 한마음을 언급하였다. 원효 역시 대승불교는 사람의 마음이자 한마음의 문제라고 보았다. 원효는 기신론에 의하여 한마음을 분석하고 이론화하였으니 그것이 잘 드러난 저술이 바로 『대승기신론소(大乘起信論疏)』이다. 이것은 기신론에 관한 불교 사상 3대 주석서 중의 하나이며, 중국 화엄종의 완성자인 법장(法藏)에게 큰 영향을 주었다.

이와 같이 한마음은 진여문(眞如門)과 생멸문(生滅門)으로 나뉘는데, 이는 동전의 양면과 같다. 진여문은 일체법의 생성과 소멸함 없이 본래의 고요한 측면을 가리킨다. 여기에 사람이 깨달을 수 있는 근거가 있다. 생멸문은 사람의 현실을 설명한다. 한마음의 근원 회복을 위해서 기신론이 제시하는 방법들은 대승불교의 6바라밀과 일맥상통한다. 원효는 이 중에서 지관문(止觀門)을 가장 중시했다. 지관이란 선정(禪定)과 지혜(智慧)를 함께 닦는 것인데, 이를 지관쌍운(止觀雙運)이라고도 한다.

참고로, 존 밀러가 재직하고 있는 토론토 대학의 OISE(The Ontario Institute for Studies in Education)에서는 '명상수행자로서의 교사(The Teacher as Contemplative Practitioner)' '홀리스틱 커리큘럼(Holistic Curriculum)' '교육에서의 영성(Spirituality in Education)' 등을 교과목으로 가르치고 있다. 존 밀러의 책들은 그와 관련된 것으로 『교육과 영혼: 영적 커리큘럼을 향하여(Education and the Soul: Towards a Spiritual Curriculum)』(1999), 『명상적 수행자: 교육

과 전문직에서의 묵상(The Contemplative Practitioner: Meditation in Education and the Professions)』(1994) 등을 포함하고 있다. 서양의 영성 전통과 동양의 영성 및 철학에 기원을 두고 있는 이러한 서양의 움직임은 원효와의 만남을 통해 그 철학적 깊이를 더 할 수 있을 것이다.

2) 율곡의 교육사상

율곡(栗谷, 1536~1584) 이이(李珥)는 근세 조선이 낳은 위대한 철학자요, 교육자며, 경세가로서 한국과 중국 유학자들의 학설을 집대성하여 독창성 있는 이론을 전개한 선각자다.

(1) 율곡의 생애

율곡은 1536년 강릉 북평촌 현 오죽헌에서 덕수 이씨 원수공과 평산 신씨 사임당 사이의 7남매 중 3남으로 탄생하여 처음에는 현룡, 나중에는 이(珥)라 명하였고, 율곡촌에서 유래하여 호를 율곡이라 하였다. 3세에 글을 알았고, 6세에 외가인 강릉에서 서울로 올라왔으며, 8세에는 '화석정시'를, 10세에는 '경포대부'를 지었고, 13세에 진사 초시에 합격하였다. 16세부터 3년간 모친의 묘에서 지낸 후 19세에 금강산에 입산하였으며, 20세에 하산하여 강릉 외가에서 자경문을 좌우명으로 삼고 공부하여 21세에 한성시에 수석으로 합격하였다. 22세에 성주목사 노경린의 딸과 결혼하고, 23세에 처가에 가다가 당시 58세의 퇴계 이황을 배알하였는데, 이때 퇴계는 율곡을 보고 '후생가외' 즉 두려운 후배라고 말하였다. 이 해에 별시에 장원하였고, 이후 29세가 될때까지 아홉 번이나 장원하여 구도장원공이라 불렸다.

29세에 첫 벼슬로 호조좌랑에 올랐고, 36세에 청주목사로서 서원향약을 만들었다. 39세에 왕정에 대한 개혁안인 '만언봉사'를 올리고, 40세에 철학서인 『성학집요』를 저술하였다. 42세에 초학자의 입문서인 『격몽요결』을 완성하였으며, 43세에는 교육기관 은병정사를 설립, 후생을 가르치면서 '고산구곡가'를 지었다. 43세에서 46세까지 사간원 대사간, 46세 때 사헌부 대사헌과 홍문관 대제학, 그리고 47세 때에는 이조, 형조, 병조 판서를 역임하였다. 48세에 병조 판서로서 '10만 양병론'을 주장하였고, 다음 해인 선조 17년 1584년 1월 대사동 '서울 인의동'에서 별세하였으니 향년 49세였다. 3월 20일 파주 자운산(현 파주시 법원읍 동문리)에 안장되었고, 인조 2년에 '문성'의 시호가 내려졌다.

(2) 교육목표: 성인(聖人)

율곡의 이상적 인간상은 '성인상'으로, 율곡은 교육이념으로 이상적 인간상을 그 토대로 삼고 있다. 이와 관련하여 율곡은 '입지(立志)'와 '성실'을 강조하였다. 입지란 '뜻을 바르게 세우는 일'을 말하며, 자기 지향적 목표의식으로서 오늘날의 자기주도적 학습을 통한 평생교육과도 일치한다. 그는 입지의 근원을 '도(道)'라고 하였다. 입지하되 도로서 하지 아니하면 안 되고, 이 도는 오직 '성(誠)'으로만 이룩할 수 있고, 성으로 도를 이룩하면 그것이 곧 성인의 경지라는 것이다. '성'이란 성실로서 '참되고 거짓 없는 것'을 말한다. 다시 말해 '말한 바를 반드시 이루도록 정성을 다함'을 뜻한다.

(3) 교육훈규 『학교모범』

『학교모범(學校模範)』은 율곡이 1582년(선조 15년) 왕명에 의해 지은 교육훈규 16조가 그 내용이다. 이는 유교 정신에 입각한 당시의 교육목표이자 학교 교육의 준칙에 해당하는 것으로, 전통사회의 교육관에 대해 살펴볼 수 있는 귀중한 자료다. 이는 당시 청소년의 교육을 쇄신하기 위한 것으로, 학령(學令)의 미비점을 보충하였을 뿐 아니라 성균관 『태학지(太學志)』에까지 기재되어 조선시대 '국민교육헌장'이라 할 수 있다.

『학교모범』의 '독서장'에 나타난 교육과정에서는 『소학』, 『대학』, 『근사록』, 『논어』, 『맹자』, 『중용』의 순서로 읽으라고 말하고 있는데, 율곡은 43세가 되던 1578년 『소학집주』를 저술하는 등 『소학』을 중요시하였다. 율곡은 소학이 자기 수양의 방법을 가르칠 뿐 아니라 점차 가정 · 사회 · 이웃으로 확대되는 공동 이익에의 봉사정신을 가르치며, 자기 수양의 사회적 도덕성을 기초적으로 학습시키기 위한 것이라 하여 중요시하였다. 이는 한국홀리스틱교육학회에서 회자되는 '자아실현, 이타실천'이나 스탠포드 대학의 나딩스 교수가 개발하고 있는 지역사회 참여 프로그램과도 관련 있는 교육관이라 할 수 있다.

(4) 입지(立志)

『격몽요결(擊蒙要訣)』은 보물 제602호다. 『격몽요결』은 율곡 이이가 42세 때인 선조 10년(1577)에 벼슬을 그만두고 해주로 돌아가 은둔생활을 할 때 지은 교육입문서로, 초학자의 교과서로 널리 활용되었다. 이 책은 덕행과 지식의 함양을 위한 초등과정의 교재로서 근세에 이르기까지 여러 번 간행되어 『천자문』, 『동몽선습』에 이어 초학자들에게 널리 읽혔다. '격몽(擊蒙)'이란

'몽매한 것을 물리친다.'는 뜻이다.

내용은 입지장(立志章)을 비롯하여 혁구습(革舊習), 지신(持身), 독서(讀書), 사친(事親), 상제(喪制), 제례(祭禮), 거가(居家), 접인(接人), 처세(處世)의 10장으로 나뉘어 있다.

『격몽요결』의 서문에서는 '사람이 살아가는 데 학문(學問)이 아니면 올바른 사람이 될 수 없다'고 하고, 학문이란 '날마다 행동하는 데'에 있으며, '날마다 행하는 행동 속에서 모두 마땅한 것을 찾아 행해야 할 것'이라 말한다.

또한 「입지장(立志章)」에서는 "처음 학문을 하는 사람은 반드시 맨 먼저 뜻부터 세워야 한다(初學先須立志)."고 한다. 입지는 학문에 나아가게끔 하는 원동력이 된다. 입지는 '기질지성(氣質之性)'을 '본연지성(本然之性)'으로 회복한다. 그리고 세운 뜻을 '진실로 몸소 실천해서 … 자기가 타고난 본래의 성품을 회복하고 본다면 … 만 가지의 착한 일을 다 구비할 수 있는 것'이다. 즉, 율곡은 유교의 성선설에 입각하여 사람은 모두 중국 고대의 성군(聖君)인 요·순임금과 같은 성인이 될 수 있다고 하였다. 이는 홀리스틱 교육비전 제2원칙에서 제시하는 '인격체로서의 학생 존중하기(인간 개개인의 존중)'의 바탕이 될 수 있으며, 지성개발뿐만 아니라 성인성덕(成仁成德)한 성인(聖人)을 '일깨우는(educare)' 교육의 필요성을 느끼게 한다.

(5) 전인교육과 평생교육

율곡은 "거경(居敬)으로써 근본을 세우고 궁리(窮理)로써 선(善)을 밝히며 역행(力行)으로써 실(實)을 행할 수 있으니, 이 세 가지는 일생 동안의 일이다."라고 하였는데, 이는 전인(全人)교육 실현을 위한 평생교육을 말하고 있다. 율곡이 전 생애를 통하여 추구한 성인자기론(聖人自期論)과 그 전제조건으로 제시한 입지(立志)도 전인·평생교육을 위한 것이다. 공자가 "나는 15세에 학문에 뜻을 두었고, 30세에 의지를 굳혔으며, 40세에 의혹됨이 없었고, 50세에는 천명을 알았으며, 60세에는 이순(耳順), 70세에는 하고 싶은 대로 해도 법도에 어긋남이 없었다."고 말한 것은 평생교육과 전인교육의 이념을 표현한 것이다. 유학과 홀리스틱 교육은 모두 교육의 연속성을 기반으로 삼고 있다.

(6) 독서생활

독서는 성숙된 의식을 갖게 해 준다. 독서는 논리적으로 사유하고 판단하며, 상상력과 창의성을 길러 인생의 깊이와 생활의 예지를 더해 준다. 율곡은 『격몽요결』에서 "도(道)에 들어가는 데 이치를 따지는 것보다 먼저 할 것이 없으며, 이치를 따지는 데 책을 읽는 것보다 먼저 할 것이 없다."고 하여 학문의 길은 책을 읽는 데 있음을 지적하고 있다.

또한 "배움이 없는 사람은 마음의 밭(心地)이 떼 풀로 덮여 있고 식견이 어둡다. 그러므로 반드시 독서와 궁리로써 가야 할 길을 밝힌 연후에야 실천이 올바르고 마땅함을 얻을 수 있다."라고 하여 독서와 궁리로써 '자아실현'을 할 것을 강조하고 있다.

강독에서는 먼저 바르게 정좌하는 것을 가르치고, 또 구용(九容)으로 몸가짐을 단정하게 한 다음 숙독(熟讀)을 하도록 하였다. 특히 율곡은 다독이 아닌 숙독을 권하고, 숙독한 것을 다시 암송시킨 후에 다음 책을 공부하게 하였는데, 이때 학습자의 개인차와 능력에 맞는 개별지도의 적용이 필요하다.

〈표 6-1〉 원효, 율곡, 존 밀러의 (교육)사상 비교

주제 / 논의범주	원효 사상의 종합	율곡 사상의 종합	존 밀러 등의 홀리스틱 교육사상의 종합
I. 존재론 /우주론 /세계관 (ontology /cosmology/ world view)	비이원론(non-dualism): 이사무애(理事無碍), 사사무애(事事無碍) • 대승기신론소와 금강삼매경론의 진속원융무애 사상에 대한 이론과 실천 • 일심에서 진과 속은 둘이 아니며(眞俗不二), 유무도 둘이 아니며(有無不二), 생사와 열반이 둘이 아니며, 원인과 결과가 둘이 아니며 원융무애(圓融無碍)하다.	이기불이론(理氣不二論) • 이기통국(理通氣局) • 기발이승일도설(氣發理乘一途說): 이황의 이기호발의 이원론적 성향을 극복하려는 창의적 이론 • 주자: 이기불상리불상잡(理氣不相離不相雜) • 이황은 '불상잡'을 강조하고 이이는 '불상리'를 강조	비이원론(non-dualism), 홀리즘(holism) • 헉슬리(A. Huxley): 세계의 전연관적(holistic)구조. 이 세상에 존재하는 모든 것은 어떤 형태로든 관련을 갖고 서로 도움을 주고받고 있다. • 존 밀러: The sacred and the secular cannot be separated. • 존 밀러 자신이 동양사상에 많은 영향을 받고 있다.
II. 인간론 (anthropology)	한마음(一心)과 전인을 교육/수련을 통해 실현. 원융무애, 해탈 자유인 추구 • 대승기신론소(大乘起信論疏)에서 대승기신론(大乘起信論)을 일심이문(一心二門)으로 요약했다. 이문이란 진여문(眞如門)과 생멸문(生滅門)을 말하는 것으로서 모든 것을 수용하나 난잡하지 않고(容萬義而不亂), 개합이 자재하고(開合自在), 입파에 걸림이 없다(立破無碍).	심성정의(心性情意)의 전인 수신 • 성선설(性善說): 중인이나 성인이나 그 본성은 같다. 학문하는 자는 성인이 되도록 뜻을 세워라. • 기질지성(氣質之性)을 본연지성(本然之性)으로 회복한다. • 도심의 명을 듣게 하기 위해 정찰(精察)과 성의(誠意)가 필요하다.	영혼(soul)과 전인(全人)의 가능성을 교육/수련을 통해 실현 • 『EDUCATION 2000/홀리스틱 교육비전 선언』에 제시된 10원칙 중 제1원칙은 '인간성의 최우선'으로, 교육이 가장 중요시해야 하는 근본적인 목적은 인간이 태어나면서 갖고 있는 성장의 가능성을 최대한 키워 가는 것이 되어야 한다. • 존 밀러: An awareness of soul can restore a balance to our educational vision.
III. 인식론 (epistemology)	전(全)인식 능력활용과 균형 • 지관문(止觀門) = 지관쌍운(止觀雙運) = 선정(禪定) + 지혜(智慧)	• 성의시수기치인지근본(誠意是修己治人之根本) • 성즉명 명즉성(誠則明 明則誠) • 치중화(致中和)	전(全)인식 능력활용과 균형 • 직관적 인식(intuitive episteme) + 추론적 인식(reasoning episteme) • 예술적 감수성 + 이성 • 우뇌 + 좌뇌

IV. 논리론 (logic)	양자택일(兩者擇一)적 사고를 넘어 금강삼매경론(金剛三昧經論)이 제시하는 양자긍정(兩者肯定)적 사고(예: 진속융합[眞俗融合])와 양자부정(兩者否定)적 사고(예: 이유무[離有無]). Cf. 반야심경: 색즉시공 공즉시색(色卽是空 空卽是色)	율곡도 양자택일적 사고를 넘어 양자긍정이나 양자부정의 논리를 모두 구사한다. 예: 이와 기를 둘이면서 하나로, 하나이면서 둘로 본다. 이는 이기이원적 일원론이다.	* 아리스토텔레스의 논리학 3원칙은 1) 동일률, 2) 모순률, 3) 배중률이다. 이들에 기초한 사고가 양자택일적 사고(either/or way of thinking)이다. 홀리스틱 교육가들도 양자택일적 사고뿐만 아니라 양자긍정 혹은 양자부정의 사고에도 접근한다.
V. 가치론 (axiology)	인간 존중 Cf. 천상천하 유아독존 • 한마음의 보편성에서 오는 인권과 평등 • 상구보리 하화중생 • 지혜와 자비, 화쟁과 평화, 무애와 자유	성인(聖人), 성(誠), 중화(中和), 5륜(五輪) 5상—인의예지신(仁義禮智信) • 이기호발설(理氣互發說)을 주장하는 이황은 전통적, 보수적, 이상론적인 성향을 보이는 반면, 기발이승일도설(氣發理乘一途說)을 주장하는 이이는 실용적, 진보적인 성향을 보인다.	인간 존중 • 민주시민, 지구시민 • 존 밀러: The dominance of the secular has led to a repression of our spiritual life.
VI. 교육/수련론 (pedagogy/disciplinology)	전인 · 영성교육/수련 • 한마음을 깨우치기(educare) • 삼혜(三慧) = 문혜 + 사혜 + 수혜 • 보살행 = 歸一心源/理入 + 利益衆生/行入 • 불교의 전통적 3학 = 계(戒) + 정(定) + 혜(慧) • 止觀雙運 = 定 + 智慧 • 교사 = 각자(覺者), 교사 스스로 한마음을 깨달아 가며 학생을 깨우친다.	전인 · 영성교육/수련 • 거경으로써 근본을 세우고, 궁리로써 선(善)을 밝히고, 역행으로서 실(實)을 행할 수 있으니, 이 세 가지는 일생 동안의 일이다. • 거경, 궁리, 역행을 포함하는 전인교육, 평생교육 통합교과 • 학문을 시작하는 사람은 반드시 먼저 성인이 되리라는 뜻부터 세워야 한다(『격몽요결』).	전인 · 영성교육/수련 • 영혼을 포함한 전인에 대한 교육(*educare*)과 돌봄. 통합교과 • 전달, 교류, 변용(묵상, 봉사, 예술, 삶 등을 포함) • 존 밀러: We can nourish the student's soul through various curriculum approaches and teaching/learning strategies. Teachers need to nourish their own souls.

☞ 이 표는 한국교육학회의 2001년 춘계 학술대회(공주대학교)에서 저자와 박영만 박사(전 버클리 대학교)가 공동 발표한 것을 기초로 첨가 작성한 것이다.

(7) 스승관

예부터 스승은 지혜와 덕의 모범이 되어야 했다. 율곡이 추천하는 스승상은 매일 학문을 하는 사람이요, 자기 스스로도 모르는 동안에 남에게 감화를 미치는 사람이다. 또 학생에 대한 태도는 그 뜻(志)의 지향하는 바를 보고 "입지(立志)로 기질의 변화를 꾀하는 데 있다."고 하였다. 또한 스승된 사람이 당시 사회에서 유교인의 전형을 다 갖추고 항상 몸을 깨끗하게 지니며 천하의 영재를 얻어 교육하는 것을 그 업으로 삼았기에 제자가 스승 섬기는 도리를 자기 부모와 같이하였으며, 유교 사회에서는 스승의 인격이 학생 지도의 표준이 되고, 사회도덕의 표준이 되어 왔기에 '군 · 사 · 부 일체' 라는 말이 있었다.

한마음을 삼혜로 깨우쳐 내려는 원효의 교육사상은 교육의 본질과 방법론에서 탁월하여 동아시아 불교 사상뿐 아니라 대유학자인 이율곡에게도 영향을 끼쳤다. 조선시대 교육사상의 꽃인 율곡의 『학교모범』과 『격몽요결』에서 보이는 입지론, 평생교육관, 독서생활관, 스승관 등은 '내성외왕(內聖外王)' 과 '수기치인(修己治人)' 의 전인 실현과 사회실천을 지향한다.

원효와 율곡의 사상은 시공을 넘어 의미의 잉여(excess of meaning: 해석학적인 용어로서 특정 시대와 장소에 쓰인 글이 그 시대와 공간을 넘어 다음 시대와 공간에도 의미를 주는 것을 뜻함)를 분출하기에 충분하여, 존 밀러 등 서양의 홀리스틱 사상가들과 서로 공명하며 창의적으로 대화할 때 '(전)인간 회복' '교육 회복' '살기 좋은 지구공동체' 를 이루는 지구촌 홀리스틱 교육사상과 실천을 심화 · 확장시킬 수 있을 것이다.

2. 정약용의 실학사상과 전인 · 기예교육[5)]

1) 다산 정약용의 생애

조선 후기의 문신이며 실학자인 다산 정약용(茶山 丁若鏞, 1762~1836)은 1762년(영조38), 한강(烈水)의 물줄기가 잔잔하게 흘러나가는 마현리 작은 마을 마재(馬峴)에서 태어났다. 마재는 조선 후기의 서광이던 실학을 집대성한 학자 다산이 태어나 75세의 나이로 일생을 마치는 동안 10여 년의 벼슬살이와 18년의 귀양살이를 제외한 나머지 50여 년간을 머물며, 연구하고 사색하며 수많은 저서를 저작하고 정리하여 보관하고 생을 달리한 곳이다. 18세(1779) 여름 서울에 있다가 돌아와 읊었던 시 "긴긴 여름 성읍(城邑)에서 근심하다/ 조각배 타고 수향(水鄉)으로 돌아왔네./ 몇 집 없는 마을이어서 먼 곳도 바라보고/ 숲이 우거져서 서늘하기 그지없네."에서 보는 바와 같이 마재는 중상모략에 얽혀 일생 동안 편안한 날 없이 쫓기며 살았던 다산에게 안식의 고향이자 마음을 안정시켜 주던 곳이었다.

그가 태어난 1762년(영조 38)에는 사도세자가 뒤주에 갇혀 죽는 사건에 의해 시파(時派)와 벽파(僻派)의 싸움이 있었고, 그가 살다 간 일생 동안 국내외적으로 수많은 역사적 사건들이 일어났다. 1783년에는 이승훈(李承薰)이 우리나라 최초로 세례를 받고 천주교 신자가 되었으며, 서양 종교와 문물의 도입을 둘러싼

---

5) 송민영(2002). 정약용의 실학사상과 전인 · 기예교육. 教育評論, 5월호, pp. 56-61을 수정하여 게재한 것이다.

진통이 있었다. 1800년 정조의 죽음은 영조 때부터 이어 온 문예부흥의 종말과 함께 세도정치가 시작되었으며, 봉건사회의 내부 모순이 격화하여 홍경래(洪景來)의 난을 비롯한 민란(民亂)이 줄을 잇게 되었다. 이때 정조의 총애를 한 몸에 받았던 다산은 정조의 죽음을 고비로 벼슬살이를 끝내고 18년 동안의 귀양살이로 들어가게 된다.

세계사적으로도 이 시기는 근세 봉건시대에서 근대로의 이행기로서 다산이 태어난 해에는 프랑스혁명의 사상적 뿌리라고 일컬어지는 루소의 '사회계약론'이 나오고, 1776년에는 미국이 영국으로부터 독립하였다. 그런가 하면 1789년에는 프랑스혁명이 일어나 수백 년 동안 지속되어 온 봉건시대의 구체제를 무너뜨리기도 하였다. 다산 정약용은 당시 시대의 모순과 질곡에 온몸으로 맞닥뜨리며 치열한 삶을 살다 갔다. 그는 19세기 초 조선사회가 절박하게 요구하는 변혁의 방법과 방향을 제시하려 하였으며, 잔혹한 봉건적 지배에서 민중을 해방시키려 하였다. 또한 중화주의에 빠져 있던 당시 조선사회의 낡은 관념과 고정관념을 깨뜨리고 새로운 시야를 제시한 선각자이기도 하였다.

경기도 출신 진주목사 재원의 4남 2녀 중 4남으로 태어난 다산이 1836년 죽을 때까지의 일생을 대체로 3기로 나눌 수 있는데, 제1기는 벼슬살이하던 '득의의 시절'이요, 제2기는 귀양살이하던 '환난의 시절', 제3기는 향리로 돌아와 '유유자적하던 시절'이다. 4세 때 『천자문(千字文)』을 배우기 시작하여 9세 때 어머니와 사별하고, 관직을 물러나 집에 있게 된 아버지에게 『경서(經書)』·『사서(史書)』를 수학하게 되는 10세 때부터 다산은 많은 학문과 접하고, 사람들과도 접하였다. 다산은 75세를 다할 때까지 누구를 원망하거나 탓하지 않았고, 많은 저서를 통해 사상, 철학, 학문, 시를 남겼다. 또한 그는 사회를 변혁시키기 위해서는 물질적 기반의 변혁을 꾀해야 하고 사고체계를 변혁시켜야 한다는 혁신적인 비전도 제시하였다.

따라서 다산이 아끼고 사랑했던 사람들은 자기에게 주어진 자리에서 열심히 노력하고 최선을 다하며 미래를 바라보는 사람, 스스로 고치고 새롭게 만들어 도약해 나가는 사람, 남의 어려움을 나의 일처럼 걱정하고 위로해 주는 사람, 혼자만 독차지하는 것이 아니라 함께 나누고 협력해서 더 멋진 일을 만들어 내는 사람들이었다.

2) 실학사상

(1) 혼란한 사회를 배경으로 등장한 실학

임진왜란과 병자호란 이후인 조선 후기에 사회가 흔들리고 백성들의 삶이 열악해져 갔을 때, 성리학자들은 이론논쟁에 치우쳐 사회문제에 현실적으로 대응하지 못했다. 이러한 시대적 상황에 부응하여 사회문제를 과학적으로 분석하고 해결하고자 하는 필요에 의해 등장한 것이 실학이다. 실학(實學)은 말 그대로 실제적인 것을 중요시하는 학문이다. 정약용은 실학의 전성기에 활동했으며 실학을 집대성했다. 다산의 방대한 저술들은 철학, 윤리, 정치, 경제, 사회, 과학, 문학 등에 걸쳐 있는데, 총 500여 권에 달하는 다산의 저서 전부를 일컬어 『여유당 전서(與猶堂 全書)』라 한다.

정약용의 실학사상은 수기치인(修己治人)의 실천을 토대로 실증(實證), 실리(實理), 실용(實用), 성실(誠實), 실심(實心)을 추구하면서 실사구시(實事求是)와 경세치용(經世致用)의 양면성을 띤다.

(2) 천(天) · 상제관(上帝觀), 자연관, 인간관

정약용은 성리학의 권위를 거부하고 경전유학(經典儒學)으로 돌아간다. 그가 『중용(中庸)』에서 특히 강조하는 것은 천(天)의 개념이다. 천은 창창유형지천(蒼蒼有形之天)과 영명주재지천(靈明主宰之天)으로 나누어진다. 전자는 우리 머리 위에 보이는 자연적 하늘이고, 후자는 천의 주재자로서 보이지 않는 상제(上帝)이다. 정약용은 천에 대한 형이상학적 접근보다는 유교경전 속의 인격적 주재자로서의 천의 성격을 밝히고자 했다. 일찍이 천의 인격적 측면은 퇴계의 '경천'에서도 강조된 바 있다.

(3) 인권존중의 정치사상

정약용은 정치제도의 개선에 대해 논하면서 통치자는 백성을 위해 존재하며, 정치에는 백성의 생각과 이익이 적극적으로 반영되어야 한다고 주장했다. "도대체 천자(天子)란 어떻게 생겨났는가? 하늘에서 비처럼 내려서 천자가 되었는가? 그렇지 않으면 땅에서 샘물처럼 솟아서 천자가 되었는가? 다섯 집이 인(隣)이 되고, 다섯 집에서 뽑힌 자가 인장(隣長)이 되고…. 이장(里長)…현장(縣長)…제후(諸侯)들이 함께 뽑은 자가 천자가 되니 천자란 백성이 뽑아서 된 것이다(『탕론(蕩論)』)." 이는 의회민주주의를 방불케 하는 진보적인 민권의식을 보여 준다.

정약용은 지배자와 피지배자의 관계가 쌍무적 관계가 되어야 함을 주장하고, 신분질서를 개탄하여 모든 사람을 양반으로 만들어 버리면 도리어 양반과 천민 등의 높낮이가 없어질 것이라고 했다.

그는 『목민심서(牧民心書)』에서 지방행정제도의 개혁방안을 논했고, 『경세유표(經世遺表)』에서 중앙정치제도 개혁방안을 『흠흠신서(欽欽新書)』에서는 형법제도의 개혁방안을 논했다.

(4) 정의로운 경제사상

정약용은 전제개혁(田制改革)을 통해서 국력부강과 정의롭고 행복한 삶을 추구했다. 그는 한 마을을 단위로 하여 토지를 공동 소유 · 공동 경작하고, 노동량에 따라서 그 수확량을 공동 분배하는 일종의 공동농장제도를 주장했고, 농민 생활의 안정을 토대로 향촌단위의 방위체제를 강화할 것을 주장했다. 이는 그 당시로는 대단히 진보적인 생각이었다.

정약용은 여전제의 운영에 대해 다음과 같이 말한다. "자기의 토지와 다른 사람의 토지의 구별을 없애고 오직 여장(閭長)의 명령에 따른다. 여장은 매일 개인의 노동량을 장부에 기록해 두었다가 가을이 되면 오곡의 수확물을 여장의 집에 가져온 다음 그 몫을 분배한다."

정약용은 농사를 짓는 사람이 토지를 소유하고, 유식양반(遊食兩班)이 남의 노동력을 착취해서 생활하는 것을 막고, 그들도 직접 농사일에 참여해야 한다고 생각했다. 이렇게 될 때 토지의 이용도가 높아지고 농업생산력이 증대되며 풍속이 온화하게 되어 유학의 이념인 효제(孝悌)를 확립할 수가 있다고 본 것이다.

3) 교육사상

(1) 정약용의 교육 비판: 오학론(五學論)

오학이란 성리학(性理學), 훈고학(訓詁學), 문장학(文章學), 과거학(科擧學), 술수학(術數學)을 일컫는데, 정약용은 "오학이 번창하자 주공(周公), 공자(孔子)의 도는 잡초가 무성하듯 거칠어지기만 한데 장차 누가 능히 하나로 만들 수 있을까?"라고 말하며 오학에 대해 다음과 같이 비판하였다. "성리학은 도를 깨닫고 도의(道義)를 실천하는 데 나태했으며, 훈고학은 경전의 도(道)의 본지(本旨)를 온전히 통달하게 하는 데 불충실했다. 문장학은 사람을 감동시키고 천지를 움직이는 본연의 임무를 다하지 못했고, 과거학은 세상을 주관하면서 하늘을 거느려 광대놀음을 하는 재주이며, 술수학은 학문이 아니라 사람을 미혹시키는 것일 뿐이다."

(2) 홀리스틱 전인교육: 효제자(孝悌慈)와 기예(技藝)

정약용의 효제자와 기예교육은 인간성을 최우선으로 하고, 인간 개개인을 중요시하며, 모든 사물의 관계성과 균형을 찾고자 하는 홀리스틱 전인교육비전과도 상통한다.

논어에 의하면, 효제는 인(仁)을 실천하는 근본이다(論語, 學而篇; 孝悌也者 基爲仁之本與). 정약용은 효(孝)제에 자(慈)를 더하여 효제자를 교육이념으로 삼았다. 효는 부모와 임금을 섬기는 마음이고, 제(悌)는 손윗사람을 섬기는 마음이며, 자(慈)는 대중을 대하고 다스리는 마음이다. 효제는 아랫사람이 윗사람에게 드리는 윤리이고, 자는 윗사람이 아랫사람에게 베푸는 덕이다. 이 세 가지는 천자(天子)부터 서인(庶人)에 이르기까지 누구나 근본으로 삼아야 할 덕목이다. 윗사람의 자(慈)가 없이는 아랫사람의 효제(孝悌)도 없다는 위민의식이 깃들어 있다. 효는 상향적인 것이고, 자는 하향적인 것이며, 제(悌)는 형우제공(兄友弟恭)으로서 상호적인 것이라 볼 수 있는데, 이는 윗사람, 아랫사람, 또래 간에 쌍무적 관계가 있음을 의미한다.

정약용은 인간과 동물의 차이를 기예의 유무로 설명했다. "하늘은 금수에게 발톱을 주고 뿔을 주고 날카로운 이빨을 주어 제각기 갖고자 하는 바를 얻게 하고 두려운 것을 막게 하였다…. 인간은 지혜롭고 교묘한 사려로 기예를 습득하여 자신의 약점을 보완한다." 기예교육은 농업 분야에서는 수확을 높이고, 공업 분야에서는 옷이나 장롱 등의 품질과 생산률을 높이며, 국방 분야에서는 축성(築城)과 군사력을 강하게 하고, 의술 분야에서는 환자를 잘 치료할 수 있게 한다. 기예의 습득은 백성을 잘살게 하고 국가를 부강하게 한다. 여러 사람의 기예가 모이면 기예의 양이 증가될 뿐만 아니라 그 수준이 향상된다. 따라서 중국 기술은 과거의 기술이니 그것을 답습만 하지 말고 기술혁신을 이루어야 한다는 것이다.

(3) 중국학을 넘어서 국학(國學)으로 : 학토불이(學土不二) 교육

조선시대의 교육내용은 주로 중국의 경전, 『사서(史書)』, 『제자서(諸子書)』 등이었다. 그 결과 국학과 국사는 도외시되었다. 그러나 정약용은 국학과 국사를 교육에 포함시켰다. 정약용은 아들에게 보낸 편지에서 우리나라의 문헌에 대해서 공부할 것을 누누이 강조하여 '학토불이(學土不二)' 정신을 고취했으며, 『목민심서』와 『경세유표』에서 조선의 문제를 다루었다. 정약용은 국학을 위해서는 『고려사(高麗史)』, 『반계수록(磻溪隧錄)』, 『서애집(西厓集)』 등을 연구해야 하며, 과거시험에 국사를 포함시켜야 한다고 주장하여 사대(事大)의 그늘에서 벗어나고자 했다.

참고로, 퇴계의 '경(敬)' 성리학이나 원효의 '한마음(一心)사상'은 학토불이 정신의 좋은 예다. 정약용은 조선 학문의 중국 의존성과 변질된 성리학을 비판했으나, 이미 퇴계의 성리학에는 중국의 성리학을 넘어서는 창의성이 보이며 오늘날 세계 유명대학들에서 강의되고 있다.

(4) 아학(兒學)에 대한 식견

정약용은 아동 문자교육에도 일가견을 보였다. 그는 ① 아동은 유형자(有形者: 예를 들어 천 · 지 · 부 · 모 · 군 · 신 · 부[夫] · 부[婦])에 관한 개념을 먼저 공부하고, 그 후에 무형자(無形者: 예를 들어 인 · 의 · 예 · 지 · 효 · 제 · 충 · 신)에 대한 개념을 공부하는 것이 좋다고 하였는데, 이는 아동발달심리와 학습을 연결한 선구적인 생각이다. 또한 ② 사물에 대한 아동의 일관성 있는 이해를 증진하려면 사물을 유형별로 분류하여 그 체계에 따라 문자를 학습하는 것이 좋다고 하고, ③ 우주 내의 사물은 음양 대치적 관계로 존재하며, 이 관계가 제시될 때 아동의 인지능력도 극대화된다고 하였다.

4) 정 리

정약용은 중국 문화의 일부라 생각되었던 우리 문화에 독자적인 민족주체의식을 고취함과 더불어 평등한 민권의식 고양, 합리적 · 과학적 사고에 의해 현실적인 문제에 접근할 수 있도록 교육제도 변혁, 사회체제의 개혁 그리고 생산력 증대를 통한 근대사회 설립을 지향하였다. 그러한 다산의 정신을 우리 시대에 다시 부활시키기 위해 '다산 21'[6]이라는 모임도 형성되어 있다.

다산의 사상은 사회적 지지기반이 약하고 국가정책에 반영되지 못해서 비록 역사의 흐름을 바꾸지는 못했으나, 그의 고향처럼 평화로운 '효제자(孝悌慈)'의 세상을 건설하고자 했던 평천하(平天下: 『대학』에 나오는 8조목, 격물-치지-성의-정심-수신-제가-치국-평천하의 마지막 단계) 정신은 아직도 우리 마음속에 살아 있다.

> 서둘러서 고향 마을에 도착해 보니, 문 앞에는 봄 강물이 흐르는구나.
>
> 기쁜 듯 약초밭둑에 서고 보니, 예전처럼 고깃배가 보이는군.
>
> 꽃이 만발한 숲 사이 초당은 고요하고, 소나무 가지 드리운 들길이 그윽하네.
>
> 남쪽 천리 밖에서 노닐었지만, 어디간들 이 좋은 언덕 얻을 거냐! (1779년 작)

정약용의 대표적인 저서로는 『중용자잠(中庸自箴)』, 『주역심전(周易心箋)』 등이 있다.

---

6) http://www.dasan.or.kr.

3. 소크라테스의 홀리스틱 교육사상[7)]

1) 소크라테스의 생애

소크라테스(Socrates, B.C. 469~399)는 고대 그리스에서 석공과 산파의 아들로 태어났다. 그는 철학자와 교육자로 살았으며 서양 철학의 뿌리가 된다.

그의 생애에 대해서 알려진 사실은 비교적 적다. 아마도 그는 산책을 즐기고 대화를 즐겼으리라. 그는 아테네 거리와 광장에서 젊은이들을 비롯하여 여러 사람들을 만나 대화하는 중에 예리한 질문들을 던져 그들의 영혼들을 흔들어 놓았다. 그는 노소 · 빈부 · 귀천에 관계없이 사람들과 대화하고 자문에 응했다. 그는 책을 쓰지 않았고, 이론도 정립하지 않았다. 그러나 평생을 통하여 '지혜를 사랑' 한 모범을 보였다. 참고로, 철학(philosophy = philo(사랑) + sophy(지혜))이라는 말은 어원적으로 볼 때 '지혜를 사랑함' 이다.

그의 생애와 가르침은 철학과 교육을 위한 영감의 원천이 되고 있다. 특히 소크라테스와 그의 제자 플라톤 그리고 플라톤의 제자 아리스토텔레스는 서양 철학의 원천이다. 소크라테스의 인격과 정신적 영향력은 지대해서 세계 4대 성인(공자, 석가, 소크라테스, 예수)의 한 명으로 존경받는다. 인문주의자 에라스무스는 소크라테스를 성자의 한 사람으로 보고 "성자 소크라테스여, 우리를 위하여 간구하여 주소서(Sancte Socrates, ora pro nobis)."

---

7) 송민영(2002). 소크라테스의 홀리스틱 교육사상, 敎育評論, 2월호, pp. 45-48을 수정하여 게재한 것이다.

라고 기도했다.

2) 소크라테스의 세계관과 인간관

소크라테스는 인간을 세계와 철학의 핵심 주제로 자리 매김하며, 인간 내면의 깊은 정신성 혹은 영성을 추구하였다. 이는 홀리스틱 교육비전 10원칙들 중 제1원칙인 '인간 발달을 위한 교육'인 인간성 최우선의 원칙과 제10원칙인 정신성 · 영성을 중요시하는 원칙과 일맥상통한다.

종래의 철학은 인간을 깊이 탐구하지 않은 상태에서 자연과 우주, 사회와 국가 등에 대해 연구했다. 소크라테스는 이러한 태도에서 방향전환을 하여 인간과 진리, 선하고 바른 삶에 대해 탐구하기 시작했다. 소크라테스는 형이상학적이고 우주론적 사변(思辨)보다는 인간 개개인의 영혼과 윤리적 삶을 우선적으로 돌보았다. 이러한 인간과 삶에 대한 관심은 문예부흥, 인문주의, 계몽주의, 실존주의(existentialism) 등으로 이어진다.

[그림 6-2]에서 보는 바와 같이 소크라테스에게 인간(중앙의

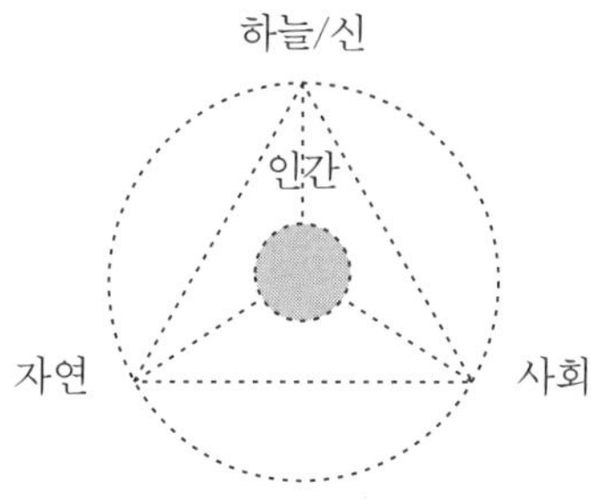

[그림 6-2] 인간과 세계

색칠된 원)은 세계관의 중심에 있다. 곧 신철학(그리스 신화), 자연철학(예: 탈레스의 "만물은 물로 되어 있다.") 혹은 사회철학(예: 정치철학)보다 인간철학에 소크라테스는 우선적 관심을 가졌다.

소크라테스는 인간의 영혼에는 위대한 보물이 내재해 있다고 보았다. 이는 공자의 인간이해와 맹자(B.C. 372~289)의 성선설에 비견될 수 있다. 소크라테스에 의하면, 사람들은 각자의 영혼을 일깨워 갈고 닦아 주체적 인격을 도야해야 한다. 인간의 내면세계에 내재하는 진리와 선에 대해 탐구하고 인식하며, 나아가 개개인의 고유한 개성과 재능을 실현하기 위해서 내외적 굴레에서 자유롭게 하는 것이 교육이다. 허위와 왜곡의 속박에서 인간을 자유롭게 하여, 인간(human being)으로 하여금 온전한 인간이 되게(fully human-becoming) 돌보는 것이 교육이다. 이러한 전인교육이야말로 자아실현은 물론 혼란한 사회와 역사를 바로잡는 왕도다.

3) 소크라테스의 인식론과 가치론

소크라테스는 "인간은 만물의 척도다."라고 주장하는 소피스트들을 반대했으며, 인간 내면세계에서 진리와 선을 인식하여 바르고 선한 삶을 살 것을 강조했다. 소피스트들은 절대진리를 거부하고 인간 인식에 의한 진리상대주의를 역설하였으며, 직업적 교사들로서 진리 자체를 이해시키는 것이 아니라 청중들이 듣고 진리로 여기게 만드는 기술을 팔았다.

소피스트들은 자신들이 많은 지식을 소유하고 있다고 주장한 반면에, 소크라테스는 자신을 '모르는 자'라고 칭했다. 그는 "나는 아무것도 모른다는 것을 안다(無知의 知)."고 말했다. 그러나 선(善, agathon)에 관한 영혼 안의 지식을 추구할 것을 강조했다. 선은 인간을 인간 되게 하는 참된 본질이요, 바른 삶을 살게 하는 것이다.

인식론적 대화를 담고 있는 『Theaitetos』에서 소크라테스는 산파술에 대하여 다음과 같이 말하였다. "나의 산파술은 보통 산파술과 다르지 않다네. 다른 것이 있다면, 나의 산파술은 여자들이 아니라 남자들의 출산을 도와주며, 육체가 아니라 정신의 탄생을 염려하는 것이라네. … 신은 나에게 산파술을 사용하게 하였지. (지식을) 출산하는 일을 거부하였다네. 나는 아무것도 모르는 자일세. … 그러나 나와 더불어 대화를 나누었던 사람들 가운데에는 처음에는 아무것도 모르는 것처럼 보였으나, 대화가 진행되는 동안에 신이 그들을 도와주고 있는 한 … 놀라운 발전을 이룩하였다네. 특히 그들이 나에게서 일찍이 무엇인가 배운 바가 전혀 없이, 오직 스스로 자기 자신에게서 많은 아름다운 것을 발견해 내고 그것을 확고하게 간직하였다는 것은 명확한 사실이라네. 그리고 그들은 탄생의 도움을 신과 나에게서 받았을 뿐이라네."

소크라테스는 인간 안에 숨겨진 진리와 선의 씨앗을 깨우쳐 내어, 이 씨앗이 잠재태(potentiality)에서 현실태(actuality)로 자라도록 도왔다. 이 과정에서 그는 끊임없이 질문을 던져 잘못된 지식을 밝혀내고, 상대방을 무지의 지로 인도하여 각성시킨다. 그러나 그는 개념의 최종적 인식이나 완벽한 이론체계를 제시하지 않았다. 앎의 미완성과 개방성은 인간 존재와 인식의 한계와 과정성을 암시한다.

소크라테스는 맹목적인 지식과 기술이 아닌 참진리와 내면의 비가시적인 양심의 소리와 선을 추구했다. 사람은 선을 인식한 만큼 선을 행하여 지행합일의 삶을 살 수 있다. 이는 마치 배 만드는 장인이 배 만드는 법을 알고 나면 배를 만들 수 있는 것과 같다.

4) 교육론

(1) 소명으로서의 교육

소피스트들은 가르침을 돈 벌기 위한 직업으로 삼은 최초의 무리였다. 이에 반해 소크라테스는 가르침을 개인적 소명(召命, calling)으로 인식하고 교육을 생활화한 최초의 교사였다. 즉, 소크라테스는 경제적 동기 이전에 신에게서 부여 받은 교육자로서의 소명의식을 갖고 경건하게 진리와 선을 밝히며 교육에 헌신했다. 참고로, 소크라테스의 ① 경건성, ② 진리 추구, ③ 선을 알고 행하는 지행합일은 각각 유학이나 퇴계의 3중 교육/수련인 ① 거경, ② 궁리, ③ 역행에 대응한다.

소크라테스는 다음과 같이 말하였다. "제가 이런 일을 하는 것은 그것이 신의 명령이기 때문입니다. … 저는 여러분을 위하여 신에 대한 이 봉사보다 더 좋은 것은 없다고 생각합니다. 왜냐하면 제가 돌아다니면서 하는 일은 정신을 훌륭하게 하는 일에 마음을 쓰고, 그보다 먼저 혹은 그와 같은 정도로 신체나 돈에 관해서 마음을 써서는 안 된다는 것을 설득하는 것뿐이기 때문입니다. … 돈에서 덕이 생기는 것이 아니라, 덕에 의해서 돈이나 그 밖의 모든 것이 생기는 것이며, 이는 개인적으로나 공적으로나 인간을 위하여 좋은 것이 됩니다(플라톤의 『대화록』 중에 있는 「변명」에서)."

(2) 영혼을 일깨우는 교사

소크라테스는 아테네의 민주주의가 붕괴되면서 기존의 가치들이 흔들리고 있을 때 인간교육을 주장했다. 'Education(교육)'은 어원적으로 '밖으로 끌어내다'라는 의미를 지닌다(e = 밖으로, duc = 끌어내다). 교육은 인간을 내면으로 인도하여 영혼과 양심, 진리와 선을 일깨워 스스로 가꾸도록 도와주는 것이다.

"반성(反省, reflection, self-examination)하지 않는 삶은 살 가치가 없다." "너 자신을 알라."(신전에 쓰여 있던 말을 소크라테스가 인용) 등은 소크라테스가 즐겨 사용한 말들로서 영혼을 일깨우고 바른 삶을 살도록 격려한다.

신적 소명으로 교육에 힘썼던 소크라테스는 지천명(知天命)의 나이가 지난 노년의 공자(B.C. 551~479)가 천명으로서의 교육에 힘쓰던 것을 생각나게 한다. 공자는 중국이 낳은 위대한 사상가요 교육자다. 소크라테스는 그리스의 혼란기에 인간 안에 근원을 둔 진리와 선을 깨우쳐서 올바른 삶과 사회를 건설하고자 했고, 한편 공자는 춘추전국시대의 혼란함 속에서 인간 안에 '인'과 '경'의 근원이 존재함을 발견하고 이를 개발하는 것이 교육이요 나라와 역사가 흥하는 길이라고 보았다.

(3) 교수법: 대화법, 산파술

대화는 무지의 지를 자각하게 하고, 산파술은 영혼을 받아 내는 방법이다. 사람들의 영혼을 일깨우기 위해서 소크라테스는 그들과 대화했다. 끊임없는 질문을 통해 상대방을 생각하게 하고, 상대방의 검증되지 않은 전제를 다시 비판적으로 생각하게 돕는다. 그리고 산파술은 지식을 전달하거나 주입하는 것이 아니라 상대방이 주체적으로 생각하여 지식을 생산하는 것을 돕는 것이다.

칸트(Kant)가 "철학은 철학함(philosophiren)이다."라고 말하여 묻고 탐구하는 과정성을 중시하였는데, 이에는 소크라테스의 정신이 깃들어 있다.

교사가 지식을 나주어 주는 것이 아니므로 교육과정의 중심에는 학생이 있다. 학생이 주체적이고 자발적인 사고와 창조적이고 자유로운 탐구를 통해 내면의 진리와 선의 씨앗을 일깨우고 돌보아 열매 맺도록 교사가 도와주는 것이다.

마지막으로 소크라테스에게 마음을 사로잡혔던 알키비아데스의 고백을 들어 보면 다음과 같다. "선생님(소크라테스)의 말을 들을 때에 우리는 그만 압도되고 영혼이 사로잡히게 됩니다. 그분의 말을 들을 때 내 심장은 뛰며, 눈물이 마구 쏟아져 내립니다(플라톤의 『대화록』 중에 있는 「향연」 참조)."

5) 정 리

소크라테스는 천명을 받은 교사로 자기를 인식하고, 인간의 영혼을 일깨워 진리와 선을 인식하는 것을 도왔으며, 참되고 선한 삶을 살 것을 가르쳤다. 이러한 소크라테스의 생애와 가르침은 서양 철학과 교육에 영감의 원천이 되어 왔다. 소크라테스와의 대화는 21세기 한국 교육에 새로운 영감을 불어넣을 것이며, 철인(哲人) 교사로서의 소크라테스는 도덕적 지식기반 사회를 구축하기 위한 홀리스틱 교사상을 보여 줄 것이다.

4. 퇴계 이황의 홀리스틱 교육사상[8)]

퇴계는 우주론과 인간론의 조화를 통해 홀리스틱 세계관을 형성하고, 4-7론과 이기호발설(理氣互發說)로 대변되는 창의적이고 깊이 있는 인간론을 제시하면서 거경(居敬)·궁리(窮理)·역행(力行)의 전인교육에 힘썼다.

또한 퇴계는 '학토불이(學土不二)'의 정신으로 중국 성리학을 창조적으로 변주하여 한국적 성리학을 전개했다. 하버드 대학교 옌칭연구소장인 뚜 웨이밍 교수는 "퇴계는 성리학의 정점이며, 성리학을 새 방향으로 이끌었다."라고 말했다. 오늘날 퇴계 연구 붐이 세계적으로 일고 있다. 퇴계의 경건한 인격, 궁리와 사상 그리고 교육과 역행에 힘쓴 그의 생애는 인간성 상실과 지구공동체 상실을 극복하고자 하는 동서양 곳곳에 하나의 시사점을 제공하고 있다.

1) 퇴계 이황의 생애

퇴계 이황(退溪 李滉, 1501~1570)은 1501년(연산군 7)에 경상도 예안현(현재의 안동시) 온계리에서 태어났다. 퇴계의 첫 번째이자 마지막 스승은 그의 숙부 송재(松齋)로, 퇴계는 12세 때 송재에게 『논어(論語)』를 배웠다. 퇴계는 20세를 전후한 청년시기에 이미 깊은 철학적 사색을 즐겼고, 시문학적 자질을 발휘하였으며, 19세에는 '영회(詠懷)'라는 시를 지어 읊었다.

---

8) 박영만, 송민영(2003). 통합교육과정과 전인교육, pp. 82-112. 도서출판 학지사.

홀로 수풀을 사랑하여 만 권 책을 즐기며,
한결같은 마음으로 십여 년을 지내 왔네.
이즈음에야 근원을 만나 더불어 선 듯하니,
내 마음 태허(太虛)를 간파하네.

20세 때는 『주역(周易)』을 읽고 묵상하며 그 뜻을 해석하느라 거의 침식을 잊을 정도였고, 34세에 대과에 급제하여 관직에 오르기 시작하였다. 퇴계는 34세에서 70세에 이르기까지 종9품에서 종1품에 이르는 관직에 임명되었으나, 실질적인 관료생활은 약 12년간 정도였다. 50세 이후에는 주로 타의에 의해 관직이 주어졌고, 그것도 대부분 사퇴를 거듭하였다.

퇴계는 관직생활에 소극적이었던 반면, 그의 학문적 열성은 평생에 걸친 것이었다. 그리하여 50세 이후에는 아시아 유학사(儒學史)에 빛나는 책들을 쓰게 된다. 이 책들의 상당한 부분이 시적인 표현으로 되어 있다. 그의 책들을 읽어 보면 퇴계 사상이 과학적 엄밀성과 논리적 체계는 물론이요, 예술성과 영적 감각까지 지녔음을 알게 된다. 퇴계의 책들 중에는 『개정천명단(改訂天命圖)』(53세), 『답기고봉서변사단칠정(答奇高峯書辨四端七情)』(60세), 『성학십도(聖學十圖)』(68세) 등이 있다.

퇴계는 70세 되던 1570년에 제자들을 가르쳐 왔던 전인교육과 통합교과의 전당인 도산서원에서 세상을 떠났는데, 선비로서의 품격은 생애를 마치는 죽음의 자리에서도 다시 한 번 확인되었다. 임종 직전에 사람들이 모여 퇴계가 무슨 말을 할까 기대하고 있는데, 퇴계는 "저 화초에 물을 주시오."라고 말한 후 사망했다고 한다. 퇴계의 일상(日常)과 생명에 대한 사랑을 알 수 있는 일화다.

2) 우주론과 인간관

퇴계 사상에는 정통 유학사상인 우주론적 인간론(cosmological-anthropology)과 천인합일론이 전제되어 있다. 우주론적 인간론은 사서(四書)의 하나인 『중용(中庸)』의 첫 구절에 잘 나타나 있다. '천명지위성 솔성지위도 수도지위교(天命之謂性 率性之謂道 修道之謂敎)'를 해석하면 다음과 같다. "하늘(天)이 명(命)한 것을 성(性)이라 하고, 성(性)을 따르는 것을 도(道)라 하고, 도(道)를 닦는 것을 교(敎)라 한다." 이는 삶의 큰 지도를 제시하여 인간이 우주의 고아가 되는 것을 막는데, 삶의 전체적인 큰 지도를 그리는 것은 홀리스틱 교육의 특징이다.

인간은 그 성품을 하늘에서 받은 자로서 세계의 중심에 위치한다. 인간의 삶은 기계론적 인과율(因果律, causality)에 지배되지 않는다. 인간은 가치창조의 역정 속에 우주의 파트너로 동참하며, 우주의 창생전개(創生展開)과정에서 미흡함을 보완하기도 한다.

천명(天命)으로서의 성(性)을 부여받은 인간을 그림으로 표현하면 [그림 6-3]과 같다. 그림에서 보듯이 성리학과 퇴계의 인간이해는 심오하고 방대하다. 특히 퇴계는 마음(心)의 성(性)과 정(情)을 이기(理氣)라는 범주와 4단 7정으로 치밀하게 탐구하여, 한국적 유학과 마음학을 심화했다. 참고로, 이기(理氣)라는 형이상학적 범주는 신유학(新儒學), 곧 성리학(혹은 주자학)의 근간을 이루는 특징이다.

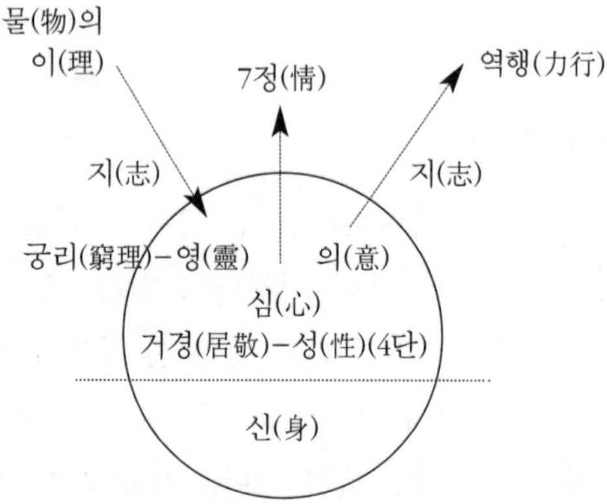

[그림 6-3] 심도(心圖)

☞ 넓은 의미의 신(身, 예: 修身)은 심(心)과 신(身)을 모두 포함한다.

☞ 심성정(心性情) 이론: 심(心)의 이(理)적 부분이 성(性)이고, 심(心)의 기(氣)적 부분이 정(情)이다.

☞ 마음은 4단과 7정을 비롯하여 영(靈)과 의(意)의 측면을 지닌다. 거경(居敬)으로 4단을 밝혀 7정이 4단을 따라오게 한다. 영(靈)은 사물 속의 이(理)를 궁리(窮理)하여 깨닫는 지각능력이다. 의(意)는 사고 의지를 포함하고, 지(志)는 방향·지향성을 지니며, 의(意)·지(志)는 역행(力行)으로 연결된다. 거경·궁리·역행은 유학 교육·수련의 트리오다.

3) 인식론과 가치론

성리학과 퇴계의 사상체계를 정리하면 다음 〈표 6-2〉와 같다. 퇴계는 이와 같은 성리학의 전체적인 틀을 따르면서도 경을 특별히 강조하였고, 4단 7정(四端 七情)과 이기호발설(理氣互發說)을 주장하여 한국적 유학을 개척했다. 경은 인격실현의 방법이요 궁리의 토대다. 퇴계의 학문은 단순한 지식체계가 아니라 바른 삶과 인격성숙을 위한 행위수양의 과정이다. 퇴계는 거경에

〈표 6-2〉 퇴계의 사상체계

<table>
<tr><th>형이상학
(세계관)</th><th colspan="5">인간론/인식론</th><th>가치론/
윤리론</th><th>교육론
/수련론</th></tr>
<tr><td>이(理)</td><td rowspan="2">심
(心)</td><td>성(性)
4단
(四端)</td><td>정
(靜)</td><td>중
(中)</td><td>체
(體)</td><td rowspan="2">성덕성성
(成德成聖)
※ 퇴계의
성학십도
(聖學十圖)
율곡의
성학집요
(聖學輯要)
현리현인
(顯理顯仁)
존인현인
(存仁顯仁)</td><td>거경(居敬),
궁리(窮理)
수기(修己)
내성(內聖)</td></tr>
<tr><td>기(氣)</td><td>정(情)
7정
(七情)</td><td>동
(動)</td><td>화
(和)</td><td>용
(用)</td><td>역행(力行)
치인(治人)
외왕(外王)</td></tr>
</table>

근거한 궁리로써 인의예지(仁義禮智)를 밝혀 인식하고, 그 가치를 실현하고자 했다.

참고로, 이러한 퇴계의 학문은 임진왜란 이후의 일본에 지대한 영향력을 끼쳤다. 예를 들어, 명치유신의 이론가인 元田東孚는 교육칙어(教育勅語)의 기본 정신에 퇴계 사상을 담았다.

마음의 움직임을 포착하고 다스리기 위해 퇴계는 거경을 통해 이(理)·성(性)·정(靜)·중(中)·체(體)를 체인(體認)하고, 이를 뿌리로 해서 기(氣)·정(靜)·동(動)·화(和)·용(用)이 따라오도록 한다. 예들 들어, 퇴계는 먼저 마음에 이(理)와 4단(인의예지의 단서)을 밝히고, 체험과 인식 후 기(氣)와 7정이 이(理)와 4단을 따라오도록 했다. 이와 연관하여 퇴계는 그의 이기호발설에서 다음과 같이 말한다. "4단은 이가 발한 것이고, 기는 이를 따라오며(四端理發而氣隨之), 7정은 기가 발한 것이고, 이는 이것을 탄다(七情氣發而理乘之).” 참고로, 퇴계의 대표적인 사상인 ‘이기호발(理氣互發)’과 율곡의 대표적인 사상인 ‘기발이승일도(氣發理乘一途)’는 주자(朱子) 당시에는 논의되지 않았다.

〈표 6-2〉에서 보듯이 성덕성성(成德成聖), 현리현인(顯理顯仁), 존인현인(存仁顯仁) 등을 중시한 퇴계는 덕(德: 인의예지)과 이(理)의 가치를 중요시했다. 이는 소크라테스가 선과 진리를 추구한 것과 일맥상통하는 바가 있다. 퇴계는 스스로 덕을 이루어 성인이 될 것을 추구하는 동시에 후학들에게도 성인이 되겠다는 뜻을 세우도록 권했다.

4) 수신론과 교육론

퇴계는 병든 인간과 비인간(非人間, non-human)이 난무하는 역사적 상황을 목격하고, 이를 바로잡으며 평천하(平天下)하기 위해 교육에 희망을 걸었다.

교육은 지성적인 활동만이 아니라 전인적인 수신을 포함한다. 교육과 수신은 내성외왕(內聖外王: 내적으로 성인이 되고, 외적으로 왕이 된다. 『주역』에 나오는 말) 혹은 수기치인(修己治人: 자신을 닦고, 타인을 다스린다. 『논어』에 나오는 말)을 지향한다. 곧 퇴계는 구인성성(求仁成聖)하여 인격을 도야하고, 나아가 사회와 나라에 봉사할 수 있는 인재를 육성하고자 했다. 퇴계는 교육과 수신의 장으로서의 서원 건립에 힘써 그 당시의 인간성 상실, 세도쇠미(世道衰微), 사풍마멸(士風磨滅)의 풍조를 극복하고자 했다.

퇴계는 궁리(窮理) 혹은 학문하는 데에서 지행호진(知行互進)과 통관동정(通貫動靜)을 중요시했다. 통관동정이란 정(靜)할 때 학(學)하고, 동(動)할 때 행(行)하는 일동일정(一動一靜)의 교육을 말한다. 그리고 궁리에 임할 때 거경(居敬)의 전일(專一)한 마음으로 임해야 한다. 결국 궁리(窮理)는 거경(居敬)의 도움을 받으며 역행(力行)과 보조를 맞추어야 한다.

또한 퇴계는 끊임없는 질문을 강조하였다. 질문은 궁리하는 동안에 계속되어야 한다. 이는 끊임없이 질문했던 소크라테스와 회의적 방법론을 사용했던 서양 근대 철학의 시조인 데카르트를 생각나게 한다. 질문은 궁리의 촉매제다. 퇴계에 의하면, 묻고 연구하지 않는 학문은 웃음거리다. 끊임없는 질문으로 퇴계의 학문과 교육은 평생의 일이 되어 퇴계는 자신이 죽는 날까지 학문과 교육에 게을리 하지 않았다. 퇴계는 "안자와 증자와 같은 경지에 도달하더라도 학문을 다 했다 할 수 없을진대, 그보다 못한 범인들이 학문에 부지런히 매진해야 함은 말할 것도 없다."고 말했다.

퇴계가 가르친 수신십훈(修身十訓)은 입지(立志: 뜻을 세움), 경신(敬身: 경건한 몸가짐), 치심(治心: 마음을 다스려 닦음), 독서(讀書: 책읽기), 발언(發言: 말하기), 제행(制行: 행동하기), 거가(居家: 집 안에서의 몸가짐), 접인(接人: 인간관계), 처사(處事: 일을 처리함), 응물(應物: 사물을 대함)이다. 이러한 수신십훈은 일상생활이나 사회생활에서 하학이상달(下學而上達)하는 것임을 보여 준다.

이러한 하학이상달과 더불어 퇴계는 숭천리(崇天理)의 입장에서 거경을 일상생활에서 실천하였다. 일찍이 주자가 '인즉심지도, 경즉심지정(仁則心之道, 敬則心之貞)'이라고 말한 바 있는데, 이와 관련하여 퇴계는 경(敬)으로써 심정이명(心定理明), 곧 심기(心氣)를 정정(貞定)하게 하여 이(理)를 밝게 하기에 힘썼다.

퇴계는 모범적인 학자 겸 교사상을 보여 주었고 평생 자기 학문의 부족한 점을 인정하고 고치는 용기를 보여 주었다. 이러한 태도는 "아는 것을 안다 하고 모르는 것을 모른다고 하는 것이 참 지식이다."라고 말한 공자와 무지(無知)의 지(知)를 설파한 소크라테스와도 통한다. 예를 들어, 퇴계는 편지를 통해 후학 기대승과 오랫동안(1559~1566) 토론하는 과정에서 기대승의 비판과 질문에 성실히 응답하면서 자신의 입장을 반성하고 수정하여 이기호발설(理氣互發說)에 이른다. 퇴계와 기대승의 진지하고도 긴 세계사적인 토론은 선배와 후배 간 혹은 교사와 학생 간에 상호작용을 통해 생산적이고 창의적인 상호 변용(transformation)을 일으킬 수 있음을 시사한다.

제 2 부

홀리스틱 교육의 실천 원리

7 홀리스틱 통합교육과정

1. 홀리스틱 통합학습의 구성체계

1) 통합학문의 이론적 근거

교육자들과 서구 사회가 일반적으로 직면한 주된 문제 중의 하나가 분열의 문제다. 이러한 문제는 우리의 경제활동이 초래한 산성비나 다른 오염의 형태로 나타나게 되었다. 학교에서 분열은 특히 중·고교 교육단계에서 과목 사이의 관계를 보여 주는 시도 없이 개별적인 과목에 초점을 맞출 때 드러난다.

일상생활에서 우리는 한 관점에서 접근하기보다 문제나 삶의 상황에 전체적으로 접근하는 경향이 있다. 우리는 누구에게 투표할지를 결정하는 데 정치학에서 사용하는 과정에만 의존하지는 않는다. 우리는 우리의 결정을 만드는 축적된 지혜와 지식을 함께 사용하며 '실제 세계'는 통합된 반응을 요구한다. 우리는 학생들에게 체계적으로 개념과 기술을 소개하는 방법을 지도해야 한다. 종종 학생들은 어느 특정한 과목과 다른 과목에서 배운 것들을 서로 연결하지 못한다. 통합학문은 학과 간의 지식과 기술의 이동을 시도한다.

또한 통합적인 접근은 교육당국에서 제시하는 학습목표와 학생상과도 일치한다. 여기서 그들이 바라는 학생상은 '스스로 동기 유발, 발전적 문제해결자 등 문의, 분석, 종합, 평가에 유능한' 학생들에게 초점이 맞추어진다. 또한 '통찰력 있는 발견자, 지혜롭고 직관력 있는 창의적인 능력을 갖춘' 학생들에게 초점이 맞추어진다. 이는 통합학문을 장려하는데, 정보를 재구성할 뿐만 아니라 다양한 분야에서 분석적이고 창의적인 생각을 기르는 것을 목적으로 하기 때문이다.

통합학문은 또한 교육과정의 과중에 따른 문제를 다루는 방법을 제공한다. 모든 단계의 교사들은 그들의 현재 프로그램에 새롭게 덧붙여지는 것에 대해 불평한다. 통합은 교사들이 많은 교과과정을 같이할 수 있게 하여, 분리된 과목보다 한 번에 여러 가지 주제, 기술, 개념을 다룰 수 있게 한다. 말하자면 통합학문 프로그램은 붕괴의 문제, 학습의 전이, 과중한 교과과정을 다룰 수 있는 교육당국이 바라는 학생상에 적합한 것이다.

또한 통합학습은 학습과 교과과정에의 전체적인 접근을 의미하는 것이다. 존 밀러(1990)는 홀리스틱 교육과정에서 학생들은 다음의 다섯 가지 관계에 대한 진단과 인식을 통해 적합한 환경에서 그 관계성을 필요에 맞게 변형시킬 수 있는 기술을 얻을 수 있다고 하였다.

① 사고와 직관의 이어짐: 홀리스틱 교육과정은 사고와 직관 사이에서 균형을 찾으려 하며, 은유나 심상 등 다양한 기술을

통해 보다 다양한 사고로의 접근을 유도한다.

② 마음과 몸의 관계: 홀리스틱 교육과정은 마음과 몸의 관계를 움직임, 춤, 이완이나 집중을 위한 운동을 통해 탐구한다.

③ 여러 영역의 지식들 간의 관계성: 우리는 학문적 원리와 학교 교과목을 연결하는 다양한 방법을 사용하여, 과목들이 어떻게 연결되어 있는가에 대한 통합적인 접근방법을 강구할 수 있다. 학과와 교과를 연계하는 방법에는 여러 가지가 있다. 예컨대 발도르프 교육은 예술을 통해 교과를 연계한다. 자아와 교과내용의 관계뿐 아니라 교과내용과 공동체와의 연관도 연구한다. 또한 여러 교과를 연결시킬 수 있는 사고에 대한 홀리스틱적 접근법도 있다.

④ 자신과 공동체 사이의 관계성: 홀리스틱 교육과정은 학교 공동체, 마을이나 국가 공동체, 지구 공동체 등 공동체와 관련된 학생을 주시하며, 학생은 개인 간 기술과 공동체 봉사기술, 사회활동기술을 발전시킨다.

⑤ 소아(self)와 대아(Self)의 관계성: 홀리스틱 교육은 우리가 우리 자신의 가장 깊은 곳과 관계성을 갖도록 안내한다. 에머슨은 "사람은 자신이 행동하는 것보다 더 많은 것을 알고 있는 그 어떤 존재가 자신에게 있다는 것을 발견한다. 그때 사람들은 '이 둘 중 누가 진정한 나인가?' '많이 알고 있는 것이 나인가, 아니면 적게 알고 있는 것이 나인가?' 라는 의문점에 빠지게 된다."라고 언급한다(Emerson, 1903, 1904). 따라서 우리는 소아와 대아를 연결시킬 수 있는 방법으로 깊이 있는 음악이나 인류의 우주적 관점을 다루는 신화를 이용하기도 한다.

2) 통합교육과정 운영의 필요성

사회변화 속에서 인간적인 배움과 생을 소외시켜 버린 지식 전달 중심의 교육에서 '스스로 과제를 발견하고, 스스로 생각하고, 주체적으로 판단하여 문제를 해결' 하게 하는 '인간적인 생' 에 중심을 두는 교육으로의 전환이 필요하다.

(1) 교과교육의 한계

학문의 전문화, 세분화와 함께 교과교육에서 교과 간의 연계나 공동 작업이 적어졌다. 각 교과의 경계를 넘는 것은 금기시되고 서로 자신의 전문화, 세분화에 주력한다. 확실히 교과교육의 역사는 길고 근대 교육발전의 원동력이 되었던 것은 사실이다. 이는 발전도상국에서 특정한 지식과 기능을 습득하는 데 매우 유효한 방법이었다. 그러나 각 교과교육은 그 독자적인 논리로 전문화에 치달으며 교과 간의 연관성을 잃었을 뿐 아니라 사회변화에 대응하지 못하고 또한 아이들의 학습을 소외시켜 버리는 결과를 낳았다. 교과의 분화교육은 각각의 가르치는 내용을 다른 것과 관련 없이 가르치는 것에 의해 형식적인 주입식 교육에 그쳐야 했다.

각 교과의 전문화, 세분화, 분과화는 학습 그 자체를 단편화하는 것만이 아니라 학습하는 것 자체의 리얼리티를 빼앗아 학습을 인간적인 삶과 분리시켜 버렸다. 이러한 각 교과의 분절화는 결과적으로 학습의욕, 흥미, 관심, 주체성을 없애는 것이며 이에 인간적인 삶이 통합되는 학습, 즉 통합교육과정이 필요하다. 아이들의 시점에 선 교과교육의 통합화가 검토되어야 한다. 통합교육과 교과교육은 물과 기름처럼 서로 섞이지 못하는 것이 아니라 서로 조화를 이루며 상호 보완해 나가야 하는 것이다.

(2) 통합적인 교육과정의 운영을 필요로 하는 현대의 문제

학교 교육은 현재 우리 사회가 안고 있는 과제인 국제이해, 정보화, 환경문제, 복지 · 건강문제, 평화 · 인권문제 등을 다루지 않으면 안 된다. 그러나 이러한 문제는 교과교육을 통해 대응할 수 있는 것이 아니라 교과의 논리를 벗어난 통합적인 학습을 필요로 한다. 이러한 현실적인 문제 중에서 아이들의 관심, 흥미에 맞는 주제를 선택하여 자기 주도적으로 이끌어 가는 학습이 요구된다. 자기 주도적인 학습이란 아이들이 문제 · 과제를 스스로 발견하고 그 문제를 지시하여 해결방법을 찾아가는 과정을 말하며, 모든 지식은 자신이 알고 있는 방법에 대응하여 형성되는 것이므로 이는 매우 중요하다. 암기에 불과한 지식이 나중에 살아 있는 지식으로 활용되기 어려운 것은 이 때문이며, 아이들은 현실의 모든 문제를 이 같은 탐구를 통해 해결하면서 자신의 미래에 대한 가능성을 실현해 가는 것이다. 문제를 탐구하는 행위는 도달하고자 하는 범위에서의 잠재적인 가능성을 보여 준다. 아이들은 학교에서의 학습과 현실의 세계나 자신의 생활을 연결해 보고 이로써 스스로 학습에 대한 의욕을 갖고 주체성을 찾을 수 있다.

(3) 통합교육과정을 요구하는 지식의 변모

과학, 학문의 대상은 급속하게 학제적인 접근을 필요로 하고 있다. 환경문제라 할지라도 유전자의 연구와 응용문제에서도 단일의 학문에서는 대응할 수 없는 넓이와 깊이를 가진 문제다. 이러한 학문의 학제화에 대응하여 대학에서도 최근 인간과학부,

종합과학부, 종합정책학부, 정보정책학부, 커뮤니케이션 학부, 현대문화학부, 현대사회학부라는 명칭의 학부가 계속 만들어지고 있다. 지식의 통합화, 종합화의 현상이라 볼 수 있다.

대학에서의 학문이 통합화, 종합화되어 가고 있는 지금 초등학교에서 고등학교까지의 교과가 종래의 세분화된 학문에 의거한 그대로라면 점점 사회나 지식의 변화에 대응할 수 없게 된다. 이 같은 학문, 지식의 변모가 통합적 학습이나 학제적 접근(interdisciplinary approach)을 요구하고 있는 것이다.

2. 교과영역 간의 연계에 의한 통합

교과는 전통적으로 학교 교육의 중심이었다. 전달교육과정에서는 학생들의 요구나 흥미와 관련 없는 가르칠 수 있는 내용 위주의 교과가 중시되고 있다. 홀리스틱 교육과정은 교과들을 여러 방법으로 연결시키고자 한다. 그중에서 가장 중요한 것은 자신과 교과의 관계다. 만약 한 학생이 내면의 세계에서 교과내용을 연관시킬 수 있다면, 교과는 그 학생에게 추상적이지 않고 현실적이 된다. 또한 교과 간의 연계를 찾아내는 것이 중요하다. 이는 홀리스틱적 사고유형을 통해서뿐만 아니라 교육과정의 다양한 통합적 접근을 통해서 가능하다. 따라서 교과는 자신과 사회를 연결할 수 있는 것이다.

1) 자기(self)와 교과(subject)의 통합

심상(image)활동은 학생들의 이해를 도울 뿐만 아니라 학생들의 흥미유발에 동기가 될 수 있다. 자신과 교과의 연계를 설명하는 가장 좋은 예는 실비아 애시턴-워너(Sylvia Ashton-Warner)의 작품 『교사(Teacher)』라고 할 수 있다. 애시턴-워너(1963)는 헬렌 켈러(Helen Keller)의 선생님인 앤 설리번(Anne Sullivan)과 톨스토이(Tolstoy)의 활동을 언급함으로써 그녀의 접근법이 새로운 것이 아님을 밝혔다. 애시턴-워너에게 조직적인 읽기(organic reading)란 "앎(the known)과 알지 못함(the unknown) 사이의 다리, 원주민 문화(native culture)에서 새로운 것(new), 그리고 일반적으로 보아 내면 세계의 사람을 바깥 세계의 사람으로 만드는 것이다."

애시턴-워너는 학생들이 내적 시각과 외적 시각을 갖고 있다고 특징지었다. 그리고 그녀는 내적 시각이 더 힘이 있고 학습을 이루기 위해 반드시 도달해야 하는 것이라고 믿는다. 애시턴-워너는 그녀가 말하는 '주요 어휘(key vocabulary)'를 통해서 내적 시각에 도달하였다. 이것들은 학생들에게 강력한 뜻을 지니고 있는 단어이며 '삶의 일부분'이다. 애시턴-워너가 개개의 마오리족 학생들에게 적어 준 주요 어휘는 '엄마' '아빠' '키스' '놀람' '영혼'과 같은 것이었다. 그리고 각각 학생들에게 자신만의 주요 단어로 발전시키게 하고, 그 카드를 애시턴-워너가 다시 읽어 주었다. 학생들은 또한 짝을 이루어 다른 학생들에게 단어를 읽어 주었다. 이렇게 함으로써 학생들의 기본적인 읽는 기술은 빨리 발전하였다.

학생의 주요 단어가 40개 정도로 발전한 후에 애시턴-워너는 체계적인 쓰기로 이동했다. 그녀는 "주요 단어는 내적 세계의 한 단어의 표현인 반면, 창조적 쓰기란 문장 길이 또는 이야기

길이의 표현이다."라고 말한다. 이러한 문장과 이야기는 일반적으로 자서전과 같다. 애시턴-워너에게 쓰기, 철자, 작문은 총체적으로 나타난다. 그녀는 "철자와 작문은 더 이상 분리되어 배워야 할 교과가 아니라 또 하나의 교과로 자연적으로 절충되어야 한다."고 강조한다. 그리기는 이야기와 합쳐져서 '가장 활력 있고 감상적이며 다양한 색으로 나타나는' 것이라고 하였다.

이야기를 위한 아이디어는 항상 학생들에게서 나와야지 학생들에게 무엇에 대해 쓸 것인가를 주어서는 안 된다. 그녀는 이를 과제라고 말한다.

> 나는 학생에게 어떤 것을 전혀 가르치지 않고 그것에 대해서 쓰라고 하였다. 그것은 예술 같은 방법의 작문이 될 것이다. 학생의 글은 자신에게 일어났던 일이고, 더 좋은 글을 쓰기 위한 통합의 연습이었다. 학생에게 의미가 클수록 그러한 일은 더 큰 가치가 있다는 것이다. 그리고 이는 학생의 모든 것을 뜻한다. 결코 배열된 교과로써 할 수 없는 학생 자신의 일부분이다. 이것은 우리가 종종 보는 연결되지 않는 요소통합의 결과로 나타난, 우회적인 표현의 문장 페이지가 아니다. 이것은 우리가 우리 자신의 쓰기와 대화에서 아주 조심스럽게 성장시켜 온 깨어지지 않는 사고의 맥이다.

애시턴-워너는 마오리족 학생들에게 똑같은 체계적인 방법으로 산수를 가르쳤다. 그녀에게 자연과 숫자는 깊이 연관되어 있다. 그래서 그녀는 학생들을 데리고 밖으로 나가서 '황금분할(Golden Section)'에 대해서 가르쳤다. 이것은 자연에서 가장 이상적인 비례이고, "전체에 대한 긴 부분의 비율은 긴 부분에 대한 짧은 부분의 비율과 같다." 애시턴-워너는 어린이에게 양치

류는 셈하기 아주 좋은 것이라고 말한다. "황금분할은 쓰기, 읽기, 그리기, 대화 각각에서 분리할 수 없는 것이다. 우리는 새 집단 속의 세 마리 거위를 숫자 카드에 그려진, 움직이지 않는 세 마리 거위보다 더 좋아한다."

애시턴-워너의 교과의 접근은 학생의 내적 시각에서 시작하고 그것을 발전시키는 것이다. 내적 시각은 쓰기와 읽기를 위한 기본을 형성하는 주요 어휘가 된다. 그녀의 교육은 내적 사람을 지향하며 자연과 연관된다. 가능한 한 그녀는 학생의 내적 시각에 대한 인위적인 과제를 피하려고 하였다.

2) 총체적 언어교수법

총체적 언어운동은 여러 교육자와 애시턴-워너의 사상을 적용하여 전 세계의 언어를 가르치는 방법을 바꾸었다. 총체적 언어의 원리는 학습의 유기적 접근에 근원을 두고 있다. 가능한 한 학습은 학생들의 경험에 기초하고 이야기, 능동적 학습과 사회감각을 학생들의 언어능력 발달을 위해 이용한다. 총체적 언어는 총체적인 접근이며, 적절한 곳의 더 구조화된 접근을(예컨대, 전화 이용) 제외시키지는 않는다. 그러나 모든 기술은 언어가 중심이 되는 학습의 커다란 틀 안에 있다. 그러므로 총체적 언어학습은 부모들이 학생들에게 글을 읽어 주고, 학생들이 서로에게 글을 읽어 주도록 장려해야 하며, 언어와 문학이 학습자의 삶 각 부분에 스며들게 해야 한다. 총체적 언어는 학습자들이 민주적인 사회에 있을 때 가장 잘 일어난다. 굿맨(P. Goodman, 1991)은 "총체적 언어는 교육에서 근본 혁명과 같다."라고 주장한다. 총체적 언어는 교사들이 이러한 형태의 학습이 어떻게 일어나는가를 증명함으로써 한 교실에서 다른 교실로 퍼져 가는 교사 중심의 운동이었다. 그것이 강압적으로 진행될 때는 더 성공적이지 못하였다. 강압적 실행은 표면적이고 언어학습의 부적절한 접근을 그리고 부모의 반발을 야기했다. 가장 포괄적인 총체적 언어 움직임에 대한 묘사는 굿맨(1991)이 집필한 『총체적 언어 목록(Whole Language Catalog)』에서 찾을 수 있다.

3) 교과영역 간의 연계

근래에 교과 간의 다양한 연관성을 포함하는 통합 교육과정의 주요한 움직임이 일어났는데, 다음의 몇 단계로 나타낼 수 있다.

첫째 단계는 다학문적(multidisciplinary)이다. 여기서는 교육과정에 교과들은 분리되어 있지만, 각각 분리된 교과들은 연결고리가 만들어져 있다. 예컨대 역사 교사는 특정한 시대의 문학과 예술을 참고로 하여 어떻게 그 예술이 그 시대를 표현하였는지를 연구한다. 간학문(interdisciplinary) 단계에서는 2개 또는 3개의 교과들이 한 가지의 문제나 유형에 연관되어 있다. 예컨대 도시 교통문제와 도시계획의 다른 문제인 경제, 정치, 디자인 기술과 수학 등을 서로 관련시켜 통합할 수 있다. 초학문(transdisciplinary) 단계에서는 몇 개의 교과들이 포괄적인 문제에 관해 통합되어 있다. 사회의 빈곤과 폭력과 같은 문제들이 폭넓게 통합적 접근에 모아진다. 각 단계에서 교과 간의 연계와 개념은 더욱 많아지고 복잡해진다.

둘째는 간학문 단계로, 이 단계에서는 교과들이 문제를 통해 통합된다. 학생들이 직면한 다른 교과의 문제나 연구과제에도 적용할 수 있다. 예를 들어 한 국가가 무역 블록에 참여할 것인가에 관한 문제에 적용해 보자.

① 불확실성/모호성: 이 불확실성은 무역 블록 가입에 어떤 문제가 있는지에 초점을 둔다. 대부분의 문제는 국가통제(예: 관세)의 손실과 가능한 이권에 초점이 모아진다. 그러나 문제는 단순히 경제에만 한정되어 있지 않고 문화에도 종종 영향을 받는다. 따라서 학생들은 경제뿐만 아니라 예술에 미치는 영향도 고려해야만 한다.

② 문제의 명료성: 우리나라는 무역 블록의 한 부분(예: NAFTA)에 속해야 하는가?

③ 준비/틀 세우기: 이 단계에서 학생들은 무역 블록 가입결정에 영향을 주는 것이 무엇인지를 주시해야 한다. 몇 사람들은 사업적인 이점과 환경 그룹 간의 충돌로 본다. 비즈니스 업계와 거대 기업들은 자유무역이 경제를 활성화시키고 많은 직장을 제공할 것이라고 주장한다. 반대로 무역 블록은 환경문제를 포함하여 지역의 관심사를 유린할 것이라는 시각도 있다. 그래서 여기에 과학이 환경문제를 시험하기 위해 포함될 수 있다.

④ 부화, 숙고: 학생들에게 잠시 동안 한 걸음 물러서서 이 문제에 대해 생각해 보게 한다. 그들은 이 문제에 대해서 토론을 할 수 있다. 그러나 잠시 동안 혹은 며칠 동안 이 문제에 대해서 무엇이 가장 중요한지에 대해 생각하게 하면서 막연히 시간을 보내게 하는 것이 문제해결에 도움을 줄 수 있다.

⑤ 대안 모색: 여기서 학생들은 문제해결에 대해 좀 더 신중하게 연구한다. 자신들의 시각을 좀 더 정확히 하며, 각자의 입장을 검토한다. 학생들은 그들의 입장을 기록하고 자유무역 블록에 가입함으로써 수반되는 장단점에 대해 목록을 만들어 체계적으로 접근한다. 그들의 시각은 NAFTA 회원 가입의 평가를 위한 기준이 된다.

⑥ 계몽/대안 선택: 학생들은 회원국이 되는 것에 대해 긍정적인지 부정적인지를 결정한다. 좀 더 많은 체계적인 대안을 모색한 후에 학생들은 이 문제를 돌이켜 보고, 그 결정에 대해 좀 더 신중을 기한다. 내적 반영 후의 결정은 추상적이기보다는 총체적 개인에 연결될 기회를 더 많이 갖게 된다. 그리고 학생들은 결정을 적고 그에 대한 이유를 적는다.

⑦ 검증 마지막 단계: 학생들은 자신들의 답을 다른 학생들과 그리고 교사와 함께 이야기한다. 또한 다른 학생들의 반응을 비교한다.

이 과정에서 학생들은 다른 교과들도 포함할 수 있지만 경제, 예술 그리고 과학에 대해 연구할 것이다. 교사가 교과 연계를 위해 사용할 수 있는 문제풀이과정을 참고할 수 있다. 서로 다른 교과 간 연결이 가능한 모델을 통해 우리는 교과 간의 연계를 연구할 수 있다.

4) 초학문: 발도르프 교육/기본수업

발도르프 학교의 오전 수업은 기본수업(main lesson: 독일어로는 에포크(epoche) 수업이라고 함)으로 시작된다. 기본수업은 대략 오전 9시부터 11시까지 진행된다. 발도르프 교육에서는 1학년에서 8학년까지 담임교사가 바뀌지 않으며, 교사의 주요 업무 중의 하나가 바로 기본수업인 것이다.

기본수업에서는 영어, 수학, 지리, 역사와 과학을 통합한다. 통합의 주요 수단은 교사의 예술적 감각이다. 기본수업은 종종 노래를 부르거나 학생들이 학습중인 시를 낭송함으로써 시작한다. 슈타이너는 학생들이 의식적인 행사를 좋아하는 것을 인지하고 그것을 프로그램에 다양한 형태로 반영하였다. 노래는 교사가 핵심 주제를 말한 후에 불렀다.

각각의 기본수업의 중심은 예술이며, 수업을 통합하는 예술적 감각이다. 학생 개개인은 학습한 내용을 색깔로 그리는 줄이 없는 공책을 갖고 있다. 크레용과 색연필뿐만 아니라 수성 물감이 사용된다. 학생이 그림을 그릴 때 자유롭게 색깔을 느끼도록 권장된다. 예술적 경험은 추상적이지 않기 때문이다. 학생은 노란색과 파란색과 같은 일차적인 색을 섞어서 초록색을 만든다. 이야기는 때때로 색깔들을 배합하기 전에 들려준다. 그렇게 하는 것은 이 경험을 학생의 상상과 연결시킬 수 있게 하기 위해서다. 검정색과 하얀색은 보통 저학년에게는 사용하지 않는다. 왜냐하면 그 색들은 좀 더 추상적이고 어린 학생에게는 흥미롭지 못하기 때문이다. 유사한 예로 학생들은 테두리를 그리지 않거나 형태를 색깔로 칠한다. 형태는 확실한 경계에서 오는 것이 아니라 색깔에서 오는 경향이 있다. 예술은 또한 산수와 관련이 있는데 모델, 디자인, 줄긋기가 사용된다.

슈타이너는 교사들이 학생을 대할 때 창조적이고 유연성 있게 접근하며 학생들의 흥미를 자극하고 유머나 학생들이 생각하지 못했던 일로 동기를 유발하였다.

5) 이야기 모델

교과 연계에 대한 또 다른 초학문적 접근은 수잔 드레이크(S. M. Drake, 1992)와 그녀의 동료에 의해서 개발된 '이야기 모델(story model)'이다. 이 접근방식은 경험을 구성하는 방법으로서 이야기의 중요성에 기초한다. 이 모델은 개인적, 문화적, 세계적 단계를 포함한 여러 이야기 수준을 말한다. 개인적 이야기는 우리가 우리 자신의 삶의 의미를 만드는 방식이다. 문화적 이야기는 우리가 사는 문화의 역사 또는 하부 문화에 초점을 두고 있다. 다시 말해 한 단계의 문화 이야기만 존재하는 것이 아니라 이야기하는 사람의 틀에 따라 다양하게 바뀐 이야기들이 있다는 것이다. 개인적, 문화적 이야기와 서로 연관된 더 크게 확대된 맥락에서 보면, 이 모든 것들을 포함한 세계적 이야기가 존재한다. 학생은 오늘날의 이야기를 알아차림으로써 시작할 수 있다. 종종 이 이야기는 가족, 교육, 경제와 같은 큰 주제에 초점을 둘 수 있다. 학생들은 오늘날 이야기의 주된 요소를 무엇으로 보는지 알아차려야 한다. 예컨대 만약 학생들이 교육에 초점을 두면 그 이야기는 책임, 포괄적인 학교 그리고 학교개혁과 개조와 같은 이슈에 초점을 둘 수 있다. 오늘날의 이야기에서 학생들은 교육의 과거 이야기를 알 수 있다. 그것은 전통적인 교육과 진보적인 교육 사이의 갈등과 같은 것이다. 그러나 정보를 전달하고 필기시험을 통해 학습을 장려했던 지식전달학습이 지배적이었다. 과거와 오늘날의 이야기를 파악하고 나면 학생들은 새로운 이야기를 시작할 준비가 끝난다. 학생들은 상상적인 이야기와 계획적인 이야기를 만들어서 새로운 이야기를 발전시킨다. 상상력이란 비록 현실에 의해 완화되긴 하지만, 어떤 일이 일어났으면 하고 바라는 꿈이다. 예컨대 이것은 홀리스틱 교육에 대한 꿈이 될 수도 있다. 그러나 학생들은 또한 오늘날 이야기의 경향과 반대되는 꿈을 이야기할 수 있다. 예를 들면, 책임에 대한 문제는 개개인 간이나 집단 간의 차이점만을 파악하려는 시험 위주의 교육과정으로 바뀌기 쉽다. 상상적인 이야기와 계획적인 이야기를 발전시킨 후 학생들은 두 이야기를 합성한 새로운 이야기 형태를 잡기 시작한다. 새로운 이야기에서 자신들의 행동과 그 이야기에 연관된 개인의 이야기를 조직하기 시도한다. 그럼으로써 새로운 이야기는 책무성과 교육에 대한 좀 너 세계적이고 홀리스틱적인 접근법 사이에 어떠한 균형을 이룰 수 있을 것이다.

학생들은 전체적으로 살펴본 후 관련된 쟁점에 조사 · 질문을 발전시킬 수 있다. 그것은 반드시 반성적 사고와 신중함이 나타날 개방적 질문이 되어야 한다. 이 질문들이 발전된 후 학생들은 각각의 질문에 대하여 조사 · 연구한다. 학생들은 그룹으로 이 일을 할 수 있고, 그리고 일단 질문에 초점을 맞춘 후에 그 초점을 둔 질문과 이슈에 대해서는 발표나 전시 등으로 발전시킬 수 있다.

6) 교과와 공동체의 연계

또한 교과는 지역사회에 대한 연결고리를 제공할 수 있다. 위긴턴(E. Wigginton, 1986)이 주관한 '폭스파이어 프로젝트(The Foxfire Project)'에서는 『Foxfire』 잡지를 발간하고 있는데,

『Foxfire』는 래번 갭 공립학교의 교육과정 중의 하나로서 오늘날에도 지속적으로 발행되고 있다. 학생들은 잡지를 발간하기 위해 모든 일을 담당하는데, 기록된 문서를 기술하는 것에서 미국과 관련된 단체들이나 다른 학교들에 대한 이야기도 한다. 심지어 학생들은 브로드웨이에서 성공한 폭스파이어 연극의 대본을 만드는 것을 돕기도 한다. 또한 폭스파이어의 비디오 테이프와 텔레비전 시설이 있으며, 여기서 만든 제작물을 현지 케이블 네트워크에서 방영한다. 또한 『Foxfire』는 자체의 출판사를 운영하고 있다.

『Foxfire』는 단순한 하나의 성공담이 아니라 교사가 어떻게 학생들을 신뢰하였으며, 지역사회 주민들과 면담을 하며 출판을 위해 면담결과를 활용하는가에 대한 이야기다. 이러한 출판활동은 학생들에게 언어를 학습하게 할 뿐만 아니라 지역사회와 연결하는 언어의 매개체가 되었다.

위긴턴(1986)은 교수(teaching)에 대하여 몇 가지 주요한 진실을 나열하고 있는데, 첫 번째 진실은 "훌륭한 교사는 교과를 통합적으로 본다."는 것이다. 위긴턴은 교사들은 자신을 "스스로가 교과목이며 그들에게 교과, 지역사회, 학생, 지구 사이의 자연스러운 연계는 지극히 자동적으로 교수에 반영된다. 이렇게 가르치지 않는다면, 교사들은 외부 세계와 고립되어 수업을 할 수가 없다."라고 주장한다. 그리고 그는 탐구가 지역사회와 어떻게 연결될 수 있는가를 나타내는 몇 개의 질문들을 나열하였다.

처음 봄에 피는 꽃은 식물학적 조사의 목표가 된다. 그리고 결코 소외되지 않고 각 단계는 필연적으로 다음 단계를 유도한다. 어떻게 봄의 꽃들은 색상과 향기를 가질까? 어떻게 얻을까? 무엇으로 만들까? 무엇이 꽃과 벌을 연결할까? 벌이 어떻게 일을 할까? 어떻게 의사소통을 할까? 어떻게 집을 지을까? 왜 세포들이 육각형일까? 그들의 건축과 버크민스터 풀러의 둥근 지붕(Buckminster Fuller' s domes)은 무슨 연관이 있을까? 수학이 포함되었을까? 어떤 자재가 가장 강할까? 왜 사람들은 꽃에 대해 시를 쓸까? 무엇을 적었을까? 왜 서로에게 꽃을 주는 것일까? 꽃들의 색에 따라 무슨 의미가 있는 것일까? 왜? 왜 어떤 식물은 위험한 것일까? 우리는 어떻게 막을 수 있을까? 환경과학자들은 어떻게 할까? 조경사는 무엇을 할까? 어떻게?

7) 합류교육

합류교육(confluent education)은 자아-교과, 교과-교과, 교과-공동체 간의 연계를 가능하게 해 주는 다양한 전략으로 발전되었다. 합류교육은 1960년대 브라운(G. Brown)의 지도 아래 시작되었고 기본적으로 인지와 정의적 영역의 연결에 초점을 두었다. 그러나 1970년대의 관심은 좀 더 포괄적으로 내적 개인(intra-personal), 개인 간(inter-personal), 외적 개인(extra-personal), 초개인(tans-personal)과 관련 있다.

내적 개인은 개인의 내적인 감정과 공격적 또는 수동적, 남성적 또는 여성적인 것 등을 말한다. 합류교육은 소속 개인들(subselves)을 용이하게 일깨워서 학생들로 하여금 그것들의 조화를 이루게 하려는 것이다.

개인 간 차원은 학생들이 다른 사람들을 어떻게 받아들이고, 어떻게 의사소통을 하느냐와 같은 다른 사람과의 관계로 이루어진다. 세 번째 단계인 외적 개인은 학생들의 경험들을 포함한 사회적 또는 맥락적인 구조를 나타낸다. 이것은 학교, 지역사회와 사회의 구조를 포함한다. 브라운(Brown), 필립스(Phillips)와 샤피로(Shapiro, 1976)는 "이 세 단계는 서로 연관되어 있고, 가장 바람직한 상태는 이 세 단계가 통합된 것이다."라고 주장한다.

예컨대 만약 교육과정이 민주주의 과정을 학습하고 각각의 학생들은 자신의 결정에 대해 의견을 교환하고, 의사결정 과정에 소그룹으로 활동하며 교사와 함께 수업의 규칙을 정한다면, 내적 개인의 욕구, 개인 간의 관계 그리고 외적개인의 융합이 가능할 것이다. 그러나 만약 교사가 이 수업을 독단적으로 운영한다면 이들의 융합은 불가능하다.

네 번째인 초개인 차원은 이전의 세 차원을 포함하고, 학생들 경험의 범우주적 또는 정신적 차원을 나타낸다. 이 차원은 기초적인 의미와 정신적인 질문을 시험하기 위한 보편적인 맥락을 제공한다.

3. 홀리스틱 통합학습전략

홀리스틱 학습은 시각적, 청각적, 운동감각적인 형태를 포함하고, 인지적 · 정서적 · 심동적 영역을 깨닫게 하는 형태의 교수-학습방법이다. 홀리스틱 학습은 가드너(H. Gardner)가 제시한 다중지능 이론 개발을 위하여 학생과 관련된 의미 있는 학습을 이루는 데 초점을 맞춘다. 그러한 전략은 몸과 마음, 나와 내적 자아, 나와 환경인 외부 세계, 논리적 생각과 직관적인 생각 사이의 연결을 용이하게 하며, 홀리스틱 학습에 의해 고안된 교육과정은 신체, 마음, 정신뿐만 아니라 머리, 손, 심장도 포함한다. 드레이크(S. M. Drake, 1993)는 홀리스틱 학습전략으로 초학문 그물망, 이야기 말하기(이야기의 힘, 이야기 모방하기, 학생과 이야기하기, 이야기에 대한 반응, 드라마, 이야기 속의 가치 조사하기 등), 심상화, 은유, 일지쓰기 등을 제시하고 있는데, 여기에서는 초학문 그물망(transdisciplinary webs)에 대해 예를 들고자 한다.

· 초학문 그물망 ·

'초학문 그물망'의 개념은 이야기 모델을 실험하는 동안 나타났다. 그것은 주요한 학습전략이고, 실생활 배경 속에서 주제를 정하기 위한 훈련의 효과를 능가한다. 이 전략을 통해 다음과 같은 결과를 쉽게 얻을 수 있을 것이다.

- 훈련을 통한 상호 연관성을 경험하는 학생들이 나타나게 될 것이다.
- 자발적인 연구자들로써 학생들이 움직이게 하는 요소를 만들 것이다.
- 초학문 그물망에 의해 발생되는 사실들을 기반으로 문화적인 이야기를 발전시키기 시작할 것이다.
- 문화적 이야기 속에 이어지는 절대적 가치의 연구를 허용할 것이다.

초학문 그물망은 연관 짓기와 비교하여 이해할 수 있다. 주제를 중심에 놓고 만들어 가는 교육과정에서 전통적으로 사용되던 연관 짓기는 교사에게 친숙하다. 중심소재는 종이의 중심에 놓고(예를 들면, 자동차) 원을 그린다. 그리고 중심소재와 관련된 다른 생각이나 연관성 있는 그림을 그리고 정보를 표현하기 위한 핵심 단어로 연결시킨다. 연관 짓기의 예는 [그림 7-1]과 같다.

연관 짓기가 선을 이용한 접근방법 때문에 상호 연관성을 이해하는 데 충분하지 않을 수 있으나 이야기를 구성하는 데는 훌륭한 도구다. '초학문 그물망'을 통해 이야기 구성 이상의 우리가 필요로 하는 세계적인 안목에서 연구할 수 있는 요소를 발견할 수 있을 것이다.

'자동차'를 예로 들어 보자. 우리는 실제 세계 속에서 우리가 알고 있는 자동차에 대한 사실을 통해 영감을 얻는다. 그리고 여기에는 브레인스토밍이 포함된다. 이런 절차는 실제 세계라는 시야에서 직접적으로 이루어지는 자유 연상의 의미상 그물망과는 다르다. 보통 지리학, 과학, 수학, 건강과 체육 같은 전통적인 학교 교과목들은 이미 실제 세계의 내용들을 포함하고 있다. 예술, 드라마 그리고 음악은 특정 주제의 완전한 부분이 되거나 그 교육과정을 지도하는 사람에게 교수전략으로 이용될 수 있을 것이다. 종교는 어떤 주제를 선택하든지 풍부한 자료적 역할을 한다. 이는 기술, 경제(사업), 정치(법), 의학, 사회적 문

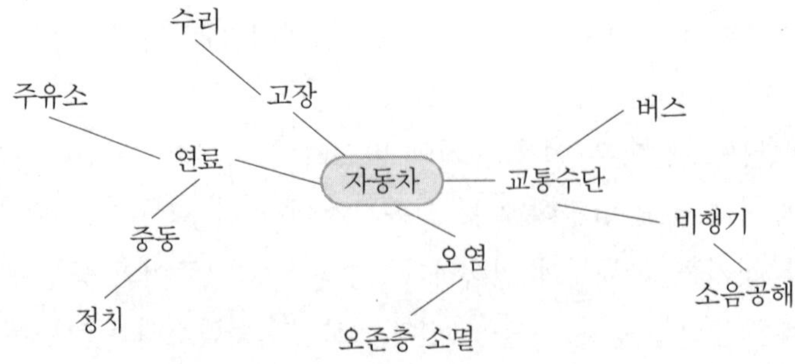

[그림 7-1] 초학문 그물망—연관짓기

제, 환경 그리고 세계적 관점으로 사고를 시작하는 데 매우 중요한 역할을 한다. 이를 통해 학생들은 문화적으로 풍부한 자료를 떠올릴 수 있게 되는데 이때 다음과 같은 절차를 따르는 것이 효과적이다.

① 종이의 중앙에 큰 주제로 핵심 주제(예를 들어, 자동차)를 쓴다.
② 정치(법), 경제(사업), 기술, 의학, 세계적 관점, 환경 그리고 사회적 문제 같은 세부 단어들은 핵심 주제를 둘러싼 원의 내부에 쓴다. 그리고 자유연상을 통해 떠오르는 생각들을 적을 여분은 남겨 둔다.
③ 바깥 원에는 언어미학, 역사, 수학, 지리학, 과학, 건강, 드라마, 음악, 문학, 예술 그리고 체육 같은 전통적인 훈련법 등을 적는다. 예술, 음악 그리고 드라마는 그물망에서 교육내용을 창출하는 과정의 한 부분이 되거나 그 내용을 면밀히 살펴보고 연결하기 위한 방법으로 사용될 것이다.
④ 우리가 이미 알고 있는 사실이나 개념에서 브레인스토밍을 한다. 내부 원에서 아이디어를 얻고, 좀 더 확장된 아이디어를 가지고 바깥 원으로 이동한다. 그리고 알고 있는 것에서 브레인스토밍한 내용으로 바깥 원을 채운다. 하나의 주제 밑의 내용이 다른 주제의 내용에 중복된다는 것에 신경 쓸 필요는 없다. 그것 역시 그 과정의 하나다.
⑤ 아이디어 사이의 상호 연관성을 보여 주는 선을 사용한다.

8 홀리스틱 교수-학습의 원리와 방법

이 장에서는 통합학습을 도와주는 즉, 연결관계를 만드는 학습을 도와주기 위한 전략에 대해 언급하고자 한다.

1. 홀리스틱 교수-학습의 원리

홀리스틱 교수-학습의 원리에 대해서는 트랜스미션(Transmission, 전달) 단계, 트랜스액션(Transaction, 교류) 단계, 트랜스포메이션(Transformation, 변용) 단계의 세 가지 단계로 설명할 수 있다(J. P. Miller, 1996; 송민영, 1999c). 이 세 가지 기초는 교육과정과 구성을 바라보는 관점을 묘사하고 조직하는 것을 도와주며, 이 각각은 다양한 철학과 심리학, 사회학을 관련짓는 관점에 기초한다.

먼저 전달(傳達)은 학생들에게 지식과 기술, 가치를 전해 주는 전이의 한 가지 방법으로, 이때 학생들은 지식을 수동적으로 받아들인다. 이것은 전통적인 교수방법, 특히 교과서에 의한 전통적인 학과목의 숙달을 강조하며, 이를 통해 학생들은 사회를 살아가는 데 필요한 기초적인 기술과 가치, 사실 등을 배운다. 행동주의 관점에서 이런 관계는 자극과 반응이라는 S→R 이론으로 알려져 있으며, 이는 또한 학생들의 기술이 특별한 구조적 전략을 통해 발전한다는 인간 행동의 기계학적인 관점이다. 이에 대한 철학적, 과학적인 근거는 현실이 부분으로 구성된다고 보는 원자론적인 세계관이다. 전달학습(transmission learning)이란 학습자들이 지식과 기술을 전수받고 축적시키는 모방과 반복에 의한 학습으로, 이는 원자론에 의해 세분화된 교과의 내용을 '완전학습' 방법 등에 의해 전달하는 방식으로 적용되었다. 이런 관계 속에서는 정보를 분석하거나 반영할 수 있는 기회 없이 지식과 기술의 전달이라는 일방통행의 흐름만 존재한다.

다음, 교류(交流)의 입장은 학생을 이성적이고 지적 문제해결 능력을 지닌 개인으로 정의하여 교육을 학생과 교육과정 사이의 상호 대화의 관점에서 바라본다. 학생들이 상호 대화를 통해 지식을 재구성해 간다는 입장으로, 문제해결을 돕는 교육과정전략과 일반적인 사회현상의 문제를 민주적 과정의 구성체제 안에서 해결하려는 전략을 사용한다. 철학적이고 과학적인, 대표적인

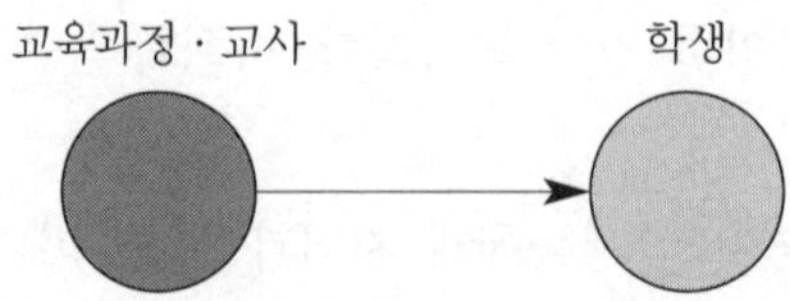

[그림 8-1] 전달학습(TRANSMISSION POSITION)

예는 계몽 시대 이래 서구 사회를 지배해 온 과학적 방법이다. 교류학습(transaction learning)은 실용주의에 입각한 '탐구학습'이나 '문제해결학습'에서 많이 이루어지고 있는데, 이에 따라 교사와 학생 간의 긴밀한 대화가 강조되고 있다. 대화의 방법으로는 조합보다는 분석이, 감성보다는 사고와 같은 인지적 상호성이 중시되고 있으며, 이는 학습자를 이성적이고 지적 행동을 할 수 있는 문제해결자로 보는 것이다.

마지막으로, 변용(變容)의 입장은 개인과 사회의 변화에 중점을 둔다. 학생들의 활동은 학습과정의 모든 단계를 포함하는 활동이다. 이 입장은 개인과 사회의 변화를 위해 기술과 환경 안에서 조화를 이끌어 낼 수 있는 환경에 대한 깊은 관심을 지닌 인간을 육성하고자 한다. 변용은 현상들의 상호 관련을 강조하는 자연에 대한 개념을 돕는 생태학적인 입장에 기초하여 교육과정(curriculum)과 학생(child)을 전체론적인 방법 안에서 상호 이해하고자 한다.

홀리스틱 교육에서는 홀리즘에 기초한 변용학습(transformation learning)을 더욱 강조하고 있다. 변용학습에서는 학생의 전인적인 면을 인정하여 더 이상 교육과정과 학생을 분리하여 보지 않고 연결되어 있다고 본다. 따라서 학습의 목표를 학생의 전인적

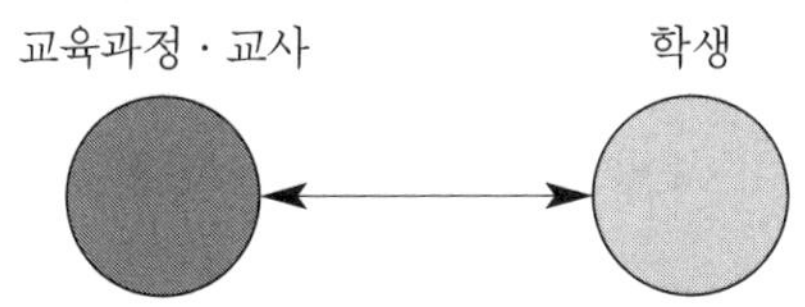

[그림 8-2] 교류학습(TRANSACTION POSITION)

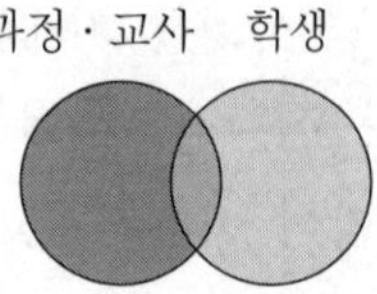

[그림 8-3] 변용학습(TRANSFORMATION POSITION)

인 발달에 두고, 그것을 촉진시키기 위하여 교사는 다양한 유형의 연관성을 만드는 총체적인 언어를 사용하거나 창의적인 문제해결과정, 협동학습과 같은 전략을 사용한다. 이로써 학생들이 끊임없이 자기 반성적이고 메타 인지적인 사고를 할 수 있도록 다양한 방식으로 융통성 있게 수업을 전개해 가는 것이다.

홀리스틱 교육은 다른 수업과 차별화시켜 단적으로 '이것이다'라고 할 수 있는 것이 아니라, 기존의 수업방식을 모두 포용하여 살려 가려는 것이다. 즉, 홀리스틱 학습에서 변용단계는 가장 포괄적인 반면 전달단계는 가장 국부적인 것이라 할 수 있다. 종래의 전달수업이나 교류수업을 통합하여 그 치우침이나 단편성을 보충하는 것으로 균형(balance)을 이루고자 하는 것이고, 홀리즘에 기초한 전체의 관련성(connection)을 근저로 하여 개인과 세계에 변용이 일어나게 하는 수업이라 할 수 있다. 또한 생명체의 성장 리듬을 잘 알 수 있도록 자연과 생태계의 흐름을 알고 공존의 의미를 감지할 수 있는 지구소양 · 지구 생태계 교육, 인간성 교육, 정신성 교육, 전 지구적 교육의 전개를 통해 전체론적이고 세계론적인 인간을 육성하고자 하는 것이다.

이 세 가지 입장과 학과통합 사이의 관계에서 우리는 홀리스틱 교육비전의 전망과 확장과정을 파악할 수 있다. 현재의 우리는 원자론적인 관점의 제한적 범위에서 탈피하여, 실세계와 관련된 살아 있는 경험과 지식 및 개념 사이의 관련성을 입증하는 포괄적인 관점에서 전체론적인 의식의 전환을 시도하고 있는 것이며, 이것은 매우 의미 있는 행동이다.

전체 교육과정은 통합학문 접근을 위한 구성체제를 제안한다. 전달수준에서 학습은 다른 과목의 내용과 연관지어 통합할 수 있다. 고대 그리스 학습에서도 역사적인 시기에 대한 학습에 예술과 문학이 포함되어 있다. 교류수준에서의 통합학문은 문제해결력과 탐구를 기초로 한 접근을 통해 도움을 받을 수 있다. 그리스 교육에서는 학생들에게 다양한 과목과 학과를 연계하도록 문제를 제시한다. 문제해결 모형과 생각하기 기술 섭근은 딤구과정에 기여하는 단계별 연속학습에도 도움을 준다. 또한 문제는 문제해결과정에서 직관을 통합시키는 변화수준에서 나타날

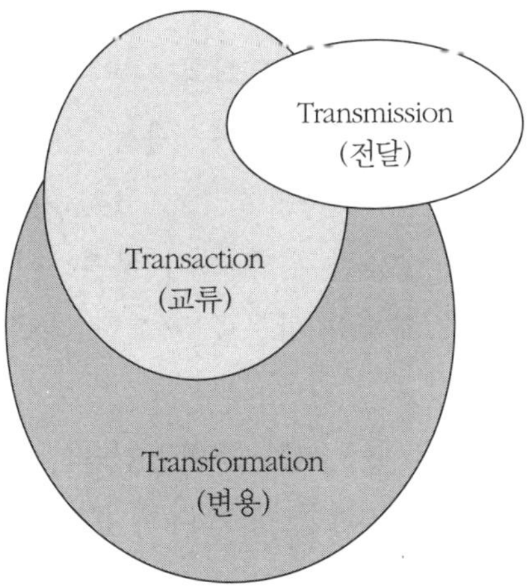

[그림 8-4] 홀리스틱 학습의 포괄성 · 통합성(inclusiveness)

수 있다. 변용수준에서 교사들은 학생들이 큰 상황에서 정보를 재구성할 수 있게 하는 통합유형을 찾아야 한다. 예를 들어, 대칭(조화)은 미술과 수학, 과학을 연계하는 데 유용하다.

티에센(D. Thiessen, 1989)은 세 가지 입장과 학과의 통합 사이에 다음과 같은 관계를 제안하였다. 전달의 입장은 각 분야의 특수성만큼 각 전문 분야의 협력을 중요시하여 주제를 다른 과목을 통해 조사·연구한다. 그러나 과목 통합이나 연결은 시도하지 않는다. 교류의 입장은 질문이나 문제가 다른 과정과 전망을 통하여 탐구되었을 때 통합학문으로 보일 수 있다. 변용수준의 통합은 경험이 개인과 사회, 교육적 의미를 위해 탐구되는 초월적 학과다. 이 수준에서 학생들은 개인적인 수준에서 자신을 연관짓고, 사회적인 수준에서 다른 사람들과 연관짓는다. 또한 학생들은 특별한 학과의 결합이 아닌 주제나 문제를 탐구한다. 예를 들어, 인간적 주제와 인간적 과정은 통합의 탐구에 대한 접근으로서 유익한 소재다.

인간적인 주제는 언어, 정신, 문화와 같은 인간적인 부분에 초점을 맞춘다. 또한 광범위한 주제는 과목 통합에 도움을 주는 방향으로 사용될 수 있다. 파크(P. Park, 1983)는 어떻게 주제가 과목 통합적 연구에 사용될 수 있는지 설명하며, 어느 한 교사가 어떻게 보수적인 지역의 방문을 포함한 과목을 시작했는지 안내하고 있다.

파크는 또한 주제의 연구에서 통합발전을 위한 안내를 제시한다. 첫째, 교사들은 적어도 2개의 다른 분야의 특별한 물건이나 그림을 2~3개 제시한다. 둘째, 교사와 학생들은 흥미가 있거나 배경지식이 있는 주제에 관심을 갖는다. 이 배경지식에서 교사는 학습성취를 기대할 수 있도록 학생들을 발전시킨다. 유사하게 교사는 학생들이 수행할 수 있는 질문으로 구체화한다. 파크는 “만약 학생과 교사가 연구의 하위 주제나 질문으로써 구체화할 수 없다면, 결과는 학생들을 혼란하게 할 수 있고, 교사들을 실망하게 할 수 있다(P. Park, 1983: 90).”라고 말한다. 셋째, 학생들은 자료수집기술 훈련이 필요하다. 예를 들어 학생들은 본문을 통해 핵심 요점을 정리할 수 있고, 관련 자료를 찾아보고 사용할 수 있다. 또한 면접기술은 자료수집 과정의 부분으로써 필요하다. 마지막으로, 학생들은 자료를 분류하고 조직하여야 한다.

2. 원효의 삼혜교육방법과 홀리스틱 교육

신라의 고승 원효는 평생 ‘상구보리 하화중생(上求菩提 下化衆生)’의 길을 걸은 신라의 빛으로, 후일 고려에서 원효보살, 원효성사, 화쟁국사로 칭해지며 추앙 받았다. 원효의 저술은 중국과 일본 불교에 큰 영향을 끼쳤으며, 중국인들은 원효를 해동법사(海東法師), 효공법사(曉公法師)라 부르며 존경하였다.

원효의 사상은 한마음(一心), 무애(無碍), 화쟁(和爭)사상으로 요약할 수 있다. 한마음(一心)이란 인간 본연의 참자아요, 우주의 실체로 여래장(如來藏) 또는 일법계(一法界)라고도 불린다. 금강삼매경론은 귀일심원(歸一心源), 즉 한마음의 근원으로 돌아가는 일미관행(一味觀行)의 실천수행의 길을 제시한다. 한마음은 무애하여 이(理)와 사(事)의 세계에서 한 맛(一味) 혹은 한 깨달음(一覺)을 얻는다. 진여문과 생멸문, 이와 사, 진과 속의 세계를 자유자재로 뛰어넘는 것이 무애(無碍)사상이다. 한마음은 화쟁(和爭)사상으로 이어진다. 한마음은 유와 공을 융합하여 중도의 논리로 이견들이나 이설들을 회통(會通) 혹은 화쟁(和爭)시킨다. 원효는 경이나 논을 주석하면서 견해의 차이가 보일 때에는 그 근본 의도를 잘 파악하여 이를 화쟁(和諍)시키고 있다. 그의 저술인 『십문화쟁론(十問和諍論)』에서 말하기를 "이론이 구름같이 분분하여 마침내 황하(黃河)와 한수(漢水)를 이루었다. 유를 미워하고 공을 좋아하는 것은 마치 나무를 버리고 수풀로 나아가는 것과 같다. 비유하자면 청색과 남색이 체(體)를 같이하고, 얼음과 물이 그 근원을 한 가지로 하고, 거울이 만 가지 형체를 용납하는 것과 같다."고 하였다.

원효는 『금강삼매경론』에서 본각이익(本覺利益)에 의해 자리이타(自利利他)를 얻은 참된 사람이 되는 것을 강조하며, 아집과 편견에서 벗어나는 실존적인 자기 실현의 호소, 인간 개개인이 스스로 한마음의 근원에로 되돌아가기를 호소하는 한마음(一心)사상을 강조하고 있다. 원효에 의하면 이상적인 인간상이란 '각자(覺者: 깨달은 사람이자 깨닫게 함)'다. 원효는 한마음을 무애(無碍)하게 인출(引出)하는 교육사업으로 문혜(聞慧: 스승의 교훈을 듣고 그대로 따라가는 지혜), 사혜(思慧: 듣고 배운 바를 스스로가 생각해서 옳다고 믿게 되는 지혜), 수혜(修慧: 얻어진 지혜를 실천을 통해 체득해 가는 지혜)의 삼혜(三慧)를 제시하고 있는데, 이 삼혜는 존 밀러(1996)의 전달(transmission), 교류(transaction), 변용(transformation)의 'triple-trans'[1]와도 상통하는 바가 있다([그림

1) 'triple-trans'는 2001년 캐나다 토론토 대학에서의 논문발표시 저자들이 명명한 것이다.

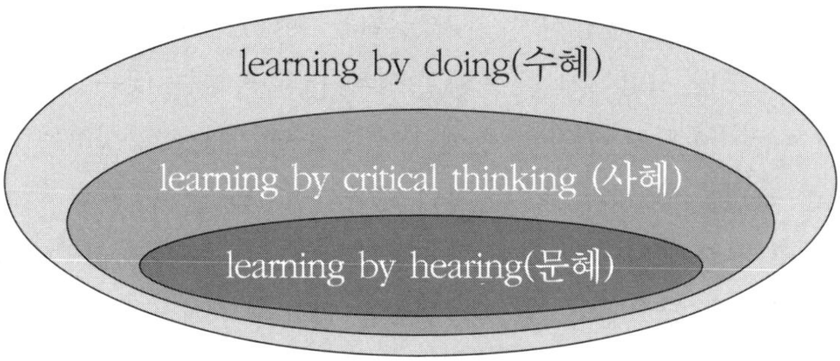

[그림 8-5] 삼혜(문혜-사혜-수혜)의 상관관계도
(Wonhyo' s triple-wisdom/triple-learning)

8-5] 참고). 수혜는 문혜와 사혜를 포함하는 전인적 심신교육·수련이다(송민영, 2001a).

원효가 제시하는 삼혜교육은 'triple-wisdom' 또는 'triple-learning' 으로 나타낼 수가 있다. 즉, 문혜는 'wisdom of listening or learning by hearing', 사혜는 'wisdom of critical thinking or learning by critical thinking' 으로, 그리고 수혜는 'wisdom of discipline or learning by doing' 으로 표현될 수가 있기 때문이다. [그림 8-4]와 [그림 8-5]를 참고하여 존 밀러의 'triple-trans' 와 원효의 'triple-learning' 을 비교해 보는 것도 매우 의미 있다.

특히 원효는 이 삼혜의 실천을 위한 전제조건으로 학생의 애지정신(愛智精神)을 강조하고 있으며, 한마음의 교육작용에서는 기능인으로서의 교사의 태도보다 실존적 인격인으로서의 자세를 요구하고 있다. 인격적인 교사의 태도는 전인교육을 가능케 하는 변인으로, 진여한 마음이 모든 인간의 자각을 위한 외적 계기 곧 교육환경이 되어 훈습하는 것인 용훈습(用薰習), 한마음을 향해 자신을 훈습시켜 자기 실현을 꾀하는 것, 한마음의 가르침을 모든 사람에게 깨우쳐 각성자가 되게 하는 것을 요구한다. 이것이야말로 인간의 지혜와 힘으로써 인간을 형성하는 행복한 교실을 만드는 인간 본위의 교육사업이라 할 수 있다.

불교 경전에 나타나 있는 교육방법으로는 비유법, 대기법(對機法), 문답법, 감화법이 있는데, 원효는 인간을 이지적(理知的)으로 교도하는 방법으로 지식주입보다 깨달음을 촉구하고 지혜를 개발하는 것과 감화력으로 교육할 것을 제안하고 있다. 또한 『금강삼매경론』에서는 이입(理入: 한마음으로 돌아가는 일 = 歸一心源)과 행입(行入: 사람의 삶이 올바른 것이 되도록 이익을 주는 일 = 利益衆生)의 자리이타행(自利利他行)을 가르친다(Park, Young-Mann & Song, Min-Young, 2001a). 이에 의하면 원효의 교육방식은 교사와 학생의 한마음에 대한 상호 신뢰, 깨달음을 위한 정신교육과 더불어 교육방법과 내용이 자학자습에 기초한 것으로서 피교육자의 연령에 따른 구분이 아니라 자각의 정도에 따른 피교육자의 개성과 독창력, 창의적 기능의 계발을 꾀하고 있다. 또한 교사와 학생의 관계를 한마음에 기초한 절대평등의 전제 아래 전인격적인 상호 교호작용이 필요하다는 것을 암시하고 있다. 원효의 화쟁(和爭)의 논리는 교사와 학생, 교과와 교과 간에 상호 연관과 이해의 다리를 놓을 수 있을 것이다.

원효의 한마음사상은 전인교육으로 이어진다. 학교는 배우는 자 모두가 참된 의미로 배우고 전인적으로 성장하는 것을 촉진하는 장소여야 한다. 학습자는 가족, 이웃 사람, 지구, 우주 등과 깊은 관계를 맺고 그 관계를 풍요롭게 해 가는 일을 하여야 한다. 이 같은 사고방식은 페스탈로치, 프뢰벨, 듀이, 몬테소리, 슈타이너 등 선구적인 교육자들이 이미 역설하고 실천해 온 것들이다.

『EDUCATION 2000/홀리스틱 교육비전 선언문』에서 언급하고 있는 '참된 인간적 만남'이란 부버의 '나와 너의 만남'에 대응하는 것으로서 이 만남에서는 교육주체로서의 교사와 객체로서의 학생이라는 분리를 넘어선, 주객 미분의 전인적 · 응답적 호응관계에 열려 있는 정신태도를 필요로 한다. 홀리스틱 교육론의 의의는 이 같은 주객이원론을 넘어선 관계론에 기초한 것으로 참된 인간적 만남을 인격형성의 큰 변수로 제시하고 있다. 이러한 것은 전술한 원효의 사상에서도 볼 수 있는 바와 같이, 정신과학적 교육학 등에서 일찍부터 논의되고 있었는데도 근내의 합리적 · 과학주의적 사고의 규정에서는 비과학적이고 정신주의적인 것이라 하여 등한시해 왔다. 그러나 현재의 교육위기 상황을 진단해 볼 때 교육의 본질성 추구 및 행복한 교실 만들기를 위한 필수 불가결한 요소로 교사와 학생의 참된 인격적 만남이 선재(先在)되어야 하리라는 것은 분명하다.

9 통합적 사고로 이끄는 영성교육

홀리스틱 교육 계간지 『Holistic Educational Review』(현재는 ENCOUNTER—Education for Meaning and Social Justice—)의 초대 편집장으로 활동한 론 밀러는 저서 『What Are Schools For?-Holistic Education in American Culture』(1995)에서 미국적 이상 실현에 실패한 교육을 언급하며, 그에 대항하여 새로운 미국의 교육적 이상을 실현하려는 사람들이 홀리스틱 교육자라고 하였다. 특히 미국 교육은 민주주의 이상실현에 귀중한 차원이 되는 심미적, 표현적, 영성적 차원의 인성교육에 실패했기 때문에 새로운 시대에 이 시대를 영도할 새로운 교육비전을 홀리스틱 교육이 제시한다고 하였다.

또한 『홀리스틱 교육과정(Holistic Curriculum)』(1996)의 저자 존 밀러는 캐나다 토론토 대학 OISE에서 '교육에서의 영성(Spirituality in Education)' '명상실천가로서의 교사(The Teacher as Contemplative Practitioner)' 등의 강좌도 개설하고 있고, 라틴아메리카의 나바(R. G. Nava)는 『Holistic Education— Pedagogy of

Universal Love』(2001)에서 '홀리스틱 교육의 영적 토대(the spiritual foundation of holistic education)'에 대해 언급하고 있으며, 2001년 토론토 대학에서의 홀리스틱 국제회의에서 주제 강연한 무어(T. Moore)의 『영혼의 보살핌(Care of the Soul)』(1992)은 뉴욕타임즈 베스트셀러다.

2001년 6월 교토 심포지엄에서 존 밀러는 '교육과 영혼'에 대하여, 또 동경대학 교수인 니시히라나오시(西平直)는 저작물 『혼의 라이프사이클－융, 윌버, 슈타이너(魂のライフサイクル)－ユング, ウイルバー, シュタイナー』(1997)와 관련하여 '자아와 영혼의 관계성'에 대한 강연[1]을 하였다.

홀리스틱 교육에 철학적 토대를 제공하는 헉슬리(A. Huxley)의 '영원철학(perennial philosophy)' 사상은 영성적 전통(spiritual tradition)에 그 깊은 사상의 뿌리를 갖고 있다. 20세기에 와서 홀리스틱 교육자들은 영성적 개념에 자리하는 심층 심리학적 언어를 채택하였다. 그들은 우리 안에 있는 신성의 발현과 자아실현을 강조한다. 그것은 본질적으로 같은 것으로서 결국 교육의 목적은 모든 사람의 지적, 정서적, 사회적, 신체적, 예술적, 영성적 잠재 가능성을 꽃피우게 하는 것이라고 보았다(박영만, 2001).

영성교육의 홀리스틱 방향탐색은 교육의 변용(transformation)

---

1) 니시히라나오시는 원초적 본능에서 자아의식이 살아나고 다시 'non-being'의 상태가 되는 단계를 '한천'이 만들어지는 단계를 예로 들어 설명하는 '한천 이론'을 통하여 토론자(요시다아츠히코, 나카가와요시하루, 킨카유리, 존 밀러)들에게서 상상력 있고 재미있는 이야기를 많이 이끌어 냈다.

을 꾀하는 본질적인 작업으로 홀리스틱 영성교육은 학교현장과의 대화도 추구하여야 한다. 홀리스틱 영성교육 · 수련은 평생과정인데 특히 학창 시절 그것도 초등학교 시절은 인격도야와 세계관 형성에서 대단히 중요한 시기다.

홀리스틱 영성교육을 연구하며 다양한 교육의 장에서 가르치고 접목시킴으로써 행복한 교실 · 학교를 만들어 가는 과제를 수행하기 위해 최근 영성교육과 관련된 다음의 논문이 발표된 바 있다. 1)먼저 홀리스틱 영성교육이 동서양의 주요 전통들과의 대화뿐 아니라, 근현대 학문들과 학문 간 연계 연구(interdisciplinary study)를 통해 학문들 간의 긴밀한 상보적 협력, 건설적 비판 그리고 창의적 상호 변용(mutual-transformation)을 꾀해야 한다는 의미에서 '원효(元曉)의 한마음 교육사상과 존 밀러의 홀리스틱 교육사상과의 대화: 홀리스틱 영성교육을 향하여'[2]와 2) 'Wonhyo's One Heart-Mind(한마음, 一心, true Self) and Meditation on One Heart-Mind, as a Part of Holistic Education'[3]을 발표하였다. 3)또한 'Education and SQ: Toward a Holistic and Creative Curriculum'[4]

2) 2001년 6월 15일 한국교육학회 춘계 학술대회(공주대학교)에서 공동 발표하고, 한국홀리스틱교육실천학회 학술지 『홀리스틱교육연구』 제5집 제3호(2001년 9월)에 게재하였다.

3) 2년을 주기로 열리고 있는 'Holistic Learning: Breaking New Ground'의 세 번째 국제회의(The Third International Conference)가 2001년 10월 19일~21일 예년과 같이 캐나다 토론토 대학 OISE(Ontario Institute for Studies in Education)에서 있었다. 이 회의의 주제는 '교육에서의 영혼과 동반자의 탐색(Exploring Soul and Partnership in Education)'으로 세계 10여 개국에서 300여 명이 참석하였다. 여기에 저자도 참석하여 공동으로 「Wonhyo's One Heart-Mind(한마음, 一心, true Self) and Meditation on One Heart-Mind, as a Part of Holistic Education」라는 논문을 발표하였다.

를 통해 IQ, EQ에 더하여 SQ(영성지능)를 제안하였고, 영성교육을 통한 창의성 신장방안 및 홀리스틱 전인육성에 대한 제안도 하였다. 더하여 이의 실천을 위한 시도로 한국홀리스틱교육학회에서는 영성심신수련 전문가[5]에 의한 '홀리스틱 영성교육 · 수련'이라는 교장 특별연수와 교사연수 및 워크숍도 가진 바 있다.

홀리스틱 영성교육은 21세기 세계 교육문화의 한 주류를 형성해 가고 있으며, 무한한 가치와 교육의 변용을 위한 풍부한 잠재력을 간직하고 있다. 이러한 홀리스틱 영성교육을 학교현장에 심고 가꾸는 일은 우리 모두의 과제로, 여기에서는 통합적 사고로 이끄는 영성교육에 대하여 이론과 실천방향을 중심으로 살펴보고자 한다.

1. 영성지능(SQ)과 영성교육

1) 지능으로서의 영성

가치와 의미를 찾지 못했을 때 인간의 삶은 공허하고 부질없어진다. 우리는 자신이 하고자 하는 일에 의미와 가치를 부여하

---

4) 2001년 10월 25~26일 서울대 호암컨벤션센터에서 열린 'Understanding Educational Issues in the Asia Pacific Region: Universals, Uniqueness, and Cooperation' 에서 공동 발표하였다.

5) 박영만 박사(Princeton Theological Seminary, Th. M; Graduate Theological Union at Berkeley, Ph. D in Spirituality)는 버클리와 뉴욕에서 'Spirituality: East & West' 'Psychology & Spirituality' 'World' s Religions and Spiritualities' 'Zen, Taoist Yoga and T' ai Chi Chuan' 등의 내용을 대학이나 대학원 과목으로 개설하여 가르쳤는데, 한국 홀리스틱 교육학회의 영성교육담당이사로 있었다.

고자 하며 자신의 삶을 더 큰 맥락에서 찾고 확장하고자 한다, 약 200만 년 전 인간을 원시숲에서 나오게 한 것도 바로 이러한 가치 추구에서이며, 학자들은 의미에 대한 욕구가 상징적 상상력과 언어의 진화 그리고 인간 두뇌의 성장을 가져왔다고 한다. 사람이 행복하다 또는 행복하지 않다고 느끼는 것은 '소크라테스적 대화'와 같이 스스로의 선입견을 지적인 대화를 통해 없애는 과정처럼 그 무한정하게 열려 있는 끝없는 동굴을 탐색하는 것과도 같은 것이다. 이로써 인지적인 수준을 넘어 '영성에의 배려'를 통해 심오해지고 명확해져 가는 것이다.

20세기 초에 중요한 쟁점이 되었던 IQ(지능지수)에 더하여 1990년대 중반 골먼(D. Goleman)은 『Emotional Intelligences』(1995)에서 EQ(감성지능)를 이야기하였고, 다른 사람의 감정을 인식하고 고통이나 즐거움에 적절하게 반응하는 능력을 갖는 EQ는 IQ를 효과적으로 활용하기 위한 기본적인 조건이라는 것이 많은 신경학자, 심리학자들에 의해 연구되었다. 그러나 현재의 사회상황이나 교육현실을 직시해 볼 때 IQ, EQ 외에 무엇인가 보충되어야 할 것을 느끼는데, 그것이 바로 근래에 주목되기 시작한 'SQ(영성지능)'다. SQ는 IQ와 EQ가 효과적으로 기능하는 데 기본이 되는 '인간의 궁극적 지능'이라고도 한다.

SQ(영성지능)는 'spiritual quotient'를 의미하는데, 'spiritual intelligence'(K. A. Khavari, 2000)라는 말도 쓰인다. 'Soul'에 대해 『The Cambridge Dictionary of Philosophy』(1999)에서는 "Soul, also called spirit…"라 되어 있고, 홀리스틱 교육론자들이나 영성교육을 논하는 이들도 soul과 spirit을 뚜렷이 구분하지 않고 사용하는 경우가 많다. 무어는 『마음의 교육(The Education of the Heart)』(1996)에서 'soul의 재발견(the rediscovery of the soul)'을 언급하면서 'spirit and soul'에 대한 직접적인 구분보다는 다양한 이미지를 제시하고 있다.

하버드 대학의 심리학자로 우리나라에도 와서 강연을 한 하워드 가드너(H. Gardner)도 영성지능은 지능의 중요한 부분이라고 이야기한다. 그는 저서 『마음의 틀들: 다중지능 이론(Frames of Mind: The Theory of Multiple Intelligence)』(1983)에서 사람은 언어적 지능, 논리 수학적 지능, 음악적 지능, 신체운동적 지능, 공간 지능, 대인관계지능, 대자관계지능(linguistic, logical-mathematical, musical, bodily-kinesthetic, spatial, interpersonal, intrapersonal intelligence)의 일곱 가지를 이야기하였는데, 여기에 더하여 근래에 자연지능, 영성지능, 실존지능(naturalist, spiritual, existential intelligence)을 첨가하였다(Gardner, 1999). 특히 영성지능에 대하여 가드너는 『21세기를 위한 다중지능/재구성된 지능(Intelligence Reframed Multiple Intelligence for the 21st Century)』(1999)의 '추가되는 지능은?(Are there Additional Intelligences?)' 이라는 장에서 '우주적 혹은 실존적 이슈에 대한 관심으로서의 영성(spiritual as concern with cosmic or existential issues)/존재의 상태를 실현하는 것으로서의 영성(spiritual as achievement of a state of being)/타인들에 대한 영향력으로서의 영성(spiritual as effect on others)' 등을 다룬다.

2) 영성지능과 영성교육

나바(2001)는 『Holistic Education—Pedagogy of Universal Love』에서 '교육과 영성(Education and Spirituality)'을 다루면서

"우리들 안에는 영성이 있는데, 잠을 자고 있기 때문에 인식하지 못하고 있다(The Spirit is within us. We are not aware of the spirit, because we are asleep)."라고 한다. 교육을 통해 모두의 마음속에 있는 영성을 'educare(끌어내다, 불러 깨우다)' 할 필요가 있다.

격월간지 『정신세계 18호』(2001. 11.)는 '자녀교육, 이제는 영성이다' 라는 특집호를 발간하고, 21세기의 새로운 공모로 '영성교육' 을 이야기한다. 인간 안에 있는 심원한 차원인 영성을 건드려 주면 그때 초월적인 세계도 보게 되고 궁극적인 삶을 생각하게 되므로 교육도 영성에 주목해야 한다는 것이다. 영성과 삶이 둘이 아니었듯이 영성과 교육은 본래 둘이 아니었으므로 다시 하나로 보아 인간의 참모습을 찾고 인류의 진보에 기여해야 한다는 것이다. 아이들이 이 세상에 존재하는 이유를 물어 어른의 동반자로서 이 시대를 새로운 문명으로 이끄는 추진체이자 안내지임을 알게 해야 한다는 것이다.

존슨(A. N. Johnson, 1999)은 『교육과 영성에 대한 포스트모던의 관점(A Postmodern Perspective on Education and Spirituality—Hearing Many Voices)』에서 영성과 교육을 다음의 여덟 가지로 정리하고 있다. ① 종교로서의 영성(spirituality as religion) ② 의미창출로서의 영성(spirituality as meaning making) ③ 자기 반성으로서의 영성(spirituality as self-reflection) ④ 신비적 앎으로서의 영성(spirituality as mystical knowing) ⑤ 정서로서의 영성(spirituality as emotion) ⑥ 도덕성으로서의 영성(spirituality as morality) ⑦ 생태로서의 영성(spirituality as ecology) ⑧ 창의성으로서의 영성(spirituality as creativity)이 그것이다. 존슨(1999)은

'창의성으로서의 영성'에서 "나에게 영성이란 우주 혹은 하나님(혹은 당신이 그것을 무엇이라고 부르든지)의 창의성·창조성을 의미한다."라고 말한다.

영성교육은 참다운 자아를 찾고 자신의 삶에 참된 의미를 부여하는 행복한 인간을 육성하게 될 것이다. 카버리(K. A. Khavari, 2000)는 『영성지능(Spiritual Intelligence—A Practical Guide to Personal Happiness)』에서 영성지능의 탐색을 통한 개인의 행복실현방법에 대한 안내를 한다. 그는 '행복 추구(the search for happiness)'를 위한 기본 전제로 행복론과 영성지능에 대해 언급하며, 영성과 행복을 관련지어(spiritual and happiness) 자신의 영성을 테스트하고 이해하여 행복해질 수 있는 방법을 모색하도록 이끈다. 또한 다음과 같은 언급을 통해 영성지능과 행복의 유기적인 관계를 한층 강조하고 있다. "행복에의 길 안내이며 동시에 행복의 원천인 제3의 지능이 있다. 영성지능은 우리의 비물질적인 차원, 곧 인간 영혼의 작용이다. 영성지능은 우리가 환경 때문이 아니라 (한계적) 환경에도 불구하고 행복할 수 있는 힘을 준다."[7)]

시네타(Sinetar, 2000)는 '영성지능과 창조적 과정(spiritual intelligence and the creative progress)'에 대해 논한다. "영성지능은 영감을 받은 생각이다. 그것은 빛이요, 잠자는 아름다움을 깨

---

7) "There is a third form of intelligence which is both a guide to happiness and its source. Spiritual intelligence is the faculty of our non-material dimension the human soul. Spiritual intelligence empowers us to be happy in spite of circumstances and not because of them." K. Khavari(2000). *Spiritual Intelligence: A Practical Guide to Personal Happiness*, p. 23. Ontario, Canada: White Mountain.

우는 생명의 입맞춤이다. 그것은 어느 상황에서든 모든 연령의 사람들에게 활기를 불어넣는다. … 기도, 묵상 그리고 다른 명상적 훈련들은 평화를 해방시킨다. 왜냐하면 이것들을 통해서 우리가 평화를 체험하기 때문이다. … 본질적으로 변화시킬 수 있는 것만 우리는 변화시킬 수 있다. 변화시킬 수 없는 것과는 더불어 살아야 하지만, 영적으로 그것을 초월하여 살 수 있다."[8)]

영성(SQ)교육은 통합적 사고로 이끌어 창의적이고 통합적인 전인(全人)을 양육한다. IQ나 EQ 혹은 그 둘의 결합만으로는 인간 지능의 복잡성을 완전히 설명할 수 없을 뿐 아니라 인간 영혼과 상상력의 무한한 가능성을 설명하기도 어렵다. 컴퓨터는 IQ가 높기 때문에 규칙을 이해하고 오류 없이 그러한 규칙을 따르며, EQ가 높은 동물들은 종종 상황을 인식하고 잘 반응한다. 그러나 컴퓨터나 동물들은 왜 이러한 규칙이나 상황이 있어야 하는지, 그것들이 변화·개선될 수는 없는지에 대한 본질적인 의문을 제기할 수 없다. 컴퓨터나 동물들은 한계 안에서 '제한 게임'을 하는 것이다. 그러나 SQ는 인간이 창조적일 수 있게 하

---

8) Spiritual intelligence is inspired thought. It is light, the kiss of life that awakens our sleeping beauty. It animates people of any age, in any situation … It's inspired drive and effectiveness, the 'is–ness' or aliveness of divinity of which we're all a part … What we need is an infusion of spiritual intelligence. Intimacy with the Spirit is no intellectual exercise, although faith is involved. Prayer, meditation, and other contemplative disciplines liberates peace because, through these, we experience peace. Only the Spirit within lifts the fear and blame that separates us from the compassion we yearns to feel and to give …… In essence, what we can change we change. What we can't, we live with yet, spiritually, rise above.

며, 규칙을 바꾸고 상황을 개조할 수 있게 한다. SQ가 있기 때문에 인간은 한계 자체를 인식하며 무제한 게임을 할 수 있는 것이다. SQ와 EQ의 주된 차이는 SQ 특유의 변화력에 있다. 또한 뇌의 IQ는 순차적 사고를 하고, EQ는 연합적 사고를 하며, SQ는 통합적인 사고를 한다고 한다. 인간은 의미의 피조물이며, 이러한 진보적인 인간의 능력에서 찾아 볼 수 있는 한 가지 공통점은 상황에 대한 반응을 파악하는 통합감각이다. 이해란 본질적으로 전체적(holistic)이다. 즉, 부분적 요소들을 연결하여 전체적인 맥락을 파악하는 능력인 '통합적 사고' 인 것이다(Donah Zohar & Ian Marshal, 2000).

2. 홀리스틱 교육에서 추구하는 영성교육

1) 홀리스틱 교육비전 제10원칙: 영성과 교육

홀리스틱 교육이 추구하는 비전에 대하여 1991년 6월 GATE 총회에서의 검토를 거쳐 8월에 발표된 『EDUCATION 2000/홀리스틱 교육비전 선언문』에 제시된 홀리스틱 교육비전 제10원칙은 '영성과 교육' 이다. 즉 홀리스틱 교육에서는 생명 · 생태교육, 정신성(영성) 교육, 인간성 교육, 전 지구교육, 참여민주주의 교육 등이 강조되고 있는데, 비전 선언문 10가지 중 제10원칙에서는 우주와의 영적 · 정신적인 관계에 근거한 의미와 가치에 대해 다음과 같이 언급하고 있다.

영성과 만나고 영성과의 고리가 깊어지면 다음과 같은 것이 명확

> 해진다. 자기와 타인은 깊은 곳에서 관계를 맺고 있다는 것, 일상의 아무것도 없는 생활 속에도 명확한 의미와 목적이 있다는 것, '생명'은 전체이자 하나로 그 속에서는 모든 것이 서로 돕고 있다는 것, 현대 생활의 분주함이나 스트레스나 과도한 자극에 좌우되지 않는 한때, 무언가를 창조하는 것에 대한 충실감, '생명'의 신비에 대한 깊은 외경의 염 등(GATE, 1991: 8).

홀리스틱 교육론자들은 개인, 사회, 민족문화, 인류, 지구와 계층질서의 차원, 우주(코스모스)와 관련하여 홀리스틱 이론에서 가장 논의의 여지가 있는 가장 본질적인 것으로 '인간 존재의 영적 · 정신적 차원'을 지적하고 있다. 또한 빅뱅에 의한 우주 창조 이후 수많은 진화의 과정을 거쳐 이어져 온 우주 속에서 서로 조화를 이루어 가며 부족함이 없는, 그러나 실제적으로는 전체를 조망할 수 없는 암묵의 숨겨진 질서와 모든 것을 서로 연결시켜 창조적으로 세계를 생성해 가는 관계성, 그 관계를 창조적으로 진화시키고 있는 원리 그 자체를 '영성 · 정신성'이라 부른다. 더하여 융(C. G. Jung)의 '보편적 무의식'이나 매슬로우(Maslow)의 '고차원의 자기' 등 심리학적 개념이나 다양한 종교적 정신적 전통 속의 초월적 존재와의 관련을 지적하면서 그것을 설명한다(ホリスティック教育研究会, 1995).

우주와 자기와의 근원적인 관계를 자각할 때 흔들림 없는 의미나 가치가 생기는 것이라면, 그 같은 정신적인 자각은 의미나 가치를 지향하는 교육에서 역시 본질적인 핵심일 것이다.

2) 홀리스틱 교육론자들의 영성교육에 대한 견해

만약 내부의 비판적인 교육자에게서의 질책을 받아들이지 않았다면 홀리스틱 교육론은 '신비주의' 적 경향이 너무 강하여, 또는 적어도 그와 같은 외재적 평가를 받아 현재와 같은 폭넓은 역동성을 잃어버렸을 것이다. 존 밀러를 비롯한 많은 홀리스틱 교육론자들은 근대 교육에서는 부정적인 의미에서의 '신비주의' 라고 하는 낙인에 의해 등한시되어 온 영적 · 정신적 차원을 다른 교육사상의 계보와 대화 가능한 언어로 이야기하며 그 의의의 공유를 추구하고 있다.

존 밀러는 『The Holistic Curriculum』(1988)에서 홀리즘의 철학적, 사회적 배경과 함께 종교적, 심리학적 배경을 다루면서 기독교, 유대교, 불교, 힌두교, 이슬람교 등 세계의 종교를 치우치지 않고 다루며, 카발라나 선, 수피 등의 신비주의적인 유파 간의 차이점보다는 유사점에 주목하고 그 공통성 등을 다루며, '우리들 영성의 중요성을 인식하고 대아에 이르는 다양한 방법' 을 모색하고 있다. 그리고 그것을 융의 대아(Self)를 포함한 마음의 개념도나 정신통합(psychoosynthesisi)의 창시자 아사지올리(R. Assagioli)의 초개인적 자기(transpersonal self), 초개인 심리학의 주요 인물인 윌버(K. Wilber)의 의식의 스펙트럼(spectrum of consciousness)을 통해 해석하고 있다. 존 밀러의 저서 『명상 실천가 교육과 전문직에서의 명상(The Contemplative Practitioner Meditation in Education and the Professions)』(1994)은 이를 주체적으로 시도한 것이다.

지(知)의 다양한 수준 간의 균형을 건전하게 유지하는 것은 매우 중요한 일이다. 홀리스틱 논자들 중에는 직관이나 영적 · 정신적 방법에 의한 이해의 중요성을 너무 열심히 주장한 나머지 논리적인 지성을 움직여 현실을 분석하고 비판하는 도구를 버리는 일이 적지 않다(R. Miller, 1993). 이러한 문제경향은 교육실천 장면에서의 소위 지육에 대한 태도의 취급방식에서 자주 논의된다. 지(知)·정(情)·의(意) 또는 신체(身體, body)·감정(感情, heart)·사고(思考, mind)·정신(精神, spirit)의 균형 잡힌 전인(全人, whole person)교육은 홀리스틱 교육의 중심적인 주장이며, 우뇌(右腦)·좌뇌(左腦)의 전뇌교육이나 직관·이미지·논리적 지성의 결합인 다원적 지성교육 또한 그러하다. 결코 지성이나 사고를 경시하거나 반대하고 있는 것은 아니지만 '지성파와 감성파의 쓸데없는 대립'은 종종 일어나고 있다(吉田敦彦, 1999).

홀리스틱 교육론자들은 일반적으로 특정 종교 교의나 용어에 치우치는 일 없이 '영성·정신성'을 이해하고 설명한다. 근대의 탁월한 교육(학)자인 페스탈로치, 프뢰벨, 몬테소리, 슈타이너 등 수많은 이들이 교육에서 소위 '종교성'의 의의에 대해 언급해 왔다. 이들은 특정 종교의 배타적이며 근본주의적인 도그마(dogma)를 강요하는 것과는 거리가 멀고 종교성이 지니는 긍정적인 측면을 배양하려 한다. 인류의 과반수인 종교인이나 비종교인 모두 영성교육을 필요로 한다. 미션스쿨에서는 종교성을 잘 살려 영성교육에 도움을 줄 수 있고, 일반 학교에서는 특정 종교가 아닌 일반적 영성교육을 실시할 수 있다.

3) '생명—참된 자아, 영혼'을 외경하고 가꾸는 홀리스틱 영성교육

초월적인 영성·정신성의 차원을 표현하기 위해서 '우주'와 함께 잘 언급되는 것이 '생명(生命)'이라는 개념이다. "인간의 가장 중요

> 한, 가장 가치 있는 핵심은 각자의 내부 깊은 곳에서 작용하고 있는 '생명—참된 자아, 영혼'이라 불리는 것이다. … 교육은 '생명'과의 정신적인 유대가 건강하게 자라도록 운영되어야 한다. 교육의 중요한 역할의 하나는 '생명'에서 모든 것이 관계 맺고 있다는 것을 자각할 수 있게 하는 것이다"(GATE, 1991).

생명은 실체론적으로는 이해할 수 없으며, 생명 그 자체를 추출하여 전망할 수도 없다. 단지 생태계의 전체로서의 조화나 지구 또는 우주탄생 이후의 일관된 생명의 창조적 진화를 고려할 때, 그 생명의 커다란 연쇄성을 관련지어 조화롭게 하고, 그것도 다양성과 복잡성을 더해 가면서 전체를 갱신해 가는 역동적인 작용 그 자체를 생명이라 부를 수 있다.

홀리즘(holism)은 분할과 단편화의 패러다임에 대치되는 편향된 환원주의적 접근에 조화를 이루게 하는 것으로, 우주 안에 있는 모든 것이 눈에 보이지 않는 통일성 내지는 전체성에 의해 결합되어 있다고 생각하는 '영원철학(perennial philosophy)' 사상에 근원을 두고 있다. 이 영원철학과 홀리즘의 기본적인 사고방식 속에서 존 밀러(1996)는 ① 우주는 근원적으로 하나이고 모든 것이 다른 것들과 이어져 있는 것이 실상이며, ② 내적인 자기와 통일성 있는 우주는 깊이 이어져 있다고 하였다. 또한 ③ 이 '이어짐'은 조용히 영혼과 대화하는 묵상이나 명상을 통해 직관적으로 통찰할 수 있다고 하여, 직관에 이르게 하기 위해 묵상이나 명상 등은 제안하고 있다. ④ 가치나 의미는 실상에 눈떠 그 '이어짐'을 자각하는 것에서 생겨나는데, '이어짐'이야말로 도덕성을 이루는 기초를 제공해 준다. ⑤ 사회의 부정이나 곤란에 대적하는 불굴의 행동은 이 '이어짐'이 인간에게 자각될 때, 즉 자신은 모든 존재의 근원적 통일성의 일부라고 하는 것을 자각한다면 거기에서 필연적으로 타인과의 관계나 타인의 생명에 대한 책임도 느끼게 된다는 것이다(송민영, 1998b).

이러한 영원철학에 근거한 생명에의 염원은 '인간 경험의 전체성'과 '영적 · 정신적 세계관'을 추구하고 있는 론 밀러의 『What Are School for?-Holistic Education in American Culture』(1990)에서도 잘 나타나고 있다. 즉, 교육이란 이 커다란 '생명'의 흐름 속에 들어가 인간이라는 형태를 갖고 생명이 생성 · 변화해 가는 과정을 자각적으로 운영하는 것으로, 교육의 변혁은 자기 변혁에서부터 시작된다고 한다.

"모든 사람은 인간의 형태를 갖고 있는 성스러운 영적 · 정신적 존재이며, 그 개성을 천부의 재능이나 능력, 직관이나 지성을 통해 표현하고 있다(GATE, 1991)." 이 신성한 영성 · 정신성은 육체나 감정, 지성이 성장하도록 그 자신 또한 자라 간다. 정신이 자람에 따라 인간은 자기 자신과 또 타자와 깊이 만나게 되며, 나날의 생활에 의미와 목적을 느끼게 된다. 이 같은 영성 · 정신성을 잃어버리면 자신이 자신을 파멸의 구렁텅이로 빠뜨리는 결과를 낳게 된다. 마약이나 알코올 중독, 허무한 성행위, 범죄, 가정파괴와 학교에서의 집단폭력, 따돌림, 등교거부, 비행, 자살 등은 타인과의 관계나 생명의 신비, 살아가는 것에 대한 의미를 보지 못하는 것에 기인한 결과다.

홀리스틱 교육에서의 영성 · 정신성, 생명의 관계성에 대한 강조는 자신과 타인에 대한 책임감도 길러 준다. 이 책임감은 의무에 의한 것이 아니라 자기 자신이 그 관계 속에 있다고 느끼는 것에 힘을 얻어 거기에서 자연스럽게 솟아 나오는 것으로, 이는 타인의 아픔을 함께 느끼고 도와주고자 하는 이타심과 통하며 이타실천을 생활화하도록 이끈다. 요컨대 홀리스틱 영성교육은 영성과 생명, 개인과 사회를 의미 있고 가치 있는 방향으로 가꾸고 변용시킨다.

4) 영성교육의 원리

존 밀러는 그의 최근의 저서 『Education and the SOUL—Toward a Spiritual Curriculum』(1999)의 제9장 '변화와 영혼(Change and the Soul)' 에서 '영성이 충만한 배움의 원리들(principles of soulful learning)' 을 다음과 같이 요약하고 있다.

① 성과 속은 분리되지 않는다(The sacred and the secular cannot be separated).
② 속의 지배가 영적 생활을 억눌러 왔다(The dominance of the secular has led to a repression of our spiritual life).
③ 영혼에 대한 각성은 교육비전에 균형을 가져올 수 있다(An awareness of soul can restore a balance to our educational vision).
④ 다양한 커리큘럼과 가르치고 배우는 기법을 통해서 학생의 영혼을 육성할 수 있다. 예컨대 내면의 생활을 위한 커리큘럼, 예술활동, 지구교육, 봉사, 묵상 등이 그것이다(We can nourish the student's soul through various curriculum approaches and teaching/learning strategies).
⑤ 교사의 참되고 보살피는 현존이 학생의 영혼을 양육할 수

있다(The authentic and caring presence of the teacher can nourish the student's soul).

⑥ 영혼이 충만한 교육은 설명될 수 있어야 한다(Soulful education must be accountable).

⑦ 교사는 자신의 영혼을 양육해야 한다(Teachers need to nourish their own souls).

⑧ 학부모는 학생의 영혼을 양육하기 위해 많은 것을 할 수 있다(Parents can do much to nourish their children's souls).

이 원리들은 존 밀러 사상의 핵심을 요점적으로 잘 종합해 주고 있으며 홀리스틱 영성·정신성 교육을 지향한다. 이의 실천을 위해 그는 비파사나(vipassana, insight) 묵상을 20여 년간 수행해 오고 있다. 비파사나 묵상은 그 뿌리를 싯다르타(석가모니 부처의 이름)에 두고 있으니, 그런 의미에서 밀러는 원효대사의 후배 수행자라고 할 수 있다. 오늘날에는 불교인이 아닌 사람들도 비파사나 무상을 한다. 이는 마치 기독교에서 나온 센디링 기도(centering prayer)를 비기독교인들도 실천하는 것과 비슷하다(朴榮晩, 1999). 센터링이란 '자신 속에 중심(센터)을 갖기 위한 기법'으로서 시대의 격심한 변화에 동요하지 않고 유연하게 대응할 수 있는 마음과 몸의 중심을 찾고자 하는 것이다. 이는 자신의 중심(센터)에 대한 인식을 통해 생기 넘치는 감수성과 창조력, 깊은 정신성의 성장을 촉진하는 획기적인 수법이라 하여 일본의 홀리스틱 교육실천가나 트랜스퍼스널 심리학의 실천방법으로 많이 소개되어 있다(手塚郁惠 訳, 1998).

3. 교육사상가들의 영성교육에 대한 관심

여기에서는 저자가 그간 발표한 교육사상가들의 홀리스틱 교육사상 및 2001년 4월 '홀리스틱 교육과 관련 교육사상 탐색: 행복한 교실을 위한 홀리스틱 교육사상 탐색' 이라는 주제로 가진 한국홀리스틱교육학회 춘계 학술 세미나에서의 발표자료를 토대로 일부 사상가들이 갖고 있는 영성교육사상을 정리하고자 한다. 인간 내면의 깊은 정신성 혹은 영성을 일깨우고자 대화를 시도한 철인교사 소크라테스[9]를 비롯하여 다음의 학자들이 있다.

1) 영적 본질탐구에 노력한 슈타이너

초감각적 세계의 탐구를 위한 학문적 방법을 중시하고, 인간의 인식능력을 최대한으로 발전시키려는 인지학(Anthroposophy)은 슈타이너(Steiner, 1829~1910)가 평생 추구해 온 인간과 자연의 본질에 관한 인식론적 이해를 위한 이론체계이며, 1919년에 시작한 발도르프 교육의 이론적 토대가 되고 있다. 인간은 자신의 인식능력을 발전시킴으로써 세계와 인간 속에서 영적인 것의 본질을 탐구하려고 한다. 슈타이너에게 인지학은 어떤 가르침이나 이론이 아니라 정신적 · 영혼적 삶을 의미하고, 감각적 세계에 관한 것뿐만 아니라 초감각적 세계, 즉 현생은 물론 전생에 관한 것까지도 포함하여 이런 것들이 일생에 어떤 영향을 주는가 하는 것까지도 인식하는 것이다.

---

9) 제6장 3절 '소크라테스의 홀리스틱 교육사상' 을 참조.

슈타이너는 인간을 육체(body)와 영혼(soul)과 정신(spirit)으로 구성되어 있는 통합체로 본다. 육체는 감각을 수반하며 감각은 내적 세계를 경험하고 인식하는 수단이 되는데, 감각만으로는 영혼의 존재와 영혼의 세계가 존재하는 초감각적 영역을 인식할 수 없다. 정신을 통한 사고의 작용에 의하여 비로소 인간은 영혼의 세계를 인식하고, 영혼을 통한 경험에서만 가능한 물질세계의 신비함이나 심미적 가치가 부가된 보다 높은 차원의 모습을 인식할 수 있는 것이다. 인간을 물질적 · 육체적 차원에서만 본다면 한낱 고깃덩이에 지나지 않을 것이고, 영혼만 존재한다면 그 존재를 인식할 수 없을 것이다. 정신의 작용에 의하여 육체와 영혼의 연결이 가능하고, 육체와 영혼과 정신이 통합되어 하나의 전체로 작용할 때 비로소 참다운 의미의 인간 존재가 가능한 것이다.

일반적으로 영혼과 정신의 개념을 혼동해서 사용하기도 하나, 슈타이너는 이를 엄격히 구분한다. 쾌감과 불쾌감을 불러일으키는 인간의 가장 단순한 감정조차도 영혼 속에 있으며 이들이 내적 생활, 즉 영적 생활의 활력소이며 우리의 행동, 즉 의지의 활동을 통하여 외부 세계에 대한 반응을 자극한다. 육체는 외부에서부터 그 안에 자극을 받아들이는 영혼의 토대가 된다. 그러나 인간은 동물과 달리 그와 같은 감정과 자극의 노예가 되지 않는다. 즉, 인간은 그가 생각하는 존재로서의 정신적 특징을 나타낸다. 인간은 그의 지각에 관하여 생각함으로써 그의 환경에 관한 지식을 획득하며, 그의 행동에 관하여 반성함으로써 그의 삶에 합리적 통일성을 제공하는 힘을 부여받는다. 슈타이너에 의하면 우리가 자연적 필요에 의하여 지배되는 신체적 특징을 소유하고 있다는 사실, 즉 물질의 변화의 법칙과 우리가 사고의 법칙에 자신을 종속시키는 정신적 특성을 소유하고 있다는 사실 때문에 인간의 영혼은 이중의 필요에 직면한다. 그러므로 육체가 영적 삶의 기초가 되듯이, 영적 삶은 정신적 삶의 기초가 된다(박의수, 2001).

이러한 것들을 저자도 일본 쿄다나베(京田辺) 슈타이너 학교[10]와 토론토 발도르프 학교(Toronto Waldorf School)를 방문[11]하여 참관한 수업과 아이들의 생활 속에서 찾아볼 수가 있었다. 밀러는

---

10) 2001년 6월 10일 일본 교토에서 '생명의 이어짐을 살리는 국제 세미나(いのちのつながりを生かすセミナー)'가 일본홀리스틱교육협회(Japan Holistic Education Society, 이하 JHES라 칭함)의 주관하에 열려 저자도 발표를 부탁받아 참가하였고, 회의장에서 기차로 1시간 가량 걸리는 京田辺 슈타이너 학교도 견학하였다. 京田辺 슈타이너 학교는 JHES도 지원하여 2001년 4월 개교한 학교로, '홀리스틱 생명에 이어지는 교육 라이브러리 대망의 제1탄'이라는 슬로건으로 『생명에 근거한/일본의 슈타이너 교육』(いのちに根ざす/日本のシュタイナー教育, 2001)을 최근에 간행하였다. 京田辺 슈타이너 학교는 교실이라 할 수 있는 공간이 8여 개 있는 2층의 아담한 건물과 가정집의 뜰과 같은 작은 운동장이 있는 것이 전부인, 언뜻 보기에 학교라고 느껴지지 않을 정도의 일반적인 학교의 개념을 넘는 모습의 구조였다. 그러나 이 학교는 홀리스틱 교육에 관심을 갖고 있는 학부모들에 의해 세워진, 교육에 바라는 부모들의 의지가 담겨져 있는 그야말로 아이들의 영성을 양육하는 살아 있는 공간이라는 느낌을 구석구석에서 느낄 수 있었다.

11) 2001년 10월 22일 존 밀러 씨의 집에 모여 영국의 슈타이너 학교에서 가르치고 있는 블램피드(A. Blampied), 카렌라이크(Karenlike)와 함께 토론토 슈타이너 학교를 방문하였다. 40여 년 전 토론토에 슈타이너 학교를 만들어 발도르프 교육에 전념해 온 발도르프 교사교육 디렉터이자 교장격인 휴즈(D. Hughes)의 안내를 받아 풍요로운 자연 속에 지어진 '토론토 발도르프 학교'에서 자연과 혼연일체가 되어 기쁨의 노래를 부르고 있는 영성이 풍부한 아이들의 모습을 볼 수 있었다.

『Education and the SOUL』(2000)에서 '영성이 충만한 학교(the soulful school)'를 언급하면서 '발도르프 학교 역시 영성학교들의 좋은 예(Waldorf Schools are also good examples of soul schools)'라 하였다.

2) 윌버의 영성교육에 대한 관심

윌버는 『Sex, Ecology, Spirituality-The Spirit of Evolution』(1995), 『The Eye of Spirit-an Integral Vision for a World Gone Slightly Mad』(1997), 『The Marriage of Sense and Soul-Integrating Science and Religion』(1998) 등의 저서를 통해 영성과 정신성에 대해 논하고 있다.

윌버는 초개인 심리학(transpersonal psychology) 분야의 이론가로서 개인의 초개인 · 영성영역까지의 성장 · 발달 · 변용에 관해 의식 스펙트럼 모형을 연구하고, 진리에 대한 통합적 접근을 시도하고 있다. 윌버는 20대 초부터 연구 · 저술하는 참선 · 명상수련을 통해 시련을 극복하고서 영적으로 깨어나게 되었다고 한다. 그는 당시의 행동주의 심리학 · 정신분석 · 실존심리학의 혼란뿐 아니라, 초기의 초개인심리학에서도 동양 종교나 초의식에 관한 이론들이 난립된 상태를 목격하고는 이와 같이 혼란의 와중에 있는 모순된 심리학의 학설이나 교의를 통합 · 정리해 보고자 하는 생각을 갖게 되었다. 윌버는 인간 의식의 연구와 초개인심리학 분야에서의 대사상가로서 17권의 방대한 저서에 나타난 그의 철학 · 심리학 · 과학 · 종교 · 사회학 · 인류학 · 문화 · 예술 등의 사상은 동양 철학 · 영성과 '영원철학'에서 나온 '존재의 대사슬(great chain)'에 힘입은 바가 크다.

윌버는 인간의 내면의식이 의식의 스펙트럼의 모든 수준을 내포하는 완전한 통합적 시각이 되려면 인간 의식의 '세 가지 눈'(육안 · 심안 · 영안)에 의해 타당성 있게 획득된 지식(앎)의 모든 수준(경험과학, 이지적 과학, 정신과학, 영성/영지과학)에 고르게 바탕을 두어야 한다고 하였는데, 진리의 네 상한과 함께 이러한 통합적이고 완전한 홀리스틱 시각이야말로 우주와 세계에 대한 진정한 의미의 심층적이고 포괄적인 통합적 홀리스틱 비전이라는 것이다.

윌버는 그의 최근의 저서 『통합심리학』과 『일미(One Taste)』(1999)에서 개인, 아동의 지능 · 감성 · 영성의 건전한 전인적 성장발달을 위한 통합적 홀리스틱 접근과 이에 따른 온수준적인 통합적 테라피, 온상한적인 통합적 실천(integral practice, 우상 상한의 물리적 섭생, 체력단련과 신경생리적 약물치료 · Biofeedback; 좌상 상한의 감성적, 이지적, 영적 수련과 테라피; 우하 상한의 사회 시스템적, 제도적 의무 실천; 좌하 상한의 탈자기적 성장의 인간관계 증진, 공동체 봉사, 도덕적 선행 실천)의 중요성을 특히 강조하고 있다. 어릴 때부터 아동의 발달심리학적 건전한 '자기' 성장교육과 더불어 영성(지능)의 발달을 위한 영성교육을 홀리스틱 교육과정에 포함시켜야 할 것이다. 다시 말하자면 아동의 성장단계별로 알맞은 각 상한의 실천 · 훈련들을(이를테면 좌상 상한의 경우 가장 초보적인 이완훈련, 마인드컨트롤, 요가 · 기공[氣功]체조, 시각화 · 확언 CV · PA, 명상 참선훈련) 단계적으로 학교 정규 교육과정에 포함시켜 일상화하는 것이 아동의 지능(지적 잠재력)과 감성(정서)의 발달을 도와주면서 영성의 조화로운 발달을 가져온다는 것이다. 이것이 홀리스틱 교육과정의 기본 방향이다. 또한 이것이야말로 통합적 접근, 통합적 실천교육을 지향하는 윌버의 핵심 사상이라고 할 수 있다(조효남, 2001).

3) 몬테소리의 영성교육사상

몬테소리(Montessori) 교육철학은 기술이 아닌 과학적 교육학에 근거하고 있으며, 이러한 모든 교육 이론들이 어린이들의 영성적 잠재능력과 깊이 관계되어 있다고 한다. 몬테소리는 인간 생명은 영적 태아에서 시작된다고 말하고, 영적 유산과 더불어 어린이를 위한 평화교육을 위해 헌신하였다. 또한 평화로운 세계를 유지하기 위해 생태학적 우주관에 관심을 갖고 우주신학과 연결하여 어린이들의 영성을 보려고 노력하였다. 우주리는 거대한 하나의 공간 속에서 인간의 위치를 규명하고, 아주 미묘하고 조직적인 네트워크로 연결되어 있는 조직망인 우주 속에서 인간의 위치와 인간과 다른 사물과의 관계, 즉 인간 생명체를 중심으로 서로 전 관계를 형성하는 모든 환경들을 생태학적인 측면에시 보려고 시도하였다.

몬테소리는 영성을 어린이들의 잠재능력 속에 포함된 영적 잠재능력으로 보았기 때문에 영적 잠재능력은 교육을 통해서 계발해 주어야 한다고 하였다. 원래 인간 생명의 시작 자체는 영적 태아에서 시작되는데, 영적 태아란 세상에 얼굴을 드러내기 위해서 육체 안에 감금되어 있는 영적 존재이며, 이는 인간화 또는 육화로 발달할 수 있는 능력을 가진 생명체다. 어린이들의 영적 부활과 인간성의 진보적인 발전을 협조하는 것이 교육의 궁극적인 목적이다. 어린이 자신이 이미 영적 본질이기 때문에 침묵활동이나 혼자서 선 위를 걷기, 촛불 들고 묵상하기, 만다라 등의 활동을 통해 자연스럽게 영성적인 힘을 표출할 수가 있다.

몬테소리는 영성을 어린이들의 일상생활 속에서 영성에 조화되어 가는 생명력의 통합적인 부분으로 보았다. 어린이들의 영성은 그들의 일상적인 생활에서 모든 자연과 조화를 이룰 때 그들의 일상적인 삶에 반영된다. 그러므로 영성은 다른 교육처럼 주입되는 것이 아니라 영성이 자연스럽게 양육되도록 협조하는 것이다. 따라서 영성은 자기 고유의 내적 생명력을 따르도록 지시하는 힘이며, 진화법칙을 결정하는 신적 힘이다.

조성자(2001)는 몬테소리의 사상을 '평화교육과 영성의 의미' '우주교육과 영성의 의미' '생태학적 교육과 영성의 의미'로 정리하며, 홀리스틱 교육과 몬테소리 교육을 인간의 행복과 우주, 인간의 위치와 역할을 자연 속에서의 생태학적 접근방법과 관계 지으면서 인간의 행복을 추구하는 영적 에너지를 충족시키려는 학문적인 동류로 보고 있다.

그 밖에 오인탁(2001)은 홀리즘이란 인간, 생물, 환경, 지구, 우주의 '상호 연관성과 근원적인 통일성'을 전제하고 있다고 규명하고, 소크라테스의 내면의 소리(daimonion), 에머슨의 위대한 영혼, 하이젠베르크의 불확정성의 원리, 간디의 영혼의 힘(satyagraha), 그리고 장회익의 온생명[12)]과 '생태적 삶을 추구하는 (기독교적) 영성'[13)] 등이 모두 홀리스틱 사유의 열매들이라고 제시했다. 또한 잠자는 영혼이 눈뜨는 체험, 각성, 깨우침의 경험, 자신을 돌아보고 추스려 새롭게 일어서서 시작하게 하는 힘

---

12) 장회익(1998). 삶과 온생명: 새 과학문화의 모색. 서울: 솔.

13) 장회익 외(2000). 생태적 삶을 추구하는 영성. 내일을 여는 책.

을 키우고, 그렇게 학생의 영혼 안으로 힘 있게 들어가서 변하게 하는 큰 영향력을 발휘할 수 있는 교육사상을 예수, 소크라테스, 석가 같은 인류의 위대한 스승들에게서 본받아 실천하기를 제안했다.

4. 영성교육의 장으로서의 '학교 숲'

학교 숲은 영성교육을 실천하는 매우 좋은 공간이 된다. 나아가 교사가 학생과 더불어 학교 숲을 가꾸어 나갈 때 학교 숲 가꾸기 자체가 자연(自然) 영성교육이 된다. 이때 숲은 통합적 사고와 동합교육에도 중요한 역할을 하여 궁극적으로 전인 조화의 품성을 기르는 데 도움을 준다.

몬테소리는 어린이들이 교실, 자연, 우주 속에서 경이로움을 느끼고 실제적인 경험을 통해서 경이로운 마음을 키울 수 있는 환경을 중요시하였다. 존 밀러는 『영성이 충만한 학교(The Soulful School)』(1999)를 소개하면서 물리적인 환경으로 자연 생태환경을 지적하고 있다. 토론토 슈타이너 학교는 자연환경이 풍요로운 숲 속에 있고, 독일의 숲 속 유치원에서는 "아이들이여, 숲으로 나가거라."하고 외친다. 벽도, 문도, 책상도, 의자도, 놀이기구인 레고도, 체육관도 없이 그저 자연만이 있는 곳에서 열나흘 동안 지내는 생활을 하는 '통합적 유치원(intergrierte kindergarten)' 과정을 1년에 두세 차례 일정 기간 동안 체험하게 한다(『내일을 여는 책』, 1999).

영성교육, 전 지구적인 생태학적 소양교육, 환경을 살리는 교육, 전체론(홀리즘)적인 관점에서의 통합교육을 위해서 아이들과 가까운 곳, 즉 교정(校庭)에 자연의 숲, 생명의 숲을 조성해야 한다. 또한 적극적으로 자연과 가까이하고 생태맹(生態盲, ecological illiteracy)을 극복할 수 있는, 또한 풍부한 영성을 신장시킬 수 있는 숲을 활용한 교육 프로그램의 운영이 필요하다.

5. 학교에서의 영성교육 실천방향 모색

시네타(Sinetar, 2000)는 『Spiritual Intelligence—What We Can Learn from the Early Awakening Child』에서 조기 영성교육의 필요성을 제시하고 있다. SQ 증진을 위한 자기 수련방법에는 명상, 의미 있는 시나 책을 읽고 그 뜻에 대해 깊이 생각하기, 숲에서 산책하기, 자연게임, 음악감상, 꿈에 대한 일지를 쓰고 그것에 대해 반추하기, 그날 있었던 사건뿐 아니라 거기에 어떻게 반응했고 왜 그렇게 했는지를 회상하는 일기 쓰기 등이 있다.

여기에서는 학교에서 영성교육을 위해 활용할 수 있는 프로그램으로 명상 · 묵상과 심상활동(image work), 네이처 게임(혹은 자연게임)에 대해 소개하기로 한다.

1) 명상 · 묵상과 심상활동을 통한 영성교육의 실제

오늘날 많은 영성교육자나 홀리스틱 교육가들이 명상과 묵상을 생활화하고 있다. 인류사만큼이나 유구한 역사를 지닌 명상과 묵상은 전통에 따라 그 내포(connotation)와 외연(denotation)이

다양하다.[14] 여기서는 명상·묵상과 심상활동의 요긴한 한 면을 소개하여 초등학교 영성교육에 접목하고자 한다.

① 명상하는 방법

명상은 조용히 자신의 내면으로 들어가는 시간이다. 내면으로 깊이 들어간 명상자는 뫼비우스의 띠처럼 다시 이웃과 우주를 향한 사랑으로 나오게 된다. 명상은 평화스럽고 자연스러운 것이다.

혼자 혹은 학생들이 그룹으로 조용하게 앉는 것이 필요하다. 수직인 의자에 앉는 것이 가장 좋은데, 의자를 너무 편안하게 한다면 아마 잠들 것이다. 편안함을 위해 느슨한 옷을 입고 시계나 필찌를 풀고 허리나 목둘레에 조여진 것들도 느슨하게 한다. 그리고 호흡을 가다듬는다. 단전호흡이나 3단계 호흡 등의 다양한 호흡법을 활용할 수 있으나 잊지 말아야 할 것은 명상할 때 호흡이 자연스럽고 부드러워야 한다는 것이다. "신발이 발에 맞으면 발이 잊혀지고, 허리띠가 허리에 맞으면 허리가 잊혀진다"(장자). 잡념과 산만한 마음을 지우고 마음을 보으면 마음도 뇌파도 안정된다.[15]

---

14) 예컨대 영원철학의 기본이 되는 견해는 분별력에 기초한 합리적, 분석적인 지(智)에서 존재의 전체성을 충분히 파악할 수가 없다고 하는 것이다. 그리고 실상의 관계를 명료하게 보기 위해서는 깊은 직관을 기르지 않으면 안 된다고 한다. 홀리즘은 이 커다란 의문 즉, '존재의 의미가 무엇인가' '우주에서 자기의 사명은 무엇인가' '죽음과 어떻게 마주할까' 라는 물음에 정면으로 부딪치는 시도다. 이 같은 직관에 이르기 위해 영원철학에서의 다양한 방법이 논해져 왔는데, 묵상이나 명상 등은 '보는 것' 을 도와주기 위해서, 즉 현실과 '상호관계' 를 자각하는 데 도움이 되는 것으로서 예부터 다듬어져 온 것이라 할 수 있다.

명상에 얼마나 긴 시간을 할애하느냐를 결정하는 것은 개인에게 달렸다. 일단 5분간이나 10분간으로 시작해도 좋다. 그러나 고요함을 촉진하고 긴장감을 풀며 근심을 털고 안정감을 얻기 위해서는 20분 정도가 좋다. 때때로 우리가 조용하게 앉아 있는 시간에 문제에 대한 해결책이 나온다(手塚郁惠, 高尾威廣, 1998).

오늘날 많은 의사들이 환자의 건강을 돌보기 위한 현명하고 좋은 실행방법으로 명상을 추천한다. 명상이 의학이나 과학과 대화할 때 가질 수 있는 주관주의에서 오는 오류를 막고 객관성의 측면을 보완할 수 있다. 바른 명상은 부작용이 없으며, 심신의 균형과 건강과 안정, 기쁜 마음을 가져오며, 마음이 맑아지고 집중되며, 직관과 영감이 샘솟기 때문에 창의적인 학문활동에도 도움이 된다.

② 명상을 통한 심상활동의 교육적 활용

토론토의 공립학교에서 홀리스틱 미학 교육(holistic and aesthetic education)을 가르치는 빈더(M. Binder)는 『My Dream Catcher is Tired—The Importance of Visualization as a Meditative Practice for Young Children』(1998)에서 심상활동은 학생 안에 있는 진실(영)을 일깨워 주는 강력한 도구라고 말한다.

명상을 통한 심상활동(image work)의 교과교육 적용에 대하여

---

15) 베타(Beta)파는 우리의 보통의 의식수준이고, 우리의 일상적인 생활에서 작용하는 수준이다. 우리가 명상의 단계로 들어갈 때 우리는 알파(Alpha)파로 들어가는데, 그것은 우리가 어떤 주제 장면과 상상을 우리의 마음의 스크린에 창조해 낼 수 있게 한다. 우리가 명상단계로 더욱 깊게 가는 것처럼 도달할 수 있는 단계인 세타(Theta)파와 델타(Delta)파가 있다. 우리들 대부분은 알파파 안에서 작업을 매우 잘하고, 재생되고 재충전되는 느낌으로 복귀된다.

존 밀러는 1997년 한국에서 있었던 '극동아시아 홀리스틱 교육 국제 세미나 및 워크숍' 에서 다음과 같이 말하였다.[16)]

- 몸과 마음의 이완활동(Relaxation) : 명상에 들어가기 전, 또는 시험 보기 전에 이용한다.
- 옛날 이야기 : 옛날 이야기를 생생하게 이미지화한다. 이 방법은 국어나 역사 수업에서 이용되어 왔다.
- 지리 : 이미지 속에서 지리여행을 한다.
- 과학적인 과정:과학적인 과정을 상상한다. 예를 들면, 이미지로 세포가 되기도 하고, 물의 순환을 거치기도 한다.
- 자신의 미래 탐색 : 자기의 미래 모습을 상상한다. 이것은 장래의 직업선택에도 도움이 된다.
- 문제해결에서의 목표달성 : 목표를 달성한 장면을 상상하여 그 성취감을 맛본다. 예를 들면, 면접 장면의 예행연습(rehearsal) 한다.
- 기능의 발달 : 훌륭하게 기능을 반휘하고 있는 장면을 상상한다. 이것은 여러 가지 기능향상에 도움이 된다.
- 대인관계 : 대인관계의 기능을 연습한다. 예를 들면, 다른 사람과 갈등관계에 빠져 있는 장면을 상상하여 자기가 주장하는 방법을 갖고 갈등을 원만하게 해결하고 있는 장면을 이미지화한다.

16) 한국 홀리스틱 교육실천연구회(1997). 홀리스틱 교육실천연구, 제2회(특집), p.137. 극동 아시아 홀리스틱 교육 국제 세미나 및 워크숍(International Seminar and workshop on Holistic Education in Far Eastern ASIA) 자료집 참조.

- 창조력의 증진 : 교사가 유도하고 있는 장면을 상상한다. 예를 들면, 상상으로 물속에 잠수해 본다. 이미지화한 후에 시나 글을 쓰기도 하고, 이야기를 꾸미기도 하며, 예술적인 작품을 만들기도 한다.
- 태도의 변화 : 적극적인 태도로 활동하고 있는 자신을 상상한다. 특히 중요한 것은 사랑, 상냥함, 선함, 기쁨 등이다.

③ 명상의 사례

심상활동을 실제로 교육에 활용해 본 결과물로는 인천건지초등학교에서 발행한 『심상체험활동 자료집』(1999)이 있다. 저자는 2001년 토론토 대학에서 실제로 다음과 같은 명상에 대한 프리젠테이션을 하였다([그림9-1] 참조). 또한 'Who am I?/ Who are we?' 명상을 인도하였는데, 존 밀러를 비롯하여 같은 토론토 대학 교수이며 『변용학습(Transformative Learning)』(2001)의 저자인 오설리번(E. O' Sullivan) 등이 참석하여 많은 관심을 보이고 좋은 paper를 주었다. 그중 영국인 임상심리학자 겸 심리상담치료가인 스티븐스(J. Stevens)와 독일의 아르겔레스(L. Argelles)가 기록한 2개의 자료를 제시하면 [그림9-2]와 같다.

2) 네이처 게임을 활용한 자연 영성교육활동

몬테소리(M. Montessori)는 모든 살아 있는 생명체에 대한 존경심과 모든 생명체의 생활환경조건에 관심을 가지는 것, 환경을 위한 평가와 자연보호를 위한 활동적인 의무감 등 어린이들이 생활하면서 주로 느끼고 활동하고 생각하면서 그들의 영성을 자각하도록 만드는 교육을 강조한다.

▶ 명상의 기법

금붕어가 헤엄치고 있는 진흙투성이의 연못이 있습니다. 그러나 우리는 진흙 때문에 물고기를 볼 수가 없습니다.

우리가 물고기를 보기 위해서는 어떻게 하여야 할까요?

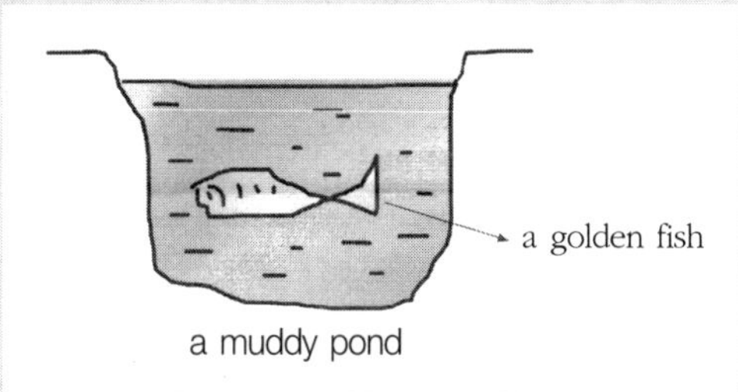

→ 진흙이 가라앉을 때까지 기다립니다.

이 이야기에서 금붕어는 '한마음(一心)' 또는 '참된 마음'을 상징합니다. '한마음(一心)' 또는 '참된 마음'을 보기 위해서는 먼저 마음을 차분히 가라앉히고 다음에 그것을 투영하여 봅니다. "나는 누구인가?" 또는 "이 마음이란 무엇인가?"라는 명상을 할 수도 있습니다. 그러면 질문이 잊혀지고 직접 명상으로 들어가거나 OHM(One Heart Mind)이 보입니다.

[그림 9-1] 명상의 기법

♣ 영국의 스티븐스

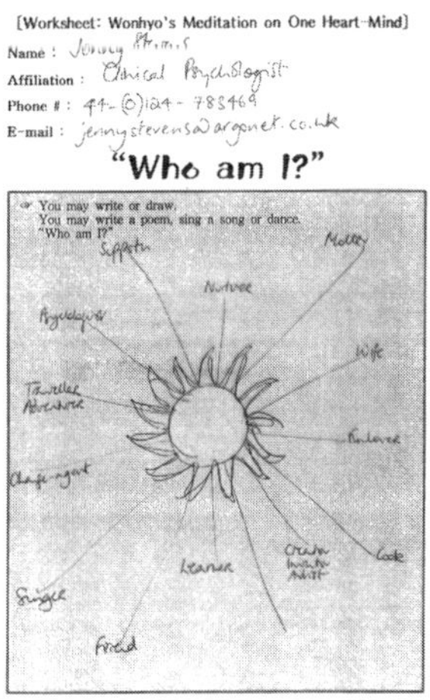

♣ 독일의 아르겔레스

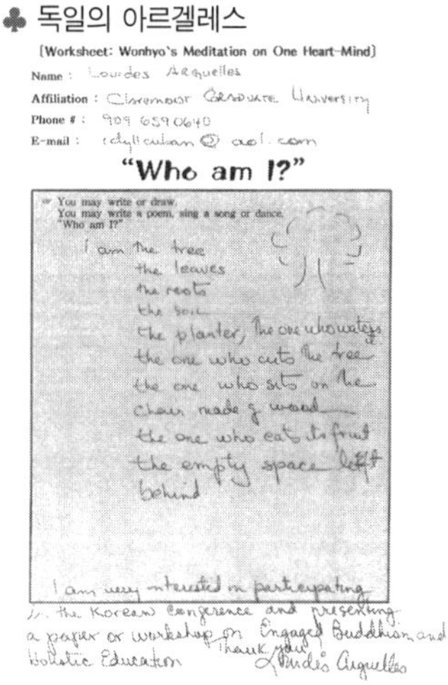

[그림 9-2] 명상의 사례

존 밀러는 『영성이 충만한 학교(The Soulful School)』(1999)에서 생태 연구(ecological projects)에 학생들을 참가시켜야 한다고 하고, 존슨(A. N. Johnson, 1999)은 『A Postmodern Perspective on Education and Spirituality-Hearing Many Voices』에서 "영성적 관점에 뿌리내린 교육적 접근들은 자연스럽게 생태적이고 환경적인 교육을 강조한다. 이러한 교육은 바로 지구의 건강과 생존에 결정적인 '생태소양(ecological literacy)'을 배양한다."[17]고 하였다.

몬테소리는 모든 생명체들이 통합적이고 보편적인 질서를 유지할 때 창조에서 또 다른 창조를 할 수 있다고 보고, 어린이와 자연의 관계에서 그들에게 생명력을 불러일으키는 자연의 놀라운 창조작품을 직접 관찰하는 자체가 영성적 활동이라고 말한다. 즉, 자연 속으로 들어가 자연 속에 있는 생명체를 보고 접촉하고 아름다움을 관찰하는 것은 그들에게 생명을 상기시키는 것인 동시에 절대자의 신비로운 위엄에 대한 경이로움도 상기시킨다. 따라서 교실에서 실제적으로 우주교육의 영역 차원에서 벌레상자, 즐거운 정원(happy garden) 놀이, 침묵 코너, 식물 기르기, 화학실험 코너, 자연을 관찰할 수 있는 망원경 등을 준비하고, 어린이들 스스로 마음속에서 경이로움을 키우는 체험을 하도록 환경을 마련해 주는 것도 좋다고 하였다. 모든 생명체를 사랑하는 마음을 기르는 것, 자연을 즐기고 사랑하는 마음을 통

---

17) Educational approaches rooted in this view of Spirituality naturally emphasize ecological, environmental education, what Orr(1992) terms "ecological literacy", as critical to the health and survival of the planet.

해서 자연적으로 살아가는 방법을 터득하도록 지도하는 것, 즉 단지 자연을 인식하는 것만이 아니라 자연을 즐기고 자연 속에서 살아가면서 자연의 의미를 인식하는 것까지 강조하여 전원학교를 추진하기도 하였다(조성자 외, 2001).

① 네이처 게임의 이해

네이처 게임(nature game)이란 '자연이나 환경을 게임을 통해 즐기면서 체험, 이해하는 프로그램'으로, 자연을 자신의 모든 감각을 이용하여 즐겁게 체험하며 오감과 심신을 갈고 닦는 것이다. 1979년 미국의 코넬(J. B. Cornel)에 의해 처음으로 제창된 네이처 게임은 '네이처 어웨어니스(Nature Awareness)'와 '셔링(Sharing)'이라는 두 개의 말을 키워드로 하고 있다(降旗信一, 1992).

네이처 게임은 참가하는 아이들의 심리상태에 의해 4개의 단계로 분류되어 있다. 각각의 단계는 그 단계를 상징하는 동물의 명칭으로 불리고 있으며, 각 게임에는 수달, 까마귀, 곰, 돌고래라는 4종류의 마크가 붙어 있다. 어미가 되어서도 장난을 즐기고 늘 기쁘게 살아가는 수달, 민첩하고 지적이며 날카로운 관찰력을 지닌 까마귀, 강한 호기심과 끈기 있고 조용한 성질을 갖고 있는 곰, 무리를 이루어 서로 협력하여 살며 다른 동물과의 관계도 이해하고 있는 돌고래 등의 성격을 이용한 단계구분이라 할 수 있다.

1단계는 자연에서 몸을 움직이며 노는 단계이고, 2단계는 감각을 집중하여 의식적으로 자연을 느끼는 것이며, 3단계는 자연과의 일체감을 느끼며 그곳에서 자신의 영성을 감지하는 것이며, 4단계는 서로의 체험을 나누는 단계다. 이런 단계의 흐름에 의해 처음에는 자연 속에서 상기되어 돌아다니는 아이들도 이윽고는 조용히 자연에 몰입하며 자신의 영성을 감지하고 끌어낼 수가 있는 것이다. 이 지도 이론은 단계별로 자연의 흐름에 맞추어 진행하게 되어 있어 '플로우 러닝(Flow Learning)' 이라 불리고 있으며, 네이처 게임의 기본 원칙이 되어 있다(J. B. Cornell, 1991).

자연을 체험할 때에 몇 가지의 감각을 차단하면 그 밖의 감각 활동이 강조된다. 또한 우리들은 자연 속에서 의식적으로 자신의 감각을 집중시켜 자연에서의 다양한 메시지를 받을 수가 있다. 이 활동은 풍요롭고 조화로 가득 찬 대자연이 갖는 미지의 세계로 우리를 이끌어 주고, 자연을 둘러싸고 있는 환경을 인식할 수 있게 해 준다. 귀를 기울여 자연의 소리를 잘 들으려 하면 보통 들리지 않았던 소리가 들려오고, 눈을 잘 집중시키고 보면 그때까지 눈에 들어오지 않았던 것들을 발견할 수가 있다. 하나의 감각에 집중하는 것에 의해 소리, 냄새, 색깔, 촉감, 맛 등 평소와는 전혀 다른 다양한 '자연(自然)' 을 발견할 수 있을 것이다. 이것을 '자연에의 자각' 이라 하는데, 이 같은 신선한 체험을 반복하는 것에 의해 자연은 자신에게 보다 가까운 것, 친근감 있는 것이 되어 간다. 그러고는 자기 자신이 자연의 일부이며 자연과 일체라는 실감을 갖게 되는 것이다.

② 네이처 게임의 곰 단계와 자연과의 합일을 통한 영성교육

네이처 게임의 세 번째 단계인 곰 단계는 자연과의 합일을 통한 영성교육이라 할 수 있는 것으로서 자연을 직접 깊이 느끼고 교감하고 합일하는 자연체험활동이다. 우리는 자연에 대한 공감

과 합일을 통하여 비로소 자연을 알았다고 할 수 있다. 이 세 번째 단계가 끝날 무렵이 되면 참가자들은 자연에 대한 억제할 수 없는 깊은 감동과 기쁨을 느끼게 되고, 자신의 영성과 나아가 생명 · 생태계를 포함한 우주적 영성까지 감지할 수 있다. 또한 그러한 감동과 기쁨을 누군가에게 전하고자 한다. 이때 지금까지 진행된 과정을 통해 느낀 자연체험 · 영성체험을 서로에게 이야기하게 한다. 그렇게 함으로써 참가자들은 한층 더 깊은 감동과 영성을 느끼게 되고, 영성 교류를 통해 서로 간의 유대도 강화될 것이다. 학교현장에서 네이처 게임을 소재로 하여 교과를 통합적으로 운영하며 통합적으로 사고하는 SQ(영성지능)를 신장시키고, 초등학교 고학년과 저학년, 일반 학급생과 특수학급 아동이 함께하는 활동을 통해 통합적인 영성 발현을 가능하게 하고 인성과 창의성을 기르고자 하는 시도도 있었다.

영성은 인간형성의 궁극적이며 통합적인 차원이다. 따라서 영성교육은 삶의 궁극적 의미탐구와 가치창출을 돕고, 통합적이며 창의적인 사고를 촉진하며, 영성과 감성, 지성과 도덕성 등을 조화시키는 전인교육을 지향한다. 이러한 영성교육을 학교 교육에 접목시키기 위한 노력은 최고의 교육벤처로서 숲이 있는 교정에 꿈나무들이 맑고 푸르게 자라게 하고, 나아가 고도의 지식정보화 사회 · 포스트모던 사회에서 필요로 하는 창의적이고 영성이 풍부한 신지식인을 길러 내는 토대가 될 것이다.

2001년 10월 토론토 대학 OISE에서 홀리스틱 국제회의가 있었다. '교육에서의 영혼과 동반자를 탐색함(Exploring Soul and Partnership in Education)' 이라는 주제에 어울리게 세계의 많은 영성가, 영성 연구자, 영성론자, 영성교육자들이 참석하였다. 또한 OISE/UT's에서 발간되는 교육잡지 『ORBIT』는 '교육과 영성(education and the soul)'을 주제로 오늘의 교실에서 살아남기(surviving in today's classrooms) 위한 방법으로 '영혼과의 이어짐(connecting with the soul)'을 통한 영성이 충만한 교육활동과 교육치유를 제시하였다. 단상 위에 소박한 화분(생명과 자연을 상징함)과 촛불을 두고 명상·묵상(meditation)을 하며 폐회식을 하는 등 시작과 끝을 명상·묵상으로 장식한 토론토 대회에서와 같은 동서양의 다양한 영성교육이 우리 교육에도 효과적으로 활용될 수 있을 것이다.

이와 더불어 오늘날 세계적으로 연구되며 깊은 영성과 높은 창의성으로 존경받고 있는 원효의 한마음(一心)·화쟁(和爭)·무애(無碍)사상과, 퇴계의 심성정(心性情) 철학과 거경 수양론들을 위시하여 한국의 사상과 영성의 좋은 전통을 살려 우리의 영성교육에 '학토불이(學土不二)'의 정신을 실현할 수 있을 것이다. 한국적이면서 동시에 세계적인 교육은 교육 한국, 문화대국을 세우고 지구촌 교육과 세계에도 이바지하게 될 것이다.

10 홀리스틱 교재론

1. 홀리스틱 교재의 필요성

제7차 교육과정에는 초등학교부터 중·고등학교에까지 '재량활동' 시간이 배정되어 있다. 이것은 일본에서도 2002년부터 적용되는 신학습지도요령이 갖고 있는 큰 특징 중의 하나인 '종합학습(總合學習)' 시간의 운영과 견주어 볼 수 있는데, 이러한 움직임 자체가 홀리스틱적인 교육에의 전환을 보여 주는 단적인 예라 할 수 있다. 홀리스틱 교육은 인간과 인간의 관계, 인간과 자연 생태계와의 관계 등 '관계성(connection)'을 중시하는 교육으로서 그 속에서의 조화(balance)와 포괄·통합성(inclusiveness)을 추구하고 있다. 교육에서 각 과목에 대한 벽이 무너지기 시작하고, 모든 수준에서 통합교과의 중요성이 강조되고 있다. 교과서는 교육과정과 그것이 실제로 전개되는 교수-학습의 과정을 연결하는 역할을 한다. 즉, 교과서는 교육내용을 선정·조직하고 교수방법을 결정하는, 교육과정계획에 기준하여 마련된 것으로, 수업과정에서 교수-학습활동을 이끌고 조력하는 기능을 하는 것이다(한국교육개발원, 1985). 따라서 여기에서는 새로운 교육비전인 홀리스틱 교육과정에 따른 교과서의 구성체계에 대해 언급하고자 한다.[1)]

2. 홀리스틱 교육을 위한 교과서

교과서는 교육과정의 목표와 내용을 구현하는 하나의 학습자료로서 '학생들이 배우는 교과영역의 학습내용을 책자로 엮은 것' 또는 '학교에서 교육을 위해 사용되는 학생들의 주된 교재'를 말한다. 우리나라의 교과서 제도는 국가가 직접 집필·제작하는 국정제와 국가의 엄격한 심사에 합격해야만 발행할 수 있는 검인정제로 되어 있는데, 교과서와 교사용 지도서가 유일한 교수-학습 자료로 활용되는 학교 수업의 현실, 교과서 중심의 교육을 벗어나지 못하는 학교 교육의 체질을 형성해 왔다. 이러한 상황에서는 창의적 인간보다 정답형 인간, 주체적으로 문제를 해결할 수 있는 능동적 인간보다 틀에 박힌 수동적 인간, 교과서는 잘 알지만 세상 돌아가는 일은 잘 모르는 인간이 길러지기 쉽다(곽병선, 1983).

현재의 교과론은 원자론(atomism)을 배경으로 하는 교육과정 이론에 의해 나온 것으로, 이는 교육내용을 세분화하여 작은 단위로 분할해 가는 단편화나 환원주의의 특징을 갖는다. 홀리즘

1) 이 장은 송민영(2001. 12.). 홀리스틱 교육과 교과서, 제37호. 논단. 한국교과서연구재단, pp. 64-69를 수정 보완한 것이다.

은 많은 과학영역의 성과에 기초하여 새롭게 생겨나고 있는 패러다임이다. '모든 것이 구분하기 어렵게 이어져 있는 전체'라는 전제는 근대 세계에 널리 전개되어 있는 분할과 단편화의 패러다임에 대치되는 것으로 편향된 환원주의적 접근에 조화를 이루게 한다.

홀리스틱 교육은 단편화에서 벗어나 '관련성과 이어짐'을 심도 있게 탐구하는 시도로, 존 밀러는 이 정의에서의 이어짐을 다음과 같은 여섯 가지 차원으로 구체화하고 있다(J. P. Miller, 1996). 즉, 논리적 사고와 직관의 이어짐, 마음과 신체의 이어짐, 지(知)의 다양한 분야들의 이어짐, 개인과 공동체의 이어짐, 지구와의 이어짐, 그리고 소아와 대아의 이어짐이다. 홀리스틱 교육에서 학습자는 이들 관련성과 이어짐을 깊게 추구하고 자각과 동시에, 그 이어짐을 보다 적절한 것으로 변용해 가는 힘을 얻는다. 이 여섯 가지의 '관련성 · 이어짐'의 차원을 참조하면서 우리의 교육현실에 맞는 바른 인성과 창의성을 겸비한 학생을 교육하기 위한 홀리스틱한 교과서에 대해 제시하면 다음과 같다.

1) 생명 · 생태 · 환경교육을 지향하는 교과서

홀리스틱 교육에서는 교육을 자연의 근본적인 실체들(realities)과 연계시키려 한다. 근대적인 학교제도하에서 교육은 학생들의 다양성을 무시하고 관계성을 상실한 반생명적인 감성을 길러 내는 반생태학적인 학교사회를 만들어 냈다. 교육은 모든 형태의 생명체 중에 흐르고 있는 '생명'에 대한 깊은 외경심에서 시작된 것으로서 우리들은 지구 생명권에 대한 이해를 추구하는 교육을 원한다. 지구의 모든 존재가 서로 도움을 주고받고 있다는 것, 개인의 행복과 지구 전체의 행복이 깊은 곳에서 일치한다는 것, 그리고 자신들 개개인이 담당하고 있는 역할과 책임의 넓이와 깊이, 이들의 자각을 촉구하는 교육이 필요하다. 홀리스틱 교육을 지지하는 세계관은 이 세상에 존재하는 모든 것은 어떤 형태로든지 관련을 갖고 서로 도움을 주고받고 있다는 것으로, 현대의 위기 속에서 교육 · 과학 · 산업계 등 여러 측면에서 때를 같이하여 주목받고 있는 세계관이다. 또한 환경문제나 생태계 등 최전선의 과학 지식과 함께 여러 가지 정신적인 전통을 가르치는 사고방식이기도 하다(송민영, 1999b).

최근에 일부의 생태학자들 사이에서는 '생태맹(生態盲, ecological illiteracy)' 이라는 용어가 신조어로 오르내리고 있다. 자연과 교감할 수 있는 우리의 정신적 능력이나, 자연과 우리 자신이 조화롭게 어울릴 수 있는 감성의 결핍을 뜻하는 생태맹은 자연과 빈번히 접촉하고 교감할 때 효과적으로 극복될 수 있다고 한다. 이러한 필요에 의해 '생태학적 감수성과 상상력을 길러 주는 미국의 자연교육' 이나 '일본의 자연교육 프로그램' 등이 다수 소개되어 있다. 'nature awareness' 와 'sharing' 을 키워드로 하여 '자연이나 환경을 게임을 통해 즐기면서 체험하고 이해하는 프로그램' 인 'Nature Game' 은, 단계별로 자연의 흐름에 맞추어 진행하게 되어 있는 'flow learning' 과 함께 생명 · 생태 · 환경 교육을 지향하는 유용한 프로그램이다.

2) 전인 · 영성교육을 지향하는 교과서

신체와 마음과 머리 사이의 이어짐, 의지-감정-사고-직관의 이어짐을 살리는 전인 · 영성교육이 필요하다. 이것은 존 밀러의 '논리적 사고와 직관과의 이어짐' 및 '마음과 신체의 이어짐' 이라고 말하는 2개의 위상을 '전인' 의 시점에서 하나로 정리한 것이다. '마음의 교육' 을 '지능교육' 으로 대치하는 것은 아니고, '마음' 과 '지(知)' 사이의 '이어짐' 을 기르는 데 지(知)를 어떻게 다루어야 하는가에 대한 물음이다. 그리고 지(知)에 있어서의 'imagination' 이나 '공감' '직관' 등 정의적 측면이 갖는 의의를 분명하게 한다. 특히 이른바 '근대의 지(知)' 를 초월하는 '홀리스틱한 지(知)' 에서는 '심신' 과 지(知)가, 또는 감정－사고－직관이 서로 도와주고 있다는 것을 알 수 있다.

최근에 국제보건기구(WHO)는 건강을 다음과 같이 정의했다. 온전한 건강은 육체적, 정신적, 사회적, 영적으로 건강한 상태다. 이전에는 없던 영적 건강이 첨가되었으며, 영성지수(SQ)가 심리학자, 두뇌과학자들에 의해서 심도 있게 논의되고 있다. 전인교육을 통해 지 · 덕 · 체 · 영혼의 발달을 겸비한 현대인의 육성이 필요하다.

3) 통합 · 종합학습을 지향하는 교과서

지(知)의 다양한 분야란 실질적으로는 학교 교육의 다양한 교과 · 영역 사이의 이어짐을 의미한다. 이는 학교 교육의 교육과정 재편성의 원리와 관계되는 것으로, 다양한 교과 · 영역 사이를 연결하는 통합 · 종합학습을 지향한다.

이에 따라 통합학습을 중핵으로 하여 각 교과 · 영역을 중층적으로 통합하는 모델과 실천의 검토가 요구된다. 특히 이상과 현실로 분열되기 쉬웠던 교육의 궁극적 목표와 교과 · 영역의 구체적 목표 사이를 중간 목표인 '전인'의 여러 계층을 매개로 하여 일관성 있는 이어짐을 실현하는 것이 필요하다. 또한 홀리스틱 관점에서 개개의 각 교과는 '홀론(holon)'의 성격을, 즉 일정한 자율성을 유지하면서 생활과 교육의 전일성(종합성)에 의존하는 양면적 특성을 갖는다고 다루고 있으며, 각 교과와 종합학습의 관계에 의미를 부여한다. 종합학습을 중심으로 한 학습은 학교에 두문불출하는 것이 아니라 지역사회로의 열린 학습을 전개하는 것으로, 지역 공동체와의 이어짐 속에 위치하는 것이다.

4) 지구시민교육을 지향하는 교과서

지구시민교육의 출발점은 생태학적 사고방식으로, 인간의 생활과 문화는 자연과 깊이 관계되어 있으며 자연을 떠나서는 있을 수 없다. 개인과 인류 공동체와의 이어짐을 살리는 지구시민교육을 지향하는 교과서가 필요하다. 이는 현재 국제이해교육이라는 용어로도 많이 다루어지고 있는데, 개인과 공동체의 이어짐의 차원은 광범위한 것으로 학교, 지역 공동체에 머물지 않고 지구 공동체(global community)까지 포함하는 지구시민교육이다.

근대 국민국가의 국익 추구의 논리만으로는 대처할 수 없는 지구규모의 문제가 국경을 초월하여 상호 의존관계가 깊어지는 상황에서 생겨나고 있다. 또 국내에서도 다문화 간의 공생, 이질적인 것과의 공존 과제는 더욱더 중시되고 있다. 주로 교육을 국가수준에서 가두어 두는 것보다 개인, 지역, 문화, 인류, 지구 등 다층적인 이어짐 차원에서 생각할 필요가 있다. 이때 공간적·수평적인 확대와 동시에 자기의 내면적·수직적인 깊이를 수반한 아이덴티티가 요구되며, 이로써 인권교육에서의 문화적 다양성과 인류적 보편성의 공존을 모색하고, 외적 확대와 내적 깊이를 통합하게 된다.

5) 평생학습 사회를 지향하는 교과서

개인과 공동체의 이어짐에 있어, 공간적인 이어짐뿐만 아니라 가정, 학교, 사회에서 인생을 걷는 모든 시기들 간의 배움의 이어짐도 중요하다. 언제 어디서나 누구라도 배울 수 있도록 가정–학교–지역의 이어짐을 살리는 평생학습 사회를 지향하는 교과서가 필요하다.

교육을 공간적 측면에서도, 시간적 측면에서도 좁은 '학교'라는 부분을 중심으로 생각하던 발상에서 벗어나 지역사회 전체의 이어짐 속에서 전 생애에 걸친 배움의 기회를 만들어 가자는 것이다. 탈산업사회에서 탈학교형의 등교거부나 학교 외의 대안적인 배움의 동향들, 가정이나 사회에서 이루어지는 학습의 방식을 종래의 독립 · 대립관계를 넘어 평생학습 사회라는 역사적 맥락 속에서 새로운 연대를 모색하고자 한다. 가정–지역–학교라는 종래의 역할분담을 소위 공동체의 '문화' 재발견 · 재창조라는 차원에서 고쳐 엮어 가는 시도이자 근대 학교에서 벗어나 후근대를 향한 '학문의 공동체' 만들기와도 통한다.

3. 홀리스틱 교재개발의 방향

이 장에서는 홀리스틱 교육이라는 여러 교육적 방향과 비전을 제시하는 용어를 통해 교과서의 방향을 제시하고 있다. 홀리스틱 교육은 이어짐의 교육으로 '생명을 살리는 교육'이나 '전인적·종합적인 교육'이라는 표현을 사용하여 그 의미를 어느 정도 파악할 수 있다.

정치적 권력이나 종교적 권위가 기초학력 외 과학과 역사 등에 대한 정보를 대중과 공유하는 것을 막아 온 것에 반대하여 대중은 인류의 문화유산을 스스로 획득해 가는 운동을 펼쳐 왔다. 이 문화유산을 다음 세대에 전하는 매개로서의 교과서란 과학이나 예술에 입각하여, 그것도 학생들의 성장을 촉진할 수 있도록 교육적으로 계통을 세워 구성하지 않으면 안 된다는 것이 정설로 되어 왔다. 이러한 교과서관에서 보면 현재의 국·검정 교과서는 분명히 비교육적인데, 그것을 사용하여 가르치면 가르칠수록 배움에 대한 편견을 갖게 할 위험이 있는 것이 확실하다. 이러한 비교육적인 교과서관에서 벗어나 교사 스스로가 좋은 교과서(교재)를 만들어 가르치려는 노력이 필요하다. 교육을 담당한 모든 개개인이 교육에 대한 권리의식을 갖는 것이 중요하다. 평등하게 교육 받을 기회와 함께 그 내용을 충실히 해 가는 중에 교과서는 중요한 위치를 갖게 되는 것이다(山住正己, 1970).

유럽의 경우 교과서는 연습책(workbook), 각종 참고문헌, 사전 등을 포함하는 개념으로 확대되고 있다. 교과서를 사용하는 의의는 학생들이 읽고 활용할 자료를 제공하는 데 있으므로 어떤 교과나 학년에서는 하나의 표준적인 교재를 사용하는 것보다 학교나 교사가 자체적으로 제작한 학습자료를 사용하는 것이 더욱 효과적일 수 있다(Stephen, et al., 1978).

11 홀리스틱 교사론

1. 홀리스틱 교육에서의 교사의 역할

1) 학습자와의 순환적 상호 관계를 형성하는 교사

> 학습은 교육자가 자신의 밖에서 만들어 내는 제품이 아니라 유기적이고 자연스러운 과정이며, 교육자는 그 속에서 그 과정을 촉진하는 역할을 한다. … 교육자가 자기 자신의 내면에서 생겨나는 것에 열려 있을 때에만 학습자와 함께 배우고 함께 창조하는 과정을 창출해 낼 수 있다(GATE, 1991).

홀리스틱적인 관계론은 교육이라는 운영에 대해 이 같은 전제에 주목한다. 교육의 주체와 대상을 이원론적으로 구별하는 실체론이 아니라, 관계를 제일차적인 존재로 보는 관계론의 입장에서 관계 속에서 이어져 있는 양자를 학습자와 교육자로 보는 것이다. 이 같은 관계성이나 장소를 떠나서는 그 어느 곳에도 독립된 교육자나 학습자는 존재하지 않는다. 교육의 참된 주체는 교육자도 학습자도 아닌 양자 사이의 관계성, 양자가 서로 마주하고 대화하는 장소 그 자체인 것이다.

실제로 참된 창의적인 학습이 이루어지고 있을 때 교육자 · 학습자라는 구분은 그 의미를 잃는다. 환류로서의 평가의 의의와 마찬가지로 살아 있는 학습과정에서는 주객이 상호 교류하며 순환적으로 학습이 이루어진다. 교육자 스스로가 배우는 기쁨을 느껴 가는 참된 배움을 체험하고 있을 때 학습자의 배움도 촉진된다. 교육자도 학습자에게 배우며, 학습자도 교육자의 성장을 조장하는 순환적인 상호과정이 이루어지고 있을 때, 보다 살아 있는 창의적인 학습 프로세서가 생겨난다. '스스로 배워 가는 교육자, 학생에게 배우려는 자세를 가진 교육자만이 보다 교육적인 교육자다.' 라는 주장은 결코 새로운 것이 아니다. 홀리스틱 교육론은 주객이원론을 넘어선 관계론을 통해 그에 대한 정당한 이론적 기준을 제공하고 있다.

2) 참된 인격적 만남을 주선하는 교사

원효는 『금강삼매경론』에서 참된 사람이란 "나와 너, 현실 사회와 전 세계를 포함한 삶 전체를 위해 끊임없이 교육을 실천해 가는 교사"라고 하였다. 원효가 말하는 교육이란 고뇌에 싸인 실존적 인간을 본래의 평온한 모습으로 되돌아가게 깨우치는 것과 동시에 그가 속한 사회와 세계까지도 평화롭게 정화해 가는 것이다. 이를 위해서는 내적 발동과 외적 계기의 인연 성립이 필수적이며, 선천적 요인과 후천적 요인을 겸비하는 교육이 강조된다(한국교육학회교육사연구회 편, 1987). 원효는 기능인으로서의 교사의 태도보다 실존적 인격인으로서의 태도를 요청했으며,

인격적인 교사의 태도는 전인교육을 가능하게 한다고 하였다.

> 요즘의 많은 교사들은 전문 기술자가 빠져들기 쉬운 타성에 젖어 있다. … 학교가 참된 인간적 만남의 장이 되기 위하여 학교구조는 제도화된 관료적 관리 · 통제에서 탈각(脫却)하지 않으면 안 된다. 이것은 학교에만 한정된 것이 아니라 가정도, 직장도, 공원도, 대자연도 참된 만남의 장, 배움의 장이 되어야만 한다(GATE, 1991).

산업사회가 요구하는 대량의 지식을 효율적으로 전달하는 의도적, 계획적인 교육 전문기관으로서 성립된 근대의 학교 시스템이 그 기본적인 규정에서 '공학 모델' 에 의존하고 있다는 것은 공장과 학교의 유사성을 차치하고라도 명확한 일이다. 이 모델에서 교사는 전문 기술자며 학생들은 미래의 인재로서 적절히 가공되어야만 하는 소재다. 다른 인간도 대상화하여 소재로 환원하는 부버의 용어를 빌리면 '아(我)-그것' 의 관계라 불리는 인간관계는 근대의 데카르트적 주객 분리에 의해 철저화 되었다. 그에 대해 『EDUCATION 2000/A Holistic Perspective』(1991)에서 언급하고 있는 '참된 인간적 만남' 이라는 것은 부버의 '나와 너의 만남' 에 대응한다. 만남은 교수 테크닉에 의해 의도적, 계획적, 기술적으로 만들어내는 것이 아니다. 교육주체로서의 교사와 객체로서의 학생이라는 분리를 넘어선, 주객 미분의 전인적 · 응답적 호응관계에 열려 있는 정신태도를 필요로 한다. 예상할 수 없는 만남, 단 한 사람과의 만남이라 할지라도 그것이 참된 인간적 만남이라면 그것은 인격형성에 커다란 의미를 갖는다. 그러나 이 같은 주장은 정신과학적 교육학 등이 일찍부터 주제화하고 있었는데도 근대의 합리적, 기술적, 과학주의적 사고의 규정에서는 비과학적이고 정신주의적인 것이라 하여 등한시되어 왔다.

이 같은 만남과 배움의 장은 국소적 · 폐쇄적 공간인 학교에만 있는 것이 아니며, 또한 인생의 젊은 시기에만 한정된 것도 아니다. 인생의 전 시기에 걸쳐 있는 것으로, 대자연을 포함한 모든 장소가 교육을 위해 열려져 있는 공간이다. 따라서 학교만이 정통한 기관이고 학교 교사만이 교육의 전문가라 보는 견해에 대해서 재고할 필요가 있으며, 그에 따른 교사의 새로운 역할과 끊임없는 자기 변용이 요구된다.

3) 즐거움과 행복함을 창출할 수 있는 교사

즐거운 수업과 알게 하는 수업의 관계를 논할 때 우리들은 주로 알게 하기 위한 방법으로 즐거운 교육방식을 취하는 것을 상식이라 생각하고 있다. 그러나 즐거운 수업을 목적으로 하여 수업서를 만들고 수업을 이끌어 가고 있는 일본의 '가설실험수업연구회(仮說実験授業研究会)'에 대해서도 주목할 필요가 있다(송민영, 1994).

학교 교육을 크게 3영역으로 구분할 수 있다. 먼저 3R(읽기, 쓰기, 셈하기) 교육과 도덕교육 등 사회에서 살아가기 위해 최소한 필요하다고 생각되는 교육으로, '국민교육'이라 할 수 있다. 두 번째는 자연이나 사회과학, 예술, 외국어, 스포츠 교육 등 사회에서 살아가기 위해 꼭 알 필요는 없지만 알고 있는 편이 좋다고 생각되는 지식교육으로, '교양교육'이라 할 수 있다. 세 번째는 외국어나 수학 등 소위 전문 기초에 관한 것도 포함하는 '전문직업교육' 이다. 이 중 국민교육은 과거에는 서당에서, 오늘날에는 초등학교 1~2학년에서 해 왔으나 최근에는 유치원에서 그 대부분의 역할을 하고 있다. 교양교육에는 '지구는 둥글다' '공기가 존재한다' '우리나라의 행정구역 구분' 등도 들어가는데, 현재 초등학교 저학년에서 가르치고 있는 교육내용 중에는 교양교육과 국민교육의 경계에서 확실한 구분이 어려워 교과가 안정되어 있지 않은 경우도 있다. 전문직업교육에 대해서는 과거부터 대학에서 이루어지고 있었다고 알고 있는 사람들이 있으나 1100년대 후반 이후 설치된 유럽 대학(1167~1168년경 개교한 옥스퍼드 대학, 1170년경 개교한 파리 대학 등)은 '신사교육', 즉 교양교육이 기본이었고, 옥스퍼드나 캠브리지 대학에서도 긴 기간의 법학 전문교육은 런던의 법학원에서 담당했고, 의학 전문교육은 대륙이나 스코틀랜드의 의학교에 맡기고 있었다(板倉聖宣, 1999). 그러므로 수업에서의 즐거움이 특히 문제가 되는 것은 교양교육에 관한 분야다.

유치원이나 초등학교 저학년에서 문자를 배우거나 초보적인 계산법 등을 배울 때 그것을 싫어하는 아이들은 거의 없다. 그것은 그러한 지식이 곧 도움이 된다는 것을 배우는 쪽도, 가르치는 쪽도 확실히 알기 때문이라고 생각한다. 즉 '명확하게 도움이 되는 지식을 배우는 것은 즐겁다.' 라고 할 수 있다. 그러나 현재의 우리 학교에서 가르치고 있는 교육내용들은 어떠한가? 또 교육방식은? 어린아이나 유치원생, 초등학교 저학년생은 그리기를 좋아하는데 왜 상급 학년으로 올라갈수록 그리는 것을 싫어하고 두려워할까? 이에 대해 '그림을 못 그리는 아이들이 내 선생님' 이라는 사고의 전환을 통해 새로운 그리기 방식을 창

출해 낸 마츠모토기미코(松本キミ子)의 기미코 방식에 대해서도 현재 우리의 교육과정이 안고 있는 문제점의 해결방안 모색과 함께 관심을 기울여 볼 가치가 있다. 기미코 방식은 '구도잡기→스케치하기→채색하기'의 과정으로 이루어지는 방식으로 97% 정도의 낙오자를 만들어 냈다는 기존의 그리는 방식에 대해 반성하고 채색하기부터 시작하여 형태를 만들고 오리고 붙이면서 전체의 구도를 잡아 완성하는 거꾸로의 전개과정으로 100%의 학생들이 참가하는 전시회를 가능하게 했다(마츠모토기미코 저, 송민영 외 역, 1999). 빨강 · 노랑 · 파랑의 삼원색과 흰색만으로 수백 가지의 색깔을 만들어 보고, 생장점에서 시작하여 줄기는 위로, 뿌리는 아래로 식물이 자라는 방향을 따라 그려 나가는 방식, 생물체의 생명력을 만져 가면서 털의 흐름이나 결을 따라 한 점에서 시작하여 옆으로 옆으로 그려 나가는 방식에 의해 생명력을 느끼면서 완성해 가는 방식, 만들어진 구조를 생각하며 그 방향을 따라 그려 가는 방식, 자신의 페이스에 맞춰 언제나 끝을 낼 수 있고 또 모든 자연물과 인공물을 모델로 삼아 그리는 방식에 의해 그 사물과의 공감대를 형성해 가면서 그림을 그린다는 것이 즐겁고 그 시간이 행복하게 느껴진다면, 그 교육은 분명 성공적이라 말할 수 있다. 이러한 요소들은 우리의 교육과정 속에 꽤 많이 산재되어 있다고 볼 수 있다. 교육현장에서 그러한 요소들을 찾아 과감히 개선해 보고자 모색하는 도전적인 교사, 스스로도 행복하고 아이들도 행복한 시간이 되도록 창의적으로 성실하게 끊임없는 노력을 기울이는 교사야말로 홀리스틱한 교사라고 말할 수 있다.

4) 아이들 앞에 당당하게 존재하는 교사

'교실에서 학생 앞에 섰을 때, 교사는 무엇을 어떻게 가르쳐야 하는가?' 라는 것이 자주 논의의 대상이 되는데, 그전에 생각해야만 하는 중요한 사항이 바로 '교사의 존재방식' 이다. 아이들은 교사의 존재방식에 매우 민감하다. 교사가 교단에서 자신들과는 관계 없는 다른 것에 대해 생각하고 있으면, 아이들은 곧바로 자신들의 교사가 그곳에 없다고 느낀다. 즉, 아이들이 필요로 하고 또 요구하는 교사상은 자신들 앞에 도도하고 당당하게 존재하는 모습인 것이다.

그것은 학생 개개인을 인격적인 존재로 받아들이고, 그들과의 관계를 전적으로 느낄 수 있는 존재방식이기도 하다. 이 관계만이 교실에서 일어나는 모든 것의 기초가 되며, 아이들의 내면적인 성장을 자극하고, 또 그들의 감정적 · 정신적 필요에 부응하는 기초가 되는 것이다. 가르치는 일이 즐거울지 그렇지 않을지는 이 관계의 여부에 좌우된다 해도 과언이 아니다.

그렇지만 우리들은 앞으로의 일이나 과거의 일에 얽매여 자신을 둘러싸고 있는 아이들이 현재에 있으며, 자기 자신도 현재에 있고, 따라서 현재의 순간들을 소중히 하며 살아가야 한다는 것에 몰두하기가 어렵다.

지금, 이 장소에, 전적으로 존재하는 것! 그것을 위해서는 어떻게 하는 것이 좋을까? 인간에게는 크게 소아(self)와 대아(Self)의 두 가지 존재방식이 있다(J. P. Miller, 1996). 소아의 입장은 자신의 처지에 맞춰 주위를 조절하려 하고 끊임없이 타인의 앞에 서려 하며, 타인에 대해 경쟁하고 이기려 하는 존재방식으로, 이런 방식으로는 관계는 항상 단절되고 긴장을 풀기 어렵다. 이에 의해 아이들을 자신의 입장에서 조작하려 하고, 그렇게 함으로써 교실은 갈등과 혼란이 연속된다. 대아의 입장은 예를 들어 아름다운 음악을 들을 때나 자연 앞에 설 때 혹은 무심히 놀고 있는 아이들의 모습을 볼 때 느끼는 보다 공감적이고 관련성을 갖는 존재방식으로, 가르치는 것이 즐겁고 만족한 것이 되는 것은 그러한 입장에 설 때다.

학생의 지적인 측면만이 아니라 신체적, 감정적, 정신적인 요구에도 작용하는 홀리스틱 교육은 결국 이러한 교사의 존재성의 '깊이' 에 의해 이루어질 수 있는 것이다. 이 '깊이' 라는 것은 우리들의 중심, 자기 영혼에의 깊이다.

2. 홀리스틱 교사를 위한 자기 변용 프로그램

그렇다면 소아의 입장에서 탈피하여 타인과의 따뜻한 관계를 느낄 수 있는 대아의 존재 중심으로 자기 자신을 깊이 있게 하는 홀리스틱 교사가 되기 위해서는 어떻게 하여야 할까? 여기에서는 홀리스틱적인 교사가 되기 위한 자기 변용 프로그램을 제시한다(J. P. Miller, 1993). 이 중 자신에게 필요할 듯한 프로그램을 몇 가지 골라 적극적으로 몰두한다면 교사의 자기 변용(transformation)을 위해 좋을 것이다.

1) 명상과 심상활동(meditation and visualization)

(1) 명상의 두 가지 수준

명상이란 기본적으로 자신의 내면을 평온하게 하는 것이다.

그 결과 '지금, 여기' 에서 일어나고 있는 것을 명확하게 직시할 수 있게 된다.

명상에는 기본적으로 두 가지 접근법이 있다. 그 하나는 심신의 긴장에 도움이 되는 명상으로, 그에 의해 매일의 스트레스에 능숙하게 대처하여 일상생활을 평온하게 보낼 수 있다. 다른 하나는 정신 면의 성장에 중점을 둔 명상으로 정신의 수양을 도와준다. 이 두 종류를 명확히 구분하는 것은 불가능하지만, 명상을 하고자 한다면 자신 안에서 목적을 명확히 해 두는 것이 필요하다. 전자에 몰두하게 되면 특정한 목표를 향하여 나아가게 되고, 후자 같은 명상은 우리들 생활방식에 전해져 존재방식 그 자체에 영향을 비치게 된다. 또한 이것은 자아에의 집착을 넘어 어떠한 정신적 조화를 가져오는 방법이 되기도 한다.

(2) 명상의 시작

명상에 몰두할 때에는 먼저 자신의 기질이나 성향에 잘 어울리는 방법을 찾지 않으면 안 된다. 사람에 따라서는 이미지워크를 명상으로 이용하는 사람도 있는데, 어디까지나 자신에게 맞는 방법을 선택하는 것이 좋다. 명상에 앞서 몇 가지의 방법을 골라 시험해 본다. 여러 가지를 시험해 보고 나서 이번에는 하나를 선택하여 그것을 계속해 본다. 도중에 자주 방법을 바꾸지 않는 것이 좋다. 선택한 방법이 자신에게 맞지 않다고 생각되거나 그것이 지루하다고 생각되어도 계속하기를 권한다. 이 시기야말로 자기 자신이 정확하게 보이고 진정한 성장이 일어나는 때다. 명상은 성공이나 '지복' 을 맛보기 위한 테크닉은 아니다. 명상이라는 것은 우리들이 자신을 알고 '지금, 여기' 에서 일어나고 있는 것을 있는 그대로 응시하기 위한 방법인 것이다.

명상을 하겠다고 정했으면 가능한 한 매일한다. 명상을 하고 싶을 때만 하는 것은 바람직하지 않다. 다른 무엇을 목적으로 한다 할지라도 매일 계속하지 않는다면 효과는 반감하고 마는 것이다.

2) 속도 늦추기(slowing down)

(1) 부산함에서 벗어나기

명상적인 심리상태는 평소의 생활 중에도 적용시킬 수 있다. 평소에 뭔가를 할 때에는 무의식중에 그것을 해 버리는 경우가 종종 있다. 그러나 한숨 돌리고 '지금, 여기' 에서 일어나고 있는 것을 주시해 보면 매일의 생활 속에서 우리들은 언제나 조바심을 내면서 생활하고 있다는 것을 알 수 있다.

아침에 눈을 뜨면 서둘러 옷을 갈아입고 아침식사를 하는 둥 마는 둥 하며 허겁지겁 일터로 나간다. 그리고 이번에는 아침의 출근 지옥에 휘말린다. 느릿느릿 달리는 자동차가 조금이라도 멈춰서면 안절부절못하는 마음은 더해만 가고, 학교에 도착하면 수업 중에 해결하지 않으면 안 되는 과제가 산더미처럼 기다리고 있다. 학생들의 자발적인 탐구를 재촉하는 것이 아니라 수업 중 소화시키지 않으면 안 되는 것에 의해 쫓기게 된다. 과제를 끝내고 학교에서 돌아와도 이번에는 부산한 가정생활이 기다리고 있다. 아내 또는 남편이나 아이가 기다리고 있는 것이다. 집으로 들어가자마자 아이가 놀이를 하자고 하거나 책을 읽어 달라고 졸라 댈지도 모른다.

(2) 여유 있는 생활

그러나 만약 의식적으로 속도를 늦추는 것이 가능하게 된다면, 이러한 요구를 따를 때에도 균형을 잃지 않게 된다. 마음의 각성(覺醒)을 유지하면서 하루하루를 보내면 여유를 갖고 매사의 일에 대처할 수 있게 된다. 아침에 조금 일찍 일어난다면 허둥지둥하지 않고 여유 있게 하루를 시작할 수 있다. 그렇게 하면 마음의 각성을 유지하기도 쉽다. 가족과의 충분한 아침식사와 함께, 여유를 갖고 일터로 나갈 수 있다.

학교에서는 학생의 흥미를 불러일으킬 만한 수업을 할 수 있게 되고, 어느 정도 분량의 일을 처리하지 않으면 안 된다는 생각에도 구속받지 않게 된다. 실제로 캐나다의 온타리오 주를 시작으로 각 주에서 나오고 있는 새로운 학습지도요령은 교과의 시간 틀을 고집하는 일 없이 최종적으로 얻을 수 있는 성과를 중시하도록 방향을 전환하고 있다. 즉, 교사는 일정한 성과를 목표로 학생을 가르치고 있지만, 동시에 언제라도 학생들은 자신이 관심 있는 것을 추구하거나 그룹에서 흥미 있는 것을 할 수 있는 시간을 갖게 된 것이다. 일정한 시간 내에 일정한 양의 교재를 소화시키지 않아도 된다면, 교사는 좀 더 편안한 마음으로 즐겁게 가르칠 수 있게 된다. 루소는 교육의 가장 유효한 법칙으로 다음과 같이 말하고 있다. "시간을 구두쇠처럼 절약하는 것만을 생각하지 마십시오. 시간에 속박되지 마십시오." 가정생활에서는 자신을 위한 시간과 가족을 위한 시간을 확보하면 좋다. 아이들과 노는 시간을 갖는 것도 좋지만, 자신을 위한 시간을 반드시 확보하도록 한다. 이같은 시간 활용이 가능해지면 다른 가족과 있을 때에도 여유있는 시간을 보낼 수 있게 되며, 성의껏 이야기를 들어 주어 정말로 '그곳에 있어' 줄 수가 있게 된다. 이처럼 속도를 늦춤으로써 마음에 여유를 갖고 생활할 수 있는 것이다.

로자크는 지금 세계에 나타나고 있는 경향을 네 가지 제시하고 있다. 속도를 떨어뜨리는 것(slow down)도 그 하나로 들고 있는데 이는 다음과 같다.

① 분산화(分散化, decentralize)
② 민주화(民主化, democratize)
③ 슬로우다운(slow down)
④ 소규모화(小規模化, scale down)

속도를 늦춰 가는 것에 의해 생활은 점차 단순화되어 간다. 또한 그와 동시에 지구나 '생명'의 기본적인 리듬을 피부로 느낄 수 있다.

3) 운동하기(movement)

(1) 운동하기를 즐길 것

매일 또는 적어도 일주일에 3일은 뭔가 운동을 하면 좋다. 운동을 하는 것으로 자신의 신체에 대하여 알게 되고, 마음과 몸의 관계도 알게 된다. 몸을 움직이는 것으로 기분이 좋아지게 되고, 몸이 필요로 하는 것에 맞출 수 있게 된다. 명상과 똑같이 운동도 자신에게 맞는 방법을 찾아야 한다. 일단 자신에게 맞는 방법이 발견되면 그것을 계속한다. 가볍게 달리기, 에어로빅, 걷기, 구기 종목 등 무엇이나 좋으며, 그것을 계속하고 있으면 자신이 성장하고 있다는 것을 알게 되고 몸의 변화도 알아차릴 수가 있다.

운동 프로그램에 몰두하고 있으면 음식에도 민감해질 수 있다. 운동을 시작한 사람들은 특정한 음식이 미치는 영향을 알아차리게 된다. 어떤 것을 먹으면 어떠한 기분이 되고, 또 어떤 감정이 생겨나게 되는지 알 수 있기 때문에 식사의 내용에도 관심을 갖게 되는 것이다.

(2) 지나치게 구속받지 말 것

그러나 너무 심하게 운동하지 않는 것이 좋다. 중요한 것은 몸을 움지이는 것에 의해 자기 자신을 알게 되고, 몸과 마음의 관계를 이해해 가는 것이지 자기도취에 빠지는 것이 아니다. 운동은 어디까지나 자기 변용방법의 하나로서 명상이나 이미지워크에서도 같은 이야기를 할 수 있다. 바꾸어 말하면 지나치게 열광적인 명상가가 되지 않도록 조심하는 것이 좋다는 것이다. 여기에서 제시하고 있는 방법은 전체적으로 균형 잡힌 성숙한 인간으로 이끌어 가기 위한 것으로 결코 열광적인 신봉자를 만들기 위한 것은 아니다.

4) 봉사로서 가르치기(teaching as service)

학교에서의 생활이나 수업 중에는 교사의 자기 변용을 요구하는 기회가 많이 있다. 다른 교사나 학생들과의 관계 속에서 교사는 자기 변용을 해 나갈 수 있다. 매일의 무수한 만남을 살려 온화하고 개방적이며 공감적인 인간으로 성장해 갈 수 있는 것이다. 물론 이것은 학생의 언동을 무엇이나 허용하고 타인을 마음대로 조종하자는 것은 아니다. 타인을 소중히 여기는 것뿐 아니라 자신의 것도 소중히 해야 한다.

가르치는 것을 '봉사'라는 관점에서 본다면 학생이나 다른 교사와 관계할 때에도 열린 태도로 직시할 수 있게 되고, 자신의 생각에 제한받지 않게 된다. 예를 들어, 한 학생이 몇 번이나 상담하러 올 경우 점점 귀찮아질 수 있다. 그러나 그 학생의 요구가 중요한 것이라면 그 학생을 따뜻하게 맞아들이고 동시에 자신을 직시할 수 있게 된다.

또한 이유없이 화를 잘 내는 동료를 통해 이러한 안절부절못함을 자기 변용에 결부시킬 수 있다. 일반적으로 초조해질 때는 자신 쪽에서 상대방에게 무의식중에 일종의 이상형을 강요하고 있을 때다. 상대가 그 기대대로 행동해 주지 않기 때문에 화를 내게 된다. 타인과 관계할 때 벌컥 화가 날 때에도 그에 반응하지 말고 자신의 마음의 움직임에 집중하면 타인의 언동에 침착할 수 있게 된다.

교사에게 몰려드는 매일의 요구를 자기 변용의 기회로 삼는다면 교사는 좀 더 개방적이고 공감적인 인간으로 성장해 갈 것이다.

5) 일기쓰기(keeping a journal)

일기를 쓰는 것은 교사생활을 계속하는 데 매우 도움이 된다. 보통 일기를 쓰는 이유는 다양하며, 그 형식도 여러 가지다. 그날에 있었던 사건만을 간단히 기술해 두는 정도에 그치는 사람도 있고, 자신의 내면에서 일고 있는 기분이나 생각을 상세히 기술하는 사람도 있다. 그러한 일기는 내면 성장의 기록이 되며, 일기를 통하여 자신과 대화할 수도 있다. 타인이 어떻게 생각하는가 등은 상관하지 않고 자신에게 이야기할 수 있게 된다. 그리고 일기는 자기의 성장을 도와주는 매개체가 된다.

일기를 쓸 때 이미지워크를 이용하는 것도 좋다. 이미지워크 중에 나타났던 이미지를 일기 속에 써넣어 두는 것인데, 그러한 이미지에는 인생 속에서 안고 있는 문제나 과제가 반영되어 있다. 꿈을 기록해 두는 것도 좋다. 꿈의 기록을 자신의 감정이나 생각과 관련시켜 보면서 자신에게 어떤 테마가 숨어 있는가를 떠올릴 수 있다.

6) 여유 갖기(making room)

(1) 있는 그대로 보기

여유를 갖는다는 것은 마음의 근저에 있는 기분이나 걱정에 눈을 돌리는 것이다. 다시 말하면 좁은 사고방식이나 과잉기대에 속박당해 스스로 자신의 목을 조르는 행동을 하지 않는 것이다. 교사는 때때로 모든 학생에게 능숙한 답을 요구하여 지나치게 강요하는 경우가 있으며 이때 능숙하게 답하지 못하는 학생도 있기 마련이다. 그때 교사는 그것을 마음에 두어 낙심하기도 하지만, 중요한 것은 그러한 기분을 참을 필요 없이 그대로 인정하는 것이다. 즉, 문제가 일어나도 거기에서 절박해 하지 말고 여유를 갖고 관계하는 것이다. 예를 들어 어느 학생이나 동료와의 관계가 잘 되지 않으면, 일단 그것을 어려운 관계로 인정하고 한동안 그 문제에서 벗어나 자신 쪽에서 무리한 반응을 하지 않는다.

여유를 갖는 하나의 방법은 단지 '관망' 하는 것이다. 일어나서 사라져 버리는 것을 관망하고 있으면 마음속에 여유가 생겨 자신의 것을 비난하거나 평가하지 않고 있는 그대로 볼 수 있게 된다. 아침식사를 하고 일터로 향하여 수업을 하고, 동료와 잡담을 주고받고 불만을 토로하거나, 기분 좋아하거나, 긴장하거나, 편안히 쉬는 것 등 그러한 자신의 전부를 단지 '관망' 하는 것이다.

이 '관망' 하는 것과 비슷한 것이 티베트 불교에서 말하는 '공중에서 내려다본다' 는 것이다. 공중에서 내려다보는 것처럼 자신을 보면, 넓은 시야를 가질 수 있다. 이와 같은 시야가 열리게 된다면 매일 우리들이 되풀이하고 있는 생활의 여러 가지 면을 따뜻하게 지킬 수 있는 것이다.

(2) 공감이 우선

교사의 빠지기 쉬운 패턴의 하나는 모든 학생들이 자신을 좋아해야 한다는 생각이다. 그러한 교사는 학생에게 '동료' 나 '좋은 사람' 으로 보이려고 갈구하는데, 이것은 학생의 태도나 행동을 바로잡을 필요가 있을 때 문제가 된다. 그러한 교사는 학생과의 사이가 무너지는 것이 두려워 학생과 정면으로 만나는 것을 싫어한다. 그러나 시점을 바꾸어 공중에서 자신을 내려다본다면 자신과 학생 사이에 일어나고 있는 게임의 상황을 인식하게 되고 그것을 취하고 버리는 것이 가능하게 된다. 공중에서 내려다본다는 것은 자신만을 바라보는 것이 아니며 자신을 엄하게 감시한다는 것이 아니다. 오히려 그 전체를 넓은 시야 아래 있는 그대로 응시하는 것이다.

요컨대 홀리스틱(전체적) 시야를 몸에 익히는 데는 지성뿐 아니라 마음의 작용도 필요하다. 지성과 마음을 결부시키는 데 빠뜨려서는 안 되는 것이 공감적인 관점이다. 거기에서는 자신의 것만이 아니라 타인의 것도 있는 그대로 받아들일 수 있다. 교사가 자신의 핵심에 접하고 있으면, 있는 그대로의 자신을 받아들이기 쉽게 된다. 그 결과 학생과의 교섭도 잘 되고, 좋지 않은 사건에도 휘말리지 않게 된다. 자신의 핵심에 접하기 위해서는 '지금, 여기' 에 있어야 한다. 그리고 '지금, 여기' 에 있는 것으로 공감이 가능하다. '지금, 여기' 에 있으면 환상에 잡혀 타인을 보는 것이 아니라 타인의 있는 그대로의 모습을 볼 수 있기 때문이다. 즉, 공감적인 관점이란 자신이나 타인의 있는 그대로의 모습을 여유를 갖고 받아들여 이 세계와 실제로 접촉하는 것이다.

7) 유머와 웃음(humor/laughter)

마지막으로 지나치게 심각하게 생각하지 말고 마음을 비우는 것이 중요하다. 우리들은 자칫 자신의 개인적인 멜로드라마에 빠져들기 쉽다. 영국의 작가 체스타톤은 "천사가 하늘을 날 수 있는 것은 모든 일을 심각하게 생각하지 않기 때문"이라고 말한다. 자신의 고민을 웃어 날려 보내고 매일 생기는 사건을 우주의 농담으로 다루면, 교사의 역할을 하는 데도 큰 도움이 된다. 또 학생들도 교사가 유머와 센스를 갖고있다는 것을 알게 되면 마음을 터놓기 쉽다.

힌두교 사람들이 말하는 것처럼 인생은 '리라', 즉 '춤' 과 같은 것이다. 그 춤 리듬의 근저는 우주의 리듬과 하나다. 자신이 우주의 커다란 춤의 일부이라는 것을 알게 되면 일도 인생도 바뀔 수 있다. 마음을 각성하는 일, 속도를 늦추는 일, 명상을 하는 일, 여유를 갖는 일, 몸을 움직이는 일, 웃는 일 등 이것들을 통해 우주의 춤의 고리에 들어가는 것이 가능하며, 그 속에서 우리들의 일도 인생도 즐거움과 사랑에 넘치게 될 것이다.

휘트모어(D. Whitmore)는 사이코신세시스 교육의 입문서 『기쁨의 교육(The Joy of Learning)』(1985) 제8장 '교사론'에서 "교사와 학생은 가르치고 배우는 일방성이 아니라 함께 서로 배우고 성장해 가는 관계가 되는 것에 의해 참된 자기 성장이 가능하다."고 하였다. 지금이야말로 이제까지의 기계론적인 '교육'에서 벗어나 에듀케이션인 교육, 자기 성장, 자기 발견인 교육, 자신의 내부에 있는 가능성이 실현되는 교육, 새로운 것을 창출하는 교육이 필요하며, 그에 따른 교사의 새로운 역할 및 변용이 기대되는 것이다.

3. 홀리스틱 인간관계론

교육이 가장 중요시해야 하는 것은 인간이 태어나면서 갖고 있는 성장의 가능성을 키우는 것이다.

그러나 현대는 조화, 평화, 협력, 공생하는 지역사회, 성실감, 정의, 공평, 타인의 아픔을 이해하는 일, 사랑 등 이미 퇴색해버린 듯한 인간의 이상을 재인식해야 하는 국면에 처해 있다. 또한 '인간성의 개발'이 필요한데, 홀리스틱적인 입장에서의 인간성이란 '고립된 개개의 요소가 아니라, 그것들이 엮어 가는 관계성에 실체의 본질이 있다.'는 관계론적인 것이다. 즉, 인간성은 자기를 타인과의 '사이(間)', 자기와 세계와의 '사이(間)'의 관계성에서 실현된다고 보는 진정한 '인간성(人間性)'인 것이다.

여기에서는 홀리스틱 교육비전의 '제5원칙 교사의 새로운 역할'과 관련하여 좋은 인간관계 만들기를 위한 홀리스틱적인 교사의 지원활동에 대해 제안하기로 한다.

1) 좋은 인간관계 만들기

아이들은 끊임없는 가능성을 갖고 있는 한 알의 씨앗이다. 씨앗은 자꾸 만지작거리면 발아하지 않는다. 태양과 물, 풍부한 토양이 있는 온화한 환경 속에서만 싹이 트고 성장한다. 또한 냉랭하고 황폐한 풍토 속에서는 쑥쑥 자라지 못한다. 그러므로 먼저 아이들의 가능성이 싹을 틔워 무럭무럭 자랄 수 있는 학급 풍토를 만드는 것이 필요하다. 그것은 '좋은 인간(人間)관계' 만들기다. 좋은 인간관계 속에서야말로 아이들은 생기 있게 학습해 갈 수 있는 것이다. 하고자 하는 의욕을 상실하거나 집단 괴롭힘, 등교거부 등도 학급의 인간관계에 영향을 주는 요인들이다.

(1) 좋은 인간관계

학급에서의 인간관계란 교사와 학생 간의 관계만이 아니라 아이들 상호 간의 관계를 포함한다. 교사와 학생 간 그리고 아이들끼리의 좋은 인간관계란 다음과 같다.

- 서로 신뢰하고 신뢰받는다.
- 서로 생각해 주는 마음이 있다.
- 서로 상대를 존중하고 상대에게 존중받고 있다.
- 서로 도움을 주고받는다.
- 서로 안심하고 무엇이든 말할 수 있고, 있는 그대로의 자신을 인정할 수 있다.
- 서로 솔직하고 정직하다.
- 서로 상대를 좋아한다.

- 서로의 개성이나 특징을 인정하고 그것을 향상시킬 수 있다.
- 서로 대립되는 것이 있어도 건설적으로 해결할 수 있다.

여기에서 언급한 좋은 인간관계를 잘 보면 '서로'라는 표현이 모두 들어가 있다는 것을 알 수 있다. 교사도 아이들도 서로인 것이다. 서로 신뢰하고, 서로 알아주고, 서로 도와주는 관계는 아이들끼리만이 아니라 교사와 아이들 사이에서도 바람직한 것이다.

이 같은 관계가 조성되지 않으면 교사가 아무리 노력해도 그 성과가 오르지 않는다. 어떤 교사는 이렇게 말한다. "나는 지도력이 없는 것일까? 이렇게 열심히 하는데도 아이들과 마음이 멀리 떨어져 있어. 아이들에게 책임 지우고 꾸짖는 나 자신이 정말 싫어져."

이와 같은 경우도 먼저 교사와 아이들의 인간관계에 주목해야 한다. 가르치는 것은 교사이지만 배우는 것은 학생들이기 때문이다. 아주 열심히 가르치는데도 학생이 배우려 하지 않는다면 교육이 될 수 없다. 그러므로 교육 성과의 유무는 학생들이 스스로 배우려는 마음을 갖고 있는가 그렇지 않은가에 달려 있다. 교육은 학생들의 의욕이나 자주성 없이 성립되지 않는다. 학생들의 의욕과 자주성은 교사와 학생 사이에 어떠한 인간관계가 조성되어 있느냐에 달려 있다. 중요한 것은 인간관계의 질(質)인 것이다.

(2) 인간관계의 세 가지 형태

교사와 학생 간의 인간관계에는 다음과 같은 세 가지 형태가 있다.

① 지배(支配)와 복종(服從)의 관계

교사는 자신이 결정하여 좋다고 생각하는 목표에 아이들을 도달시키기 위해 칭찬하고 꾸짖거나 지시, 명령, 협박히여 경쟁심을 촉발시키며, 상벌이 비약되어 체벌로도 된다. 이 같은 교사와 학생 간의 인간관계가 '지배와 복종의 관계'다. 교사들은 학생을 위해서라고 말하지만, 잘 생각해 보면 이것에는 다음의 두 가지 경우가 있다.

• 교사의 에고이즘(egoism)

교사는 '아주 열심인, 훌륭한 선생님이야.' 라는 말을 듣고자 한다. 즉, 학생을 성장시키기 위한 교육이 아니라 자신이 좋은 선생님이라고 인정받는 것에 꾸준한 노력을 기울이고 있다는 것이다. 이는 좋은 교사가 되기 위해서 학생을 이용하는 것에 불과하다. 교사는 자신의 마음을 진지하게 바라보고 끊임없이 스스로를 경계하지 않으면 안 된다.

• 교사의 자기중심성

학생에게는 그 자신의 기분이나 생각이 있다. 독특한(unique) 한 사람의 인간인 것이다. 그러나 그 학생의 기분이나 생각을 무시하고 교사가 좋다고 생각하는 방향으로 유도하는 경우가 많다. 모범생이라 생각되는 아이의 모습을 정해 놓고 그것에 가까워지게 하는 것이 교육이라고 생각하는 교사도 많다. 아무리 선의에서 나온 것이라 할지라도 교사 자신의 고정화된 관념이나 생각, 교사 자신의 감정이나 가치관이 중심이 되어 있기 때문에 이는 자기중심적인 교사의 태도라 할 수 있다. 이 경우 인간으로서의 학생 존재의 존엄성이나 인격이 무시당하고 있는 것이다.

② 방임(放任)과 영합(迎合)의 관계

관리교육의 폐해가 커지게 되면 점차적으로 자유가 요구되고 있다. 지배 · 복종의 관계는 한계가 있으며 학생들을 해방시켜 자유롭게 해야 한다고 주장하게 된다. 학생의 자주성을 살리기 위해서는 학생들에게 결정권을 주어 스스로 결정하게 하고, 가능한 한 교사는 간섭하지 않아야 한다는 사고방식이다. 아이들이 하고 싶은 대로 자유롭게 해 주면, 학생의 자주성이 자란다고 생각하는 것이다. 그러나 현실적으로 이 경우 아이들은 왁자지껄 떠들거나 제멋대로 행동하여 손쓸 방법이 없어지게 된다. 친구를 생각하는 마음도 없어지게 되고, 불만만 갖게 되며, 자기 자신이 어떻게도 할 수 없는 학급을 싫어하게 된다. 자유를 추구하고 있으면서 도리어 부자유한 인간관계가 되어 버리는 것이다.

이렇게 되면 아이들은 "선생님! 좀 더 엄격하게 해 주세요."라고 요구하게 되고, 교사 자신도 이 같은 관계를 견디지 못하고 다시 지배 · 복종의 관계로 돌아가게 된다. 풀어 주면 안 된다, 아이들에게 무시당하면 안 된다고 생각하게 되는 것이다. 지금까지 교육은 '교사 중심과 학생 중심' '권위주의와 관용주의' '관리와 자유' 등의 두 가지 사고방식 사이를 왔다 갔다 하였다. 학생 중심의 민주교육은 아이들을 버릇없게 하기 때문에 다시 엄격한 관리교육을 주장하게 된다. 이 두 가지 형태로는 앞에서 본 것과 같은 '좋은 인간관계'가 생길 수 없다.

③ 원조(援助)적인 관계

로저스는 카운슬링(counseling) 관계를 지배 · 복종의 관계도 아니고, 방임과 영합의 관계도 아닌 원조적인 관계라고 하였다. 상대가 성장하여 자신의 가능성을 충분히 실현하며 살아가는 것을 원조하는 관계인 것이다. 이것은 카운슬링만이 아니라 교육에서도 그대로 적용된다. 로저스는 카운슬러(counselor)가 클라이언트(client: 상담하러 온 사람)를 성장하게 하는 것이 아니라, 두 사람의 관계의 질이 클라이언트를 자라게 한다는 것을 발견한 것이다. 거기에서 로저스의 카운슬링 이론이 시작되었다. 교육에서도 교사와 학생과의 관계가 어떻게 조성되어 있는가가 중요하다. 지배 · 복종의 관계도, 방임과 영합의 관계도 아닌 원조적인 관계가 되어 있을 때에 교육의 성과는 오르는 것이다. 원조적인 관계는 아이들의 인간성을 길러 가능성을 향상시킬 뿐만 아니라, 교사도 학생과 함께 생기 있게 살아가고 배워 함께 성장해 갈 수 있는 관계인 것이다. 즉, 좋은 인간관계란 '원조적인 관계'인 것이다.

2) '좋은 인간관계' 만들기를 위한 실천

원조적인 '배우는 자 중심'의 교육을 위해서 교사는 학생들과 마음을 터놓고 그들이 요구하는 것이 무엇인가를 잘 들을 필요가 있다. 학생과 교사 간에, 또 학생들 간에도 좋은 라포(rapport) 형성을 위해 학급에서 실시할 수 있는 프로그램을 소개하면 다음과 같다(手塚郁惠, 刀根良典, 1995).

(1) 패스워드 만들기

패스워드(password)는 컴퓨터를 써서 개인적인 정보를 끌어낼 때 이용되는 일종의 암호다. 이 패스워드를 학급경영에 응용해도 좋다. 패스워드를 학생의 프라이버시(privacy)를 지키기 위한 하나의 방법으로 활용할 수 있는 것이다. 학생의 비밀을 엄수하는 교사의 태도에 의해 교사와 학생과의 사이에 신뢰관계가 만들어지고, 끊어지지 않는 고리가 이어지게 되는 것이다. 아이들은 비밀의 언어를 갖는 것을 매우 기뻐할 것이다.

① 목표

- 학생의 프라이버시 존중을 위한 기본 양식을 갖춘다.
- 교사와 학생 간의 끊기 어려운 마음의 고리를 강화한다.

② 그룹의 구성: 그룹을 만들 필요는 없다.

③ 소요시간: 20분

④ 사전 준비: 상질의 종이를 잘라 기입용지를 만들어 둔다.

⑤ 장소의 설정 및 교실배치: 평상시의 교실배치 상태도 좋다.

⑥ 진행과정

- "여러분에게는 다른 사람에게 알리고 싶지 않은 여러 가지 비밀이 있을 것이라 생각됩니다. 선생님은 그 비밀을 지키기 위해 매우 좋은 방법을 생각해 냈습니다. 그것이 지금부터 할 패스워드 만들기입니다."
- 지금부터 여러분 한 사람 한 사람에게 자신의 패스워드를 받겠습니다. 패스워드란 여러분이 컴퓨터를 사용할 때 표시하는 기호입니다. 그와 동일한 것을 우리 반에서도 해 봅시다."

· "패스워드는 여러분 개인과 선생님만이 알고 있는 비밀의 언어입니다. 타인에게는 누구에게도 알리지 않습니다. 다른 사람들에게 알려지면 난처한 일의 상담을 할 때에는 편지나 기입용지에 자신의 이름이 아닌 패스워드를 씁니다. 그렇게 하면 그 편지나 기입용지를 누가 썼는가를 선생님과 여러분밖에는 알지 못합니다. 이렇게 하면 상담의 비밀은 지켜집니다."

· "지금부터 종이를 나누어 줄 것이니 자신의 이름과 출석번호를 쓰십시오. 그러고 나서 공주, 사자, 코스모스, 튤립, 사과, 파인애플, 딱정벌레, 텔레비전 등 무엇이든 좋으니까 자신이 좋아하는 단어를 하나 생각해 주십시오. 그것이 여러분의 패스워드가 되는 것입니다."

· "자신의 패스워드가 정해지면 다른 사람이 알지 못하게 용지에 쓰고, 반으로 접어서 선생님에게 내 주십시오."

· "지금부터 선생님이 말하는 약속은 반드시 지키십시오.
첫째는 자신의 패스워드를 결코 다른 사람에게 이야기하지 않는다는 것입니다.
둘째는 친구의 패스워드가 무엇인가를 물어서는 안 된다는 것입니다.
셋째는 자신의 패스워드를 결코 잊지 않아야 하는 것입니다."

· "만약에 자신의 패스워드가 누군가에게 알려졌을 경우에는 다른 패스워드로 바꾸십시오. 새로운 패스워드는 곧바로 선생님에게 알려 주십시오."

⑦ 실시상의 유의사항

· 학생의 프라이버시를 지킨다는 자세를 확고히 한다.

· 학생들 간에 패스워드가 동일하게 되었을 경우에는 다른 패스워드를 만들게 한다.
· 타인의 이름(선생님이나 친구들의 이름 등)을 패스워드로 하지 않는다.

(2) '선생님, 들어 주세요' 카드

이것은 학생이 난처해하고 있는 것, 생각하고 있는 것, 이야기하고 싶어 하는 것 등 무엇이든 자유롭게 카드에 쓰게 하고, 학생과 교사의 의사소통(communication)을 깊게 하려는 것이다. 때맞춰 이 방법을 실시함으로써 교사는 학생의 SOS 발신을 빨리 포착하고, 개개인의 사정에 따라 의논할 수 있게 된다. 또 교사는 학생이 무엇을 바라고 있는지를 알 수 있으며, 자신의 학급지도나 교과 지도를 재평가할 수 있다.

① 목표
· 학생과 교사 간의 의사소통을 원활하게 한다.
· 학생이 교사에게 무엇을 원하고 있는지를 안다.
· 학생 이해에 도움이 된다.
② 그룹의 구성: 그룹을 만들 필요는 없다.
③ 소요시간: 2~5분
④ 사전 준비: 상질의 종이를 잘라 명함 크기의 카드를 한 사람당 1매씩 준비한다.
⑤ 장소의 설정 및 교실배치: 평상시의 교실배치 상태도 좋다.
⑥ 진행과정
· 조회나 종례 또는 생활지도시간 등을 이용한다.
· 한 사람당 1매씩 카드를 나누어 준다.

〈패스워드 주소록〉

학년 반 담임 ○○○

번호	학생명	패스워드 1	패스워드 2	패스워드 3	비고
1					
2					
3					
4					
5					

"지금 나누어 준 카드에 선생님에게 전하고 싶은 것이 있으면 어떤 것이라도 좋으니 써 주세요. 자신의 패스워드도 써 주십시오."

저학년 학생에게 실시할 경우에는 '선생님, 저 있잖아요….'에 계속되는 문장을 기입하게 한다.

· "뭔가 난처한 일이 있으면 그 일을 쓰고, 카드의 오른쪽 위에 'SOS'라 기입하십시오."

· 다 썼으면 출석번호순에 따라 교사가 모은다.

· 모아진 카드는 출석번호순에 따라 B4의 용지에 복사하여 파일을 만들어 둔다.

· 카드 원본은 학생에게 돌려준다.

· SOS를 보내 온 학생과는 개별 상담의 기회를 갖는다.

⑦ 실시상의 주의사항

· 개인의 비밀을 엄수한다.
· 교사는 경청하는 자세를 갖는다.
· 이따금 실시하면 학생과의 의사소통이 원활해진다.
· 개개인의 학생과 대화를 갖는 계기로 이용하면 좋다.

(3) 상담카드

교사는 학생 개개인과 충분히 이야기할 기회를 좀처럼 갖기가 어렵다. 그 때문에 그룹 안의 문제나 개인의 문제가 있어도 알아차리지 못하는 일이 있다. 이 상담카드를 이용하면 잠재하고 있는 학급 내의 대인관계문제 등을 조기에 발견할 수 있고, 필요하다면 개인 또는 그룹원과 의논할 수 있다. 이것은 '능동적이고 적극적으로 귀 기울이기'를 학급 안에서 활용할 수 있는 하나의 방법이다.

① 목표

· 학생의 마음의 부담을 경감시킨다.
· 집단 내의 문제를 조기 발견한다.
· 그룹 내의 대인관계를 조정한다.

② 그룹의 구성: 학급 전체로 한다.

③ 소요시간: 5~10분

④ 사전 준비: 상담카드용지를 준비해 둔다('상담카드' 양식 참고).

⑤ 장소의 설정 및 교실배치: 통상의 교실배치로 좋다.

⑥ 진행과정

· 조회와 종례 또는 생활지도시간에 한 사람당 1매씩 카드를 나누어 주어 기입하게 한다.

"여러분이 뭔가 난처한 일을 겪고 있을 때 선생님에게 상담하고 싶다거나 생각하고 있는 것이 있으면 이 상담카드에 쓰십시오. 어떤 것을 써도 좋습니다."

· "선생님은 여러분이 이 카드에 쓴 것을 다른 사람에게 절대로 이야기하지 않겠습니다. 안심하고 무엇이든 쓰십시오."

· "상담카드는 무슨 일이, 언제, 어디에서, 누가, 어떻게, 왜 등 각각의 난에 알기 쉽게 써 주십시오."

· "특별히 쓸 것이 없는 사람은 오늘 있었던 일을 써 주십시오."

· "선생님과 상담하고 싶나고 생각하는 사람은 아래의 상담희망란에 표시해 주십시오."

· 전원이 기입하면 카드를 모은다.

· 내용에 따라 개인, 그룹 등과 대화의 기회를 갖는다.

⑦ 실시상의 유의사항

· 쓰인 내용에 관하여 비밀을 엄수한다.

· 전원이 쓰게 한다.

· 쓸 것이 없는 학생에게는 그날 있었던 일을 쓰게 하다.

· 상담 의뢰가 있을 경우에는 단시간이라도 좋으니 반드시 상담에 응한다.

좋은 인간관계란 서로 있는 그대로의 모습으로 신뢰하고, 함께 만나고, 함께 자랄 수 있는 관계라 할 수 있다. 그러한 관계 속에서 교사도 아이들도 함께 성장해 가고 학습활동도 촉진된다. 좋은 인간관계는 원조적인 관계로 원조적인 관계란 교사의 태도에서 만들어진다. 교사와 학생 및 학생 상호 간의 이해가 깊어질수록 학교는 애정, 존경, 신뢰 등의 바람직한 인간관계를 갖는 집단으로 발달하고 개개인의 학생은 밝고 건강하게 성장해 갈 수 있는 것이다.

〈상 담 카 드〉

200 년 월 일 요일 패스워드: ○○○

What 무슨 일이 있었습니까?		
When 언제		
Where 어디에서		
Who 누가		
How 그것이 어떻게 일어났습니까? 지금은 어떤 상태입니까?	처음	
	가운데	
	끝	
Why 그것이 왜 일어났습니까?		

☞ 상담희망 — 개인상담( ), 그룹상담( ), 전화상담( )

☞ 상담을 희망하지 않음( )

12 홀리스틱 교육환경의 구성 및 활용

지구와 우리들 자신을 치유하기 위한 유일한 길은 분열된 세계관에서 벗어나 보다 전체론적이고 보다 합리적으로 통합된 근원적인 대지를 존중하고, 방만한 인간 중심을 탈피한 세계관을 갖는 것이다. 즉, 생명 전체의 이어짐 그 자체로서 가치를 가지면서, 동시에 우리들 존재의 본질이기도 한 생명을 존중하는 세계관을 가져야 한다(K. Wilber, 1995). 인간의 역사를 통해 지금까지 아이들은 자연 속에서 지혜를 배우고 심신을 단련해 왔다. 근대사회가 도래하면서 구성된 근대적인 학교는 그것을 보완하기 위한 교육제도로서 나름대로의 중요한 역할을 해 왔다. 그러나 현재의 학교 교육체제하에서 아이들의 심신의 비뚤어짐과 경쟁심, 교내 폭력, 비행, 등교거부, 무기력에 의한 자살기도, 학급붕괴 등 오늘의 많은 교육문제를 발생시킨 것이 아닌가 생각한다. 이제는 아이들이 변하고, 학교가 변하고, 지역이 변할 수 있는 방향의 모색이 필요하다.

따라서 여기에서는 따뜻하고 바르며 깊이 있는 인성을 갖춘 자신만의 무한한 가능성을 살려 가는 아이들을 육성하고, 현 교육이 안고 있는 총체적인 문제와 사회문제도 해결할 수 있는 방법으로 '학교에서의 자연의 숲 만들기'를 제안한다. 이와 함께 홀리스틱적인 관점에서의 지구생태교육의 필요성과 학교 숲 조성의 효과를 언급하고자 한다.

1. 홀리스틱 교육과 지구생태교육

홀리스틱 교육의 세계관은 이 세상에 존재하는 모든 것은 어떤 형태로든 관련성을 갖고 서로 상호작용을 하고 있다는 것으로, 이것은 현대사회가 직면하고 있는 위기 속에서 교육 · 과학 · 산업계 등 여러 방면에서 공통적으로 주목되고 있는 세계관이기도 하다. 또한 이것은 환경 문제나 생태계 문제 등 최전선의 과학지식과 함께 여러 가지 정신적인 전통이 가르치는 사고방식이다.

1) 홀리스틱 교육비전 제9원칙: 지구소양 · 지구생명권 교육

환경문제나 생태계 문제와 관련하여 홀리스틱 교육이 추구하는 비전에 대하여 1991년 6월 GATE 총회에서의 검토를 거쳐 8월에 『EDUCATION 2000/홀리스틱 교육비전 선언문』 10원칙이 발표되었다. 이 중 제9원칙 지구소양교육(Education for Earth Literacy)에서는 다음과 같이 제시하고 있다.

> 우리들은 지구 생명권에 대한 기초적인 이해를 촉진하는 교육을 추구한다. … 이 학습의 중심은 생명유지의 기본적인 시스템, 에너지 순환, 생명연쇄, 상호 의존관계, 생성 · 진화과정 등의 인식을 얻는

> 것에 있다. 또 이것은 (직접 관계하는 자연과학만이 아니라) 정치, 경제, 문화, 역사, 자신이나 사회의 변화에 관한 과학이라는 분야를 통합하는 종합적인 학습이다(GATE, 1991).

즉, 홀리스틱 교육은 지구생명권에 대한 기초적인 이해를 촉진하는 교육을 추구한다. 지구환경의 파괴는 최근 세계인들에게 심각성을 일깨워 주었다. 따라서 1999년 9월 21일부터 1개월간에 걸쳐 우리나라의 하남에서는 '99 하남국제환경박람회'가 열렸다. 이 국제환경박람회는 유엔개발계획(UNDP)이 처음 협력단체로 나서고 세계 10여 개국 200여 개 업체가 참가하였는데, 세계의 각종 환경기술을 선보이는 마당만이 아니라 '놀이를 통해 자연의 중요함을 배우는 환경교실'도 준비되었다(조선일보, 1999).

에콜로지 교육, 환경교육은 그 실천 면이나 연구 면에서 현저한 진전을 보여 일본에서는 문부성의 지도자료가 나오게 되었으며, 우리나라에서도 제6차 교육과정부터 중등학교에서의 선택 교과목으로 채택되어 있다. 또한 초등 과학교육과정에서의 환경과학에 대한 저서도 엘스트지스트(J. Elstgeest)와 할렌(W. Harlen, 1990)에 의해 저술되어 있으며, 홀리스틱 교육론의 발전 과정에서도 환경교육에 종사해 온 논자들이 중심적인 역할을 하고 있다.

클라크(E. Clark, 1989)는 환경에 관한 교재를 기존 교과와 같이 각각 분산해 가는 방법이 아닌, 환경문제나 에콜로지의 원리를 핵으로 한 종합적인 학습진행 모델을 제안하고 있으며 '상호 의존성' '다양성' '한계 포용력' '변화와 적응' '경쟁과 협력'

'순환' 이라는 생태학이나 생물 진화론의 주요 개념을 정치, 경제, 역사 등의 사회적 사상에 적응하는 것에 대해서도 언급하고 있다(ホリスティック教育研究会, 1995).

> 교육은 원래 모든 형태의 생명체 속에 흐르고 있는 '생명' 에 대한 깊은 외경의 염에 근원을 갖고 있는 경영이 되어야 한다. …… 자신은 이 행성의 다른 모든 존재와 상호 의존적 관계에 있다는 것, 개인의 행복과 지구 전체의 행복이 깊은 곳에서 일치한다는 것, 그리고 그 속에서 각자의 역할과 책임의 넓이와 깊이를 인식해야 한다는 것을 자각하게 하는 교육이 추구되고 있다. 교육은 전 지구적인 생태학적 견해에 견고히 뿌리를 내리고 있어야 한다(GATE, 1991).

'교육(教育)' 의 '육(育)' 은 기르는 것, 자라는 것이다. '기른다' 고는 해도 생명은 자신이 스스로 자랄 수밖에 없기 때문에 결국 자라는 데 적당한 조건이나 환경을 갖추어 주는 것이다. 이것이 에듀케이션(education)의 원래의 목적인 '불러일으키는 것' (라틴어의 educare)이 된다. 학교 수업의 목적도 무엇인가를 가르쳐(teaching) 알게 하는 것이 아니라 개개인의 아이들 속에 잠재되어 있는 좋은 점이 발현될 수 있는 상황을 만들어 주고, 그 발현되는 것을 인정하며, 또 다른 가능성이 발현되도록 조장하는 데 있다. 이것이 소위 '자기 발견의 기쁨' 인 것이며, 이 같은 새로운 자기 발견이 가능한 상황을 만드는 것이 수업이기 때문에 수업의 목적 그 자체가 전혀 달라져 버리는 것이다.

생명체는 자연스러운 자신만의 성장의 리듬을 갖고 생기 있게 자라 간다. 그러나 지금까지의 기계론적인 우리 교육현실에서 그러한 아이들의 자연스러운 성장을 부모나 교사의 자기중심적, 에고이즘적인 사고에 의해 잡아 뽑거나, 과도한 영양분의 투여로 시들게 하거나, 더는 자랄 수 없게 해 버리지는 않았는지 되돌아보아야 할 필요가 있다. 더 나아가 교사 중심의 의존적, 피동적, 타율적 학습이 아니라 학생이 자신의 성취목표를 설정하고 스스로 수행하는 데 독립적, 능동적, 자율적인 자기 주도적학습(self-directed learning)으로 할 수 있게 충분한 상황과 여건을 조성해 주어야 한다. 생명체인 아이들이 자신의 성장리듬에 맞게 자신의 종자(種子) 안에 갖고 있는 무한한 가능성을 피워 갈 수 있게 적당한 양분과 물을 주고, 자라기에 쾌적한 환경을 꾸며 주며, 사랑으로 지켜보고, 자신의 모습을 살리며, 잘 자리 가는 것을 기뻐하면서 격려해 주면 되는 것이다.

즉, 홀리스틱 교육은 생명체의 자연스러운 성장의 모습에서 우리 교육이 추구해야 할 근원적인 방향을 찾고자 하는 것으로, 그러한 생명체의 성장 리듬을 잘 알 수 있게 자연과 생태계의 흐름을 알고, 공존의 의미를 감지할 수 있는 교육을 적극적으로 시도할 필요가 있다.

2) 홀리스틱 교육과 생태학적 소양교육

삼림학자, 야생 동식물 생태학자, 환경학자, 과학자, 자연보호주의자, 교육학자로 알려져 있는 레오폴드(A. Leopold)는 그의 저서 『모래땅의 사계(A Sand County Almanac)』(1949)에서 "생태학은 교육을 통해서 가능하다. 그런데 어찌된 일인지 우리 교육체계에서는 윗단계로 갈수록 생태적 사고와는 거리가 멀어진다. 생태학이라는 이름이 붙은 과목에서만 생태학을 배울 수 있는 것은 아니다. 지리학, 식물학, 농학, 역사학 혹은 경제학에서도 가능하다. 그러나 현재 그 어느 과목에서도 우리에게 꼭 필요한 지식은 가르쳐 주지 않는다. …… 생태계 전체의 통합성, 안정성 그리고 아름다움을 보존하는 방향으로 지도되어야 한다."고 한다(윤여창 외, 1999). 또한 핀치는 레오폴드의 저서에 대한 서평에서 "레오폴드의 에세이들은 단지 자연과 환경파괴를 폭로하는 데 그치지 않고 개인적 의견으로, 때로는 정책적 입장에서 의문을 제기하며, 문제의 실체를 파악하려 하며, 언제나 비난보다는 교육을 통해 그 문제를 해결하려 한다. 상처투성이의 자연을 보는 고통을 토로하면서도 그는 인간이 자연에 대해 저지르는 잘못의 대부분은 유전적 본능이 아닌 무지의 탓이라고 확신한다. 자연을 알고 이해하는 레오폴드 자신의 능력도 오랜 교육과 자기 훈련의 결과로 얻어진 것이기 때문이다"(윤여창 외, 1999)라고 언급한다. 그렇다. 인간이 자연에 대해 저지르는 잘못의 대부분은 유전적 본능이 아닌 무지의 결과다. 이것은 국제적으로 명성이 높아 1948년 사망 후에도 미 국립야생동물보호협회의 명예의 전당에도 이름이 오른 레오폴드 자신 또한 경험한 것으로, 자연과 생태계에 대한 이해는 오랜 교육과 자기 훈련의 결과로 얻어지는 것이기 때문이다.

최근에 일부 생태학자들 사이에서는 '생태맹(生態盲, ecological illiteracy)'이라는 용어가 신조어로 입에 오르고 있다. 생태맹은 문맹, 컴맹 등에서 풍기는 뉘앙스처럼 생태학적 지식의 결여나 자연 해독능력의 결여를 암시하는 것으로 실제로는 그 이상의 많은 의미를 함축하고 있다. 생태맹은 자연계나 생명현상에 대한 지식의 결여만을 의미하지 않고 오히려 천부적으로 물려받은, 자연과 교감할 수 있는 우리의 정신적 능력이나 자연과 우리 자신이 조화롭게 어울릴 수 있는 감성의 결핍을 뜻한다(전영우 외, 1999). 또한 과학적 학문으로서의 생태학을 넘어서 이제 인간 삶 전체를 조망하는 세계관이나 인식틀의 차원, 즉 '생태주의(ecologism)'를 주장하는 유전학자도 있다(이정호, 1999).

우리는 지구상의 모든 것이 서로 유대감을 갖고 있다는 것과 '생명'에 대한 경외감을 잃고 산업사회적인 가치관이나 과학기술만을 신봉해 왔다. 따라서 경쟁과 이권을 탈취하기 위한 다툼으로 세월을 보내면서 협력하는 것을 잊고 자원의 파괴와 고갈을 돌아보지 않으며 개발과 소비만을 추구하며, 인간적인 관계나 신뢰감보다도 관리 · 지배에 의존해 왔다. 그 결과 대기오염, 해양오염 등 지구 전체의 자연파괴가 진행되어 병든 생태계를 만들어 냈고, 미래 인간을 행복하게 할 과학기술의 발전이 인류와 지구의 파괴를 불러일으키는 상황이 초래되고 있다. 이처럼 병든 교육과 병든 생태계는 그 근원이 같은 곳에 있다. 이는 인간성이나 마음을 보지 못하는 현대 문명의 위기로 우리들은 인류사적인 전환기에 서 있다. 이 위기는 현대 문명을 지켜온 세계관, 인간관, 교육관 안에서 기술적으로 해결할 수 있는 것이 아니다. 인간이나 교육을 보는 눈, 사고방식 전체를 전환하지 않으면 안 된다(http://www.bekkoame.or.jp).

이러한 전 지구적인 생태학적 소양교육, 환경을 살리는 교육, 전체론(홀리즘)적 관점에서의 통합교육을 위해서는 아이들과 가까운 곳, 즉 교정(校庭)에 자연의 숲, 생명의 숲을 조성하여야 하며, 또한 적극적으로 자연과 가까이 하고 생태맹을 극복할 수 있는 프로그램의 운영이 필요하다.

2. 학교 숲의 필요성과 조성효과

1) 학교 숲 만들기의 필요성

우리는 나무가 있거나 수풀이 우거져 있으면 '자연(自然)' 이 있다고 일면적으로 생각하기 쉽다. 길가에는 가로수가 있고, 공원에도 나무가 있으며, 학교 울타리나 교재원에도 녹색이 펼쳐져 있다. 그러나 그런 곳의 수목이나 풀꽃들을 보면 은행이나 버드나무, 포플러, 향나무, 회양목 등 주로 단일종인데 그것도 외래종이 대부분이라는 것을 알 수 있다. 이것은 관리하기 편하다거나 보기에 좋다는 인간의 관점에 의한 것으로 지역에서 자생하는 자연 식생을 전혀 무시한, 결코 진짜 '자연' 이라 할 수 없는 것들이 대부분이다. 진짜 자연, 숲이라는 것은 어느 지역이 자연적인 상태에 있을 때에 자생적으로 자라는 식물집단을 말한다. 그 지역의 잠재적인 자연력에 적합하고, 식물 사회에서의 규칙의 엄격함을 극복하고 자란 식생의 모습이 '진짜 자연' 인 것이다. 식생은 사회적 · 내면적인 질서 규제와 환경적 · 외인적 질서 규제에 의해 성립하고, 그 환경 경사의 정도에 의한 상승작용의 결과로 표현된다. 식생을 분류하자면, 인간의 간섭이 전혀 없는 상태에서 성립하는 '원식생(자연 식생)' 과 인간의 간섭이 들어간 상태에서 성립하는 '2차 식생' 으로 구분할 수 있다(小日向 孝, 1997). 우리들이 지금 보고 있는 식생의 대부분은 후자인 경우로, 따라서 공원이나 교정, 가로수에서 볼 수 있는 수목은 자연 식생을 배려하지 않은 채 식재되어 있는 것이 대부분이다. 인간은 유사 이래 그 토지 고유의 잠재 자연 식생의 식물과 공존하며 번영하여 왔다. 또 인간은 보다 풍요로운 생활을 추구하여 다양한 활동을 하고 문화를 구축하여 왔다. 그러나 지나친 인간의 욕망과 이기적인 행위가 인간의 참된 공존자인 '자연'을 상실시키고, 지구상에 생을 두고 있는 모든 생물의 생존환경을 위험한 상태로까지 몰고 갔다. 인공림을 보고 자연이라고 생각하는 사람 중에는 일손이 부족하여 인공림의 '관리가 어렵다'거나 진짜 자연에 근접해 가는 숲의 모습을 보고 '황폐화되었다'고 표현하기도 한다. 지금 우리들에게 필요한 것은 진짜 자연 · 숲에 대한 이해와 인식을 갖는 비오톱(biotope, 소생물권) 자연관이나 생태적인 자연에의 전환이다. 자연이라는 것은 토양 중의 미생물을 비롯한 여러 가지 동식물 등으로 구성되어 있다. 생태학적 자연이란 자연 속의 일부분만을 보호하려는 자연관이 아니라, 다양성과 지역의 특성을 갖는 자연을 전체로서 있는 그대로 다루고자 하는 자연관이라 할 수 있다.

생명의 숲을 만들기 위해서는 숲을 만들고자 하는 장소를 중심으로 반경 3~10km권에 현존하는 식생 및 잠재 자연 식생에 관한 생태학적 · 사회학적 현지조사를 통해 그 토지의 입지에 맞는 수종을 선택할 필요가 있다(小日向 孝, 1997). 또한 특히 중요한 것은 표층토의 복원과 군락의 설치, 식재 수종의 배치, 식재 방법 및 멀칭(mulching)[1]과 식재 후의 관리에 대해서도 미리 알아두는 일이다.

숲 만들기는 생명과 마음의 교육으로서 지성과 감성과 체험교육의 실천이다. 학생, 교사, 학부모, 지역 주민, 교육행정가 모두가 손수 만드는 숲인 것이다. 손수 만들면서 자연에의 사랑이 생겨난다. 이 사랑이야말로 자연과의 관계를 깊게 만든다. 이렇게 하여 만들어진 숲은 생을 영위하면서 경쟁, 공존, 인내, 배분 등의 자연의 질서 속에서 건강하게 자라 간다. 아이들이나 지역 주민들이 숲과 접촉하며 숲의 다양한 마음을 배우는 기쁨을 맛볼 때 따뜻한 가슴으로 풍요롭게 살아가는 힘을 얻고, 지구 전체를 포함하는 전 지구적 입장에서 무슨 일이나 생각할 수 있게 된다. 그러한 '생명의 숲'을 학교 교정(校庭)으로 가져와야 할 필요성이 크다. 학교 울타리에 단지 나무를 나열하여 심는 것만이 아니라, 자연에 존재하는 숲 환경을 그대로 교정에 조성하여 교육적인 효과를 거두자는 것이다. 이미 일본에서는 '숲과 목장이 있는 학교'를 만들어 그 교육적인 효과를 알린 야마노우치기 이치로 교장의 가와사키 소학교, 오지야 소학교에서의 실천과 사가와토오루 교장의 미나미 중학교에서의 실천이 널리 알려져 있다.

자연을 가까이하여 자연(自然, nature)이 무엇인가를 감지하고 그 속에서 자신을 발견해 가며 인성을 갈고 닦는 데 활용할 수 있도록 해야 한다. 학교의 모든 시설과 환경은 전적으로 학생들을 위해 조성되어야 한다. 멀리서 눈으로 감상만 하는 것으로 자연을 이해하고 친숙하게 되기는 어려운 것이다. 도심지에서도 조금만 나가면 산이 있고, 울창하게 우거진 숲도 있다. 그러나

---

1) 특정한 재료를 써서 토양을 덮거나 보호하고, 토질을 개선해 식물의 생육을 도와주는 역할이다. 재료로는 수피, 낙엽, 볏짚, 콩깍지, 풀 및 제재소에서 나오는 부산물을 사용하는데, 나무껍질을 썩히거나 질소, 마그네슘, 칼륨 등의 성분을 첨가하거나 잘게 분쇄처리해서 얻어지는 발효시킨 수피도 토양 내 비료로 쓸 수 있다.

그것을 멀리서 바라보기만 한 사람과 그 산 속에 들어가 수목과 풀꽃 등의 냄새를 맡고 새와 벌레들의 소리를 들으며 흙을 밟고 걸어 본 사람의 자연에 대해 느끼는 감정에는 현격한 차이가 있을 것이다. 이에 학교 녹지 조성의 방향으로 '자연의 숲' 만들기는 필요하다.

2) 학교 숲 조성의 효과

학교에의 '자연의 숲' 환경 조성을 통해 얻을 수 있는 이점은 매우 많은데, 그중 몇 가지를 들면 다음과 같다.

첫째, 황폐화된 지구 생태계 보전에 기여할 수 있다.

둘째, 지역사회 주민이 적극 참여하는 교육의 장이 조성되고, 또한 지속 유지될 것이다. 학교의 숲 환경 조성은 학교 관리자와 교직원에 의해서만 이루어지는 것이 아니다. 생태학에 전문적인 지식을 갖고 있는 사람은 물론, 많은 재원과 노동력이 필요하다. 그것은 전교생, 학부모, 지역 주민의 적극적인 참여에 의해 해결해 가야 한다. 함께 학교 주변의 생태계를 조사하여 식수할 수목을 조사하고 땅을 파고 일궈 심을 자리를 다지며 자신의 수목을 정하여 부모와 자녀가 함께 식목하여 자라는 모습을 지켜보며 관리해 가면서, 상호 유대관계가 조성되고 우리 모두의 학교라는 공감대가 형성될 수 있다. 숲은 날로 푸르게 되고 오랜 기간 존재하므로 해가 바뀌어 관리자나 교사가 바뀌어도 지역 주민의 그 학교를 생각하는 마음은 변함없이 숲과 함께 성숙해져 갈 것이다. 함께 만든 교정의 숲에서 지역의 각종 행사도 개최하고, 지역 주민과 교사가 함께 앞으로의 교육을 논해 간다면 오늘과 같은 학교와 교사에 대한 불신 풍조도 없어질 것이다.

셋째, 인성교육·전인교육의 장이 될 것이다. 협동하여 노력하면서 숲을 만들어 가는 과정과 만들어진 숲 안에서 놀이, 글쓰기 발표대회, 합창대회, 무용발표회, 클럽활동 발표회 및 학예발표회 등을 통해 건전한 인성이 길러지며 전인교육의 장이 될 것이다. 또한 학생들은 자기 책임을 다하고 서로의 인격과 권리를 존중하며 친구, 가족, 지역을 사랑하고 사랑받는다는 지역사회와의 관계도 자각할 수 있을 것이다.

넷째, 각 교과 지도의 장 및 통합교육과정 운영의 장이 될 것이다. 숲 안에서는 자연과는 물론 국어, 수학, 사회, 도덕, 음악, 미술, 체육, 실과 등의 전 교과 운영이 연계성 있게 이루어질 수 있다. 학교에는 몇 종의 식물들이 심어져 있는 관찰원이나 교재원이 이미 존재한다. 그러나 그것만으로는 부족하며, 지금 그러한 곳이 얼마나 활용되고 있는가도 의문시된다. 숲은 더할 나위 없이 좋은 관찰의 장이자 탐구의 장이며, 그 안에서는 무궁무진한 창의적 사고를 용솟음치게 하는 활동들이 가능하다. 또한 자연과 더불어 이야기하는 중에 서로의 생각을 허심탄회하게 논할 수 있는 활발한 토의도 이루어질 수 있다. 나무에 오르며 건강한 신체를 단련해 갈 수 있고, 다양한 모양의 나뭇잎을 주워 꾸미기를 하며 멋진 시상을 떠올릴 수도 있다.

이러한 숲이 우리 아이들과 먼 곳에 있는 것이 아니라 하루 중의 많은 시간을 보내고 있는 학교 안에 조성된다면, 우리의 교육에도 보다 밝은 비전이 보일 것이다.[2)]

오늘날 사회는 사람과 사람의 이어짐이 적고 인간과 기계의 관계가 밀접하다. 학교와 가정에는 정보화 사회에 맞는 컴퓨터가 설치되어 있고, 아이들은 하루 종일 컴퓨터와 씨름하며 보낸다. 컴퓨터는 기계다. 기계와 함께 놀거나 기계와 함께 일을 하다 보면 인간은 그 기계를 닮아 가기 마련이다. 현실에는 없는 기계의 세계에서 공상을 하거나 기계와 전투를 하고 연애를 하며 기계적으로 사람을 죽이는 일을 일삼는다. 그렇게 기계세계에서의 유사체험을 하는 중에 자신도 모르는 사이 기계에 일상화되고, 아무런 위화감도 갖지 않게 되는 것이다. 그것이 실로 두려운 현안 문제로서 학교에서의 폭력이나 살인, 도덕성의 상실은 모두 그러한 곳에서 연유한다고 볼 수 있다.

이러한 문제를 학교에 숲을 만드는 것으로 치유해 가고자 하는 것이다. 또한 목장과 비오톱을 만드는 것에 의해 사연의 동·식물과 관계를 갖고 살아 있는 생명체인 인간과 자연의 이어짐, 사람과 사람의 이어짐을 갖고자 하는 것이다. 자신이 살고 있는 지역의 자연을 관찰하여 그 속에서 아이들을 길러 나가고자 하는 것은 '생명의 이어짐을 살리는 교육'인 것이다. 날로 늘어나고 있는 범죄나 인간성 상실에서 일어나는 부도덕으로 삶의 가치를 잃고 상실감을 갖고 있는 사람들에게 자그마한 씨앗 하나가 척박한 풍토에서도 예쁜 꽃과 풍성한 열매를 맺는 생명의 자연스러운 성장의 모습에서 삶의 가치를 느끼고 꿋꿋하게 자라날 수 있게 힘을 실어 주어야 한다. 그러한 의미에서 '학교에서의 자연의 숲 환경 조성'은 장래 우리 사회의 기둥이 될 아이들이 바른 인성을 갖고 건강하게 자라날 수 있는 건강한 학교

2) 송민영(1998). 생명의 학교 숲 환경. 뉴스레터, 제1호, 5-6에 게재된 내용이다.

와 지역을 만들고, 또한 심각한 환경오염문제에 시달리지 않고 자연과 더불어 아름답고 생기 있게 살아갈 수 있는 환경을 만드는 교육환경 조성의 하나다. 현재 우리의 환경교육을 보면 환경문제에 대한 부정적인 측면만을 도출하여 그 문제 자체를 생각하고 싶지 않게 하거나, 심하면 혐오감까지 느끼게 한다. 인간이 돌아가야 할 귀결점은 자연이다. 그러한 자연에 대한 친밀감을 느끼고, 자연을 알고 그것이 주는 혜택이 무엇인지를 알게 한다면, 굳이 환경보호를 주장하고 오염원을 만들어 파괴하는 행동을 해서는 안 된다고 이야기할 필요가 없다. 실제로 보고 느낄 수 있는 환경을 만들고, 그 안에서 포괄적인 이어짐의 교육을 전개하면 된다. '자연이나 환경을 게임을 통해 즐기면서 체험 · 이해하는 프로그램'인 네이처 게임을 활용하여 자연과 접할 수 있는 기회를 많이 부여하고, 교과시간에도 활용하는 것이다(日本ネイチャーゲーム協会, 1997; 송민영, 1999b). 홀리스틱 교육은 교육을 통하여 전 세계적으로 심각하게 대두되고 있는 환경문제를 해결하고, 지구 생태계를 인간과 공존할 수 있는 전체론적 · 세계론적인 관점에서 보는 홀리스틱 인간을 육성하고자 한다.

13 홀리스틱 임상교육학[1)]

임상교육학이라고 하는 새로운 분야가 각광을 받고 있다. 그 배경에는 교육계에서 다양한 문제(집단 괴롭힘, 폭력, 자살, 살인, 노이로제, 심신 증후군 등)가 나타나고 있고, 그에 대한 긴급한 대응이 강요받고 있는 상황이다. 그러한 문제에 대처하는 데는 종래 교육의 범위로는 불충분하고, 새로운 접근이 필요하다는 것도 널리 인식되고 있다. 그러한 새로운 접근의 하나로서 '임상교육학' 이 나타나게 되었다. 즉, 임상교육학은 교육의 병리에 대처할 필요성에서부터 시대의 요청으로 등장하게 되었던 것이다.

그렇지만 임상교육학이 단지 문제점을 해소하고 기성 교육 체

1) 이 장은 새로운 교육학 분야의 소개 및 이해를 돕기 위하여 일본 홀리스틱 교육협회 발행의 연구지 『홀리스틱 교육연구』 제1호(1998년), pp. 26-39에 게재된 논문 「홀리스틱 임상교육학」을 참고로 정리하였다. 따라서 일본에서의 상황에 치우친다는 한계를 갖고 있다. 논문의 저자 나카가와요시하루(中川吉晴) 씨는 현재 일본 리츠메이칸대학교의 교수인데, 토론토 대학 온타리오 교육연구소에서 홀리스틱 교육에 관한 이론을 연구한 학자로 최근에는 『홀리스틱 임상교육학』(2005)이라는 저서를 발간하였다.

제의 유지나 발전에 공헌하는 것에 불과하다면 그것은 본래의 임무에서 멀어져 단순한 기술론이 되어 버린다. 물론 현재 개개인에게 구체화되고 있는 임상교육학의 실천적 시험은 지금까지 없는 새로운 시도인 이상 그 어느 쪽도 그 의의가 손상되어서는 안 된다. 그러나 임상교육학이라고 하는 것이 개별의 임상적 영위와 동일시되거나 스스로 수비범위를 그 영역에 한정해 버리면 그 본래적인 가능성을 놓치게 되고 만다.

임상교육학은 단순한 개량이 아닌 현대의 교육 및 생활양식 속에 숨은 구조적인 병리를 찾아내고 그것을 근저에서부터 변용해 가자는 가능성을 포함한다. 임상교육학은 전통적인 교육을 해체하여 재구축해 가는 코스를 명확히 하고 새로운 교육의 형태를 적극적으로 제언해 가는 것이 되어야 한다. 그 때문에 임상교육학은 심리학이나 정신의학의 응용이 아니라 틀림없는 하나의 교육학으로서의 새로운 시도인 것이다.

지금까지 견고한 체제로 근대화의 길을 걸어온 우리 교육은 이제 구조변동의 시기에 접어들었으며, 그것은 사람들 의식의 심층에서 이미 진행되고 있다. 교육의 오래된 이야기는 와해되고 새로운 이야기가 요구되고 있다. 금후 교육제도나 방법, 교육관이나 교육학의 이론까지 포함한 교육 이야기의 전면적인 재창조가 필요하다. 새로운 이야기는 인간 존재구조에 잘 어울리는 것, 생의 의미나 존재의 진실을 포함하는 것이어야 한다. 물론 그 내실을 규정해 가는 것은 용이하지 않다. 교육학은 여기에 이르러 최대의 도전을 받고 있는데, 이전의 이론이나 방법을 비판적으로 탈구축하고 새로운 생각이나 방법을 적극적으로 받아들이면서 그것들을 통합해 가야 한다.

임상교육학에도 동일한 과제가 던져져 있으며, 임상교육학은 솔선하여 그러한 문제에 몰두하지 않으면 안 된다. 오늘날 교육학도 다른 모든 학문과 동일하게 세분화하고 현저하게 전문화되어 있으며, 그 때문에 살아 있는 현실 또는 현실의 전체성을 잡는 것이 곤란한 상황이다. 오늘날 임상교육학이 요구되고 있는 것도 기존의 교육학이 '삶' 교육에 대해 단편적인 상박에는 그릴 수 없게 되어 전체로는 무력하기 때문이다. 이에 대해 임상교육학은 전통에서 벗어나 삶과 교육의 전체성에 관계하면서 창의적인 교육탐구를 시도하지 않으면 안 된다.

'홀리스틱 임상교육학'은 '임상교육학'과 '홀리스틱 교육'과의 관계에서 생긴 것으로 주로 홀리스틱 교육론의 입장에시부터 임상교육학으로 접근을 시도하고 있다. 임상교육학도, 홀리스틱 교육도 모두 근래에 대두된 분야이며 홀리스틱 임상교육학은 이보다 더 새로운 분야라 할 수 있다. 그러나 그것을 단지 새로운 것이라고 치부할 수는 없다. 홀리스틱 교육과 임상교육학은 본래 공통적인 부분이 많으며, 이에 홀리스틱 임상교육학은 이것들의 통합형태라고 할 수 있기 때문이다.

홀리스틱 임상교육학의 구축은 임상교육학과 홀리스틱 교육 쌍방에 결실을 가져올 것이다. 그것은 아직도 초창기에 있는 임상교육학에 대하여 이론 및 실천에서 공헌하는 것이며, 또 동일하게 아직도 생성 단계에 있는 홀리스틱 교육에서도 그 하나의 가능성을 열어 가는 것이다. 이 장에서는 먼저 임상교육학이 성립되어 온 경위를 개관하고 난 뒤, 홀리스틱 임상교육학의 특질과 과제에 대해 알아보고자 한다.

1. 임상교육학의 성립

1) 교육상담 학문으로서의 임상교육학

최근에 일본의 몇 개 대학에서는 임상교육학이나 그와 유사한 전공, 학과, 강좌 등이 신설되고 있다. 특히 교토 대학의 교육학부 대학원에는 1988년 일본에서 처음으로 임상교육학 전공과가 설치되었다. 이 설치를 둘러싼 격렬한 논의 및 그 뒤의 전개상을 보는 것은 일본에서의 임상교육학의 성립과정을 이해하는 데 많은 참고가 된다. 따라서 몇 개인가의 논의를 제시하면서 임상교육학에서 의도되어 온 것을 밝히고자 한다.

'교토 대학 대학원 교육학 연구과 임상교육학 전공(독립 전공) 설치의 취지' 에는 다음과 같이 기술되어 있다(和田修二, 1996).

> 임상교육학 전공은 본 학부에서의 지금까지의 심리교육상담의 실천과 기존 강좌와의 긴밀한 연휴 위에, 임상심리학과 교육학을 통합한 보다 포괄적 · 실천적인 청소년의 인격 연구와 임상 경험에 근거한 교육 이론의 발전을 목적으로 하고, 아울러 고도의 교육상담 전문가의 양성과 재교육을 하려는 것입니다.

당시의 교육학부장으로 '임상교육학' 이라는 개념[2] 제창자의 한 사람인 와다슈지(和田修二)는 임상교육학의 특징을 다음의 세

---

2) 와다슈지에 의하면 '임상교육학' 이라는 개념은 원래 네덜란드의 교육학자 란게페르트의 연구에서 시사를 받아 성립된 것이라고 한다. 와다씨가 란게페르트 아래에서 연구하고 있을 때, 페르메르가 란게페르트의 교육학을 특징지어 '임상교육학' 이라 부르고 있는 것을 알았다고 한다.

가지로 정리하고 있다(和田修二, 1996).

> 그 하나는, 증대하는 새로운 학생이나 청년문제에 대처하기 위한 보다 고도의 교육상담 전문가의 양성이다.
>
> 그 두 번째는, 임상심리학과 교육학을 통합한 보다 포괄적인 학생이나 청년의 연구와 임상 경험에 근거하는 실천적인 교육상담, 교육지도의 이론적 연구다.
>
> 그 세 번째는, 곤란에 처해 있는 아이의 원조뿐만 아니라 그 아이들과 관계되어 있는 어른 자신, 특히 교사나 카운슬러 자신의 기성 교육관에 대한 자기 비판과 재구축의 원조다.

여기에서 볼 수 있는 바와 같이 임상교육학은 '교육상담'에 큰 비중을 두고 있다. 현재 교육상황에서 교육상담 전문가를 양성하고, 교육상담사업을 정비해 가는 것은 초미의 과제다. 청소년 사이에 심각한 제반 문제가 증가하고 있는 것에 호응하여 학교 카운슬러의 도입을 시작으로 한 다양한 시도가 서서히 진행되고 있는데, 여기에서 임상교육학은 교육상담의 확립에 중대한 역할을 할 것으로 기대된다.

2) 인격의 새로운 탄생에의 원조

임상교육학이 종래의 임상심리학과 다른 점을 들면 임상교육학에서는 특정의 문제해결 · 해소에 초점이 맞춰지는 것이 아니라 오히려 인격의 전체적 성장이라고 하는 면이 강조되고 있다는 점이다. 임상심리학이나 심리요법에서는 물론 많은 예외(휴머니스틱 심리학이나 융 심리학 등)가 있지만 부적응이나 문제행동의 해소, 증상이나 병리의 해소 등에 역점을 두고 있는 것에 비해, 임상교육학에서는 문제를 인격변용에 동반되는 현상이라고 다루고 문제 해결을 서두르는 일 없이 오히려 통합 · 지양해 가는 형태로 원조하는 것에 역점을 둔다. 즉, 임상교육학에서는 보다 '치료적' 인 접근이 취해지는 것이다. 이 점에 대해 와다 씨는 다음과 같이 말하고 있다(和田修二, 1995).

"임상의학이나 임상심리학이 단지 육체적 또는 정신적인 '병리' 와 '치료' 라는 관점으로 환자를 보고 있는 것에 반해, 임상교육학은 아이를 미래의 '전인격적인 성장' 이라는 관점에서 아이가 직면하고 있는 곤란의 이해와 지도를 생각하려 한다. 따라서 단순한 병상의 소멸이나 원상복귀가 아니라 부정적인 체험을 계기로 한 클라이언트 자신의 새로운 인격적 성장, '신생(新生)' 을 지향하고 있는 것에 특징이 있다고 할 수 있다."

임상교육학에서는 아이의 문제에 대응할 때 그것을 병리학적 맥락으로서가 아니라 오히려 교육학적 · 인간형성적인 맥락으로 다루고, 그 원조활동도 문제를 해소하여 정상화하는 것이 아니라 인격 전체의 '신생' 이나 '환생' (和田)으로 이끄는 것이다. 이런 점에서 임상교육학을 '교육학' 이라고 할 수 있다. 물론 이는 아직은 용이하지 않은 과제로, 이론적으로나 실천적으로 앞으로의 충실한 연구가 기대된다. 또한 임상심리학이나 정신병리학의 식견은 소홀히 여겨져서는 안되며 그것들과의 긴밀한 유대관계가 유지되어야만 한다. 때로는 문제해소나 위기개입(危機介入), 정신의학적 치료가 우선되지 않으면 안 되는 경우도 있을 수 있다. 그러나 임상교육학적 시점에서 보면 문제가 인격변용에 동반하여 일어나고 있을 때, 그 문제를 해소하려 하면 그것은 도리어 변용의 프로세스를 은폐하거나 억압하는 것이 된다. 또한 인간 존재를 전체적으로 연관하여 다루는 방식으로, 문제로 나타나고 있는 특정한 현상만을 제거하거나 변경하는 것은 원래 불가능하다. 그 전체가 실존변용을 추구해 갈 때 문제는 자연히 없어지고 해소되는 것이다. 그 때문에 임상교육학에서는 보다 장기적인 전망하에 인격변용의 과정을 따라가게 된다.

인격의 신생(新生)이라는 점과 관련하여 임상교육학의 성격을 하나 확인해 두면 그것은 '심층교육학'으로 특징지어진다는 것이다. 임상교육학은 인간의 표층면의 형성만을 다루는 것이 아니라 오히려 표층 '문제'의 배후에 숨어 있는 실존의 심층을 시야에 넣어 실존 전체의 변용과정을 지켜보면서 지원하는 것이다. 이 점에서 임상교육학은 주로 표층적 인간형성 이론의 실천체계였던 종래의 교육학이 '표층교육학'이라 불리는 것과는 기본적으로 다르다. 원래 종래의 교육학 중에서도 예를 들어 실존주의적, 휴머니즘적인 교육이나 슈타이너 교육과 같이 심층교육학으로 분류되는 것도 있지만 이들은 오히려 예외적인 것이었다고 할 수 있다.

3) 교육관의 비판적 재구축

교육상담제도는 가능한 한 빠르게 확립되고 충실해지지 않으면 안 된다. 그것은 확실하게 현재의 교육문제에 대처하는 하나의 돌파구임이 틀림없다. 그러나 임상교육학의 역할은 단지 교육상담 전문가를 양성하고 교육상담의 체계를 확립하는 것에 그치는 것이 아니다. 비록 교육상담이 임상교육학 실천의 중핵이 된다 할지라도 임상교육학의 활동이 교육상담에 환원되어 버린다면 임상교육학은 교육학 중의 한 분야로 전락되어 버리고 말 것이다. 그러나 임상교육학에는 중요한 과제가 있다. 그것은 그 실천활동을 매개로 한 교육학적 탐구며, 여기에 임상교육학이 '교육학' 이라고 불리지 않으면 안 되는 이유가 있다.

오늘의 교육문제상황은 단지 대증요법적(對症療法的)으로 다루어서는 안 되며 근대 교육의 기본적인 체제가 근저에서부터 변용하고 있다는 것을 깨달아야 한다. 현대 문명은 거대한 변용의 과정에 있고, 교육도 예외가 아니다. 경직되었던 근대 교육은 도처에서 기능부전(不全)을 일으키고 있고, 빈발하는 병리문제현상의 대부분은 그러한 교육체제의 현상과 결부되어 있다. 따라서 오늘의 교육에서 문제가 되는 것은 교육상담의 장면에 나타나고 있는 일부의 아이들만이 아니라 가정, 학교, 학교 외 교육기관, 지역사회, 교육정책 및 그것을 뒷받침해 온 우리들의 교육관이나 정통파 교육학 등 모든 것이라고 해도 과언이 아니다. 총체적인 면, 즉 '교육적 매트릭스' 전체의 탈구축이 꾀해지지 않는 한 교육의 궁극적인 신생은 있을 수 없는 것이다.

임상교육학에는 이러한 교육적 매트릭스 전체에 대한 과제가 던져져 있다. 이 과제는 와다슈지가 정리한 임상교육학의 특징 중 세 번째에 해당하는데, 와다슈지는 이 점에 관하여 "임상교육학의 중요한 하나의 과제는 임상적인 사례에 의한 교육자 자신의 교육관에 대한 변혁, 기성의 교육학적 통념에 대한 비판과 재구축이다. 임상심리학이나 교육학의 단순한 응용이 아닌 임상교육학의 존재 이유는 오히려 이 임상 경험을 매개로 한 '교육자 자신의 신생교육학의 신생' 에 있다고 해도 좋다."(和田修二, 1995)라고 언급해 임상교육학의 과제를 강조하고 있다. 이처럼 와다슈지는 '실천적 교육학' 으로서의 임상교육학을 교육학 연구의 기저에 위치하게 하고 임상교육학이 이룩해야 할 역할에 큰 기대를 표명하고 있지만, 실제로 임상교육학이 그러한 기대에 영향을 수는 것이 가능하게 된다면 그것은 교육학의 중핵에서 그 환생에 공헌하는 것이 될 것이다.

4) 개(個)의 임상교육학

이상 와다슈지의 논의에 의거하여 임상교육학의 특징을 살펴보았다. 다시 한번 정리해 두면, 임상교육학에는 크게 나누어 두 가지의 과제가 있다. 그 하나는 다양한 위기를 헤쳐 나가면서 성장해 가는 아이들의 인격변용을 원조한다는 것이고, 또 하나는 임상 경험을 통하여 교육자 자신의 교육관이나 교육학의 기본 사상을 밝혀 비판적으로 갱신해 간다는 것이다.

이 두 개의 과제는 교토 대학 임상교육학 전공학과의 설립에 참여하고 있던 다른 사람들에 의해서도 각각 추구되고 있다. 카와이준오(河合準雄)는 긴 세월에 걸쳐 임상 경험을 하고 『임상교육학 입문(臨床教育學 入門)』(1995)에서 임상교육학에 관한 자기 의견을 정리하고 있는데, 그것은 주로 첫 번째 과제에 관련되어 있다고 할 수 있다. 카와이 씨에게 임상교육학은 기본적으로 개개 아이들의 전인격적인 성장에 관계되는 실천적인 운용으로 다루어진다. 종래의 교육 및 교육학이 소위 '같은 종류' 의 아이들의 행동을 대상으로 해 온 것에 비해, 임상교육학에서는 '각각' 으로서의 아이들의 모습이 최대의 관심사다. 카와이 씨는 '각각' 을 소중하게 하는 방법을 취하는 것이 임상교육학의 특징이다."(河合準雄, 1995)라고 하고 여기에 임상교육학의 독특한 방법론적 성격이 있다고 말한다.

개개인의 아이는 한 사람의 살아 있는 생명체로서 단순한 과학적 · 객관적 태도에 의해 다루어지는 것이 아니며, 그 때문에 "임상교육학에서도 가장 소중한 것은 연구자가 연구하고자 하는 현상에 스스로 관계하여 '객관적 관찰자'의 입장을 취하지 않는 것에서 출발하는 일이다."(河合準雄, 1995)라고 한다. 임상교육학에서 실천자 · 연구자는 각각의 개인 사이에 살아 있는 관계를 만들고, 그 살아 있는 관계 속에서 개인의 성장에 구체적이며 실천적으로 관계하게 된다. 거기에서는 개인의 성장에 관심이 기울여지고, 그것과 불가분하게 실천자의 이론적 영위도 생기게 된다. 또 카와이 씨는 임상교육학적 경험에서는 이론적인 법칙에 의해 설명할 수 없는 '우발성'에 의한 것도 많으며, 그 의미에서 임상교육학은 '발견적'이라고 말한다. 개인에 위치를 두는 임상교육학에서는 일반적인 이론이나 법칙에 얽매이지 않고 그때그때의 우발적인 발견에 스스로를 열어 놓아야 한다.

이와 같은 임상교육학의 방법론적 성격은 나카무라오지로(中村雄二郎)가 말하는 '임상의 지(知)'의 특징을 모두 갖추고 있다. 임상의 지(知)란 '개개인의 장소나 시간 중에서 대상의 다양성을 충분히 고려하면서 그것과의 교류 속에서 사실과 현상을 얻는 방법'이다(中村雄二郎, 1992). 임상의 지는 근대 과학에 의해 은폐되어 온 '살아 있는 현실'에 접근하는 대안(alternative)적인 지(知)이고, 카와이 씨가 말하는 임상교육학은 교육학에서의 임상의 지를 대표하는 것이다.

카와이준오는 임상교육학에서 대인적인 상호 관계성이 결정적으로 중요하다는 것을 지적하고 있지만 적절한 관계성을 쌓는 것이 결코 용이하지 않다는 것도 아울러 강조하고 있다. 그런 까닭에 실천자·연구자 측의 '자기 훈련', 즉 '한 사람의 내적인 세계에 관계될 것 같은 태도를 몸에 익히는'(河合準雄, 1995, 27) 것이 필요하게 된다. 이것은 (임상계의 제 분야를 제거하고서는) 타 분야와는 다른 학문적 요청이다. 특히 임상교육학의 실천자는 타인과의 관계에서 해당되는 타인의 내면뿐만 아니라 동시에 자기의 모습도 민감히 알아차리고 있어야 한다. 즉, 실천자의 알아차림을 통해 실천자의 존재모습이 변화하는 것으로서 관계성에도 변화가 일어나고 그것을 통하여 타인에게도 변용이 일어난다는 것이다.

카와이준오의 저서 중에서는 이 밖에도 임상교육학의 과제 영역이 구체적 사례와 함께 보이는 것도 있다. 카와이 씨가 제시하고 있는 것은 문화와 개성의 갈등, 교육에서의 다양한 인간관계, 수업의 임상교육학, 학교와 외부와의 교류, 고등 교육과 새로운 교원연수의 모습, 국제화의 문제, 종교성의 교육 등이며 이것들은 모두 임상교육학의 앞으로의 연구에 중요한 단면이 되는 것이다.

5) 해석학적 임상교육학

코우노리오의 논의는 임상교육학 연구의 방향, 즉 임상 경험을 통하여 교육자 자신의 교육관이나 교육학의 기본 사상을 해명하고 갱신해 간다는 방향을 대표하고 있다고 할 수 있다. 코우노리오에 의하면 임상교육학은 다음과 같이 규정된다(皇紀夫, 1996).

> 임상교육학은 교육현실의 '문제'에 관계되지만, 그 과제는 '문제'를 직접적으로 해소(해결)하는 것에 있는 것이 아니라 오히려 교육현

실의 진상에 이르는 회로를 여는 일, 즉 '문제' 를 통하여 그리고 '문제' 에서 발현되고 있는 미확정적인 새로운 교육의 의미를 그곳에서 발견하는 것에 있다.

이처럼 코우노리오의 경우 임상교육학은 '해석학적 교육학' 의 임상적 실천으로 구상되어 있다.[3] 해석학적으로 말하면 교육현실은 의미연관에 의해 구성되고 있는 것으로, 해석학적 교육학은 복잡하게 얽힌 (잠재의식적)교육적 의미연관 중에 헤쳐 들어가 의식적인 의미이해에 이르는 일로 특징지을 수 있다. 특히 '문제' 와의 관계에서부터 접근해 가는 임상교육학에서는 교육의 일상 중에서 자명화되고, 그런 까닭에 은폐되어 있는 교육의 의미를 '문제' 와의 우연한 만남 중에서 자각하여 그것을 초월한 교육의 새로운 '의미 지평' 을 찾아내게 된다. '문제' 에는 자명한 교육이해를 명시하는 작용이 있고, 그것을 통하여 새로운 교육이해의 층에 도달하는 것이 가능하다. 그런 까닭에 이러한 해석학적 임상교육학에는 교육적 매트릭스를 근저에서부터 뒤엎는 역동적이고 창조적인 힘이 숨겨져 있다.

6) 교육 병리의 임상교육학

무코가와(武庫川) 여자대학에서도 1994년 대학원 임상교육학

---

3) 이것은 和田修二, 皇紀夫의 『臨床教育學』(1996) 에서도 소개되어 있으나, 란게펠트의 유토레히도 학파의 직계에 해당되는 연구자로 알바타 대학(캐나다)의 마넨은 해석학적, 현상학적인 연구방법을 정리하여 두었고, 그것은 임상교육학의 연구방법으로서도 주목된다. M. van Manen(1997). *Researching Lived Experience*. London, Ontario: The Althouse Press.

연구과가 일본에서 처음으로 야간제 · 독립대학원(남녀공학)으로서 발족하였다. 이것은 현직 교사의 리커렌트 교육으로서 주목해야 할 시도인데, 이 같은 제도하에서 교사(사회인)는 고도의 전문적인 재교육을 받을 기회를 얻고, 그 성과를 실천의 장소에 살리는 것이 가능하다. 고등 교육의 이러한 형태는 앞으로 더욱 더 필요하게 되는데, 특히 임상교육학과 같은 실천적 교육학의 연수에 적절하다.

동 대학원의 신보리토루야에 의하면 임상교육학과는 '교육병리' 를 종합적 · 학제적으로 연구하는 동시에 교육병리에 대응하는 고도의 전문가를 양성하는 것을 특색으로 하고 있다(新堀通也, 1996). 교육병리란 교육현장 중에서 생기는 '교육상의 병자' 가 나타내는 제 증상을 말한다(예를 들면 집단 괴롭힘, 등교거부, 폭력, 마약, 비행, 저학력, 중퇴, 본의 아닌 취학, 자폐, 심신 증후 등). 이것을 신보리는 교육의 결과로 생기는 병리라고 간주하여 '교육적 병리' 라 부른다. 이것은 교육병리의 일면으로서 주로 '교육의 기능 면' 에서 발생한다. 교육병리에는 다른 일면이 있는데, 그것은 교육적 병리를 낳는 원인이 되는 '병리적 교육' 으로서 이것은 주로 '교육의 구조면' 에 관계하는 것이다. 이처럼 교육병리를 양면성에서 다루면 개별의 교육적 병리로 다뤄져 전체적인 시야가 간과되는 경향도, 또 교육병리를 사회구조에 환원하여 개별 문제를 경시하는 경향도 더불어 피할 수가 있는 것이다.

신보리는 또 교육병리에는 '현재적 교육병리' 뿐만 아니라 '잠재적 교육병리' 가 있다고 말한다. 후자는 "현재는 병리라 판정 · 의식되고 있지 않지만 장래에 병리가 나타날 것이라고 예상

되는 현상"(新堀通也, 1996: 17)이다. 일견하는 것만으로는 '문제'가 없는 교육현상 중에 잠재하고 있는 잠재적 교육병리는 장래에 문제를 일으키는 것으로 실제로 광범위하게 영향을 미치고 있다. 그런 의미로 잠재적 교육병리의 문제는 매우 심각하다고 할 수 있다.

임상교육학은 이러한 교육병리의 진단이나 치료를 위한 전문적인 지식이나 기술을 확립하는 것을 목적으로 한 것이다. 그때 개별의 교육적 병리에 대응하는 '각론' 적인 접근만이 아니라, 병리적 교육의 전체 구조에 관계하는 '기초론' 이 중요하게 된다. 왜냐하면 기초론에 근거하는 기본적인 대책을 세우는 것으로 교육병리의 '예방' 에도 공헌할 수 있기 때문이다. 또 신보리 씨의 임상교육학의 구상에서는 연구방법으로서 '학제성' 이 중시된다. 교육병리와 같은 복잡한 현상에 관계하는 데는 "대부분의 학문 분야가 각각의 보는 각도, 이론, 개념, 방법 등에 의해 다면적으로 접근 · 협력하지 않아서는 안 되기 때문이다(新堀通也, 1996, 10)". 특히 무코가와 여자대학의 경우에는 교육학, 심리학, 복지학이라는 세 분야가 중핵을 이루고 있다.

7) 임상교육학에서 홀리스틱 임상교육학으로

이상 임상교육학에 대한 대표적인 몇 가지 견해를 제시해 보았다. 교육상담의 확립, 인격신생에의 원조, 교육관의 비판적 재구축, 개(個)의 임상교육학, 해석학적 임상교육학의 시험, 교육병리에의 대응 등 이것들은 임상교육학 연구에서 매우 중요한 과제영역이 된다. 단, 여기에서는 이것들의 구상을 확인하는 것에 그치고, 그것들의 비교 · 대조나 비판적 검토는 하지 않았다. 임상교육학의 논의에서 현재 중요한 것은 임상교육학의 다양한 가능성이 분명하게 보인다는 것이다. 이 고찰의 주지는 이들 기존의 임상교육학의 시도와 함께 제시되는 것으로 홀리스틱 임상교육학을 제시해 가는 일이다.

그러나 홀리스틱 임상교육학의 특징을 보기 전에 한 가지 지적해 둘 것이 있다. 홀리스틱 임상교육학은 기성의 임상교육학에서 자극을 받으면서도 독자적으로 구상된 것이지만 양자 사이의 관련성도 찾아낼 수 있다는 점이다. 왜냐하면 이미 기성의 임상교육학 구상 중에서 홀리스틱적 방향성의 단서가 발견되기 때문이다. 예를 들면, 인격의 신생을 원조한다고 할 경우 살아있는 '전체로서의 인간'의 성장에 주목하고, 해석학적 수법에서는 보다 넓은 전체적 의미연관 속에서 현상을 다루려는 경향이 있다. 또 학제적인 방법에서도 전체성을 지향했던 점이다. 이처럼 기성의 임상교육학에서도 홀리스틱 임상교육학에 이르는 단계가 이미 준비되어 있었다고 할 수 있다. 역으로 말하면 홀리스틱 임상교육학은 그러한 경향을 한층 더 전면적, 사각적으로 전개하는 것이다.

2. 홀리스틱 임상교육학의 개요

홀리스틱 임상교육학은 홀리스틱 교육론의 입장에서부터 임상교육학에 접근하여 인간의 전체적 변용, 그 치유와 성장에 관계하는 것이다. 홀리스틱 교육론의 입장에서 보면 임상교육학은 본래 홀리스틱적인 것으로 전개될 필요가 있다. 인간은 다원적 · 전체 연관적인 존재이고 따라서 임상교육학의 이론은 포괄적인 것이 되어야 하며, 그 방법과 실천의 장소 또한 다양해야 한다. 홀리스틱 교육의 기본적인 관점에 관하여 그 창시자의 한 사람인 론 밀러는 다음과 같이 말하고 있다(R. Miller, 1997).

> 홀리스틱적인 교육자들이 믿고 있는 것은, 인간은 다양한 의미의 층으로 이루어진 복잡한 실존적 전체라는 것이다. 우리들은 생물학적으로 살아 있는 존재로서 생태계 중에 생존한다. 우리들에게는 심리학적 차원이나 감정의 차원이 있다. 우리들은 이데올로기의 소용돌이치는 환경, 사회적 · 문화적인 환경 속에서 생활한다. 우리들에게는 정신적인 핵심이 있다. 이것들 모두는 다른 의미의 차원이 상호작용하고 있기 때문에 우리들 인간은 매우 복잡한 존재다. 이들 중 어느 하나를 떼어 내어 '이것이 우리들의 본질이다.' 라고 하는 것은 있을 수 없는 일이다.

인간이 복잡한 다원적, 중층적 존재로 취급되고 있을 때 임상교육학은 홀리스틱 임상교육학으로 전개되어 간다. 만약 임상교육학이 특정한 차원으로밖에 통용되지 않는 좁은 이론적 범위나 방법에 의해 인간 생의 다원적 현실에 대응하려 한다면, 현저한 단순화를 초래해 환원주의에 빠져 버릴 것이다. 특정 이론이나 방법에 의거하는 것이 복잡한 현상과 관계할 때는 유용하다 할지라도, 그것들을 절대시한다면 인간 존재의 다원성이나 복잡성을 놓치게 될 것이다.

이와 같은 홀리스틱 임상교육학의 일반적 성격에서 몇 개의 특징을 이끌어 낼 수 있는데, 그 각각의 특징에 관하여 살펴보면 다음과 같다.

1) 학교교육의 다양화와 통합

홀리스틱 임상교육학에서 특징적인 것은 홀리스틱 교육 중에서 확립되어 온 실천적인 이론이나 방법을 임상교육학에 도입한다는 점이다. 그러나 홀리스틱 임상교육학은 홀리스틱 교육의 이론이나 방법을 단지 임상교육학에 '응용'한 것만은 아니다. 원래 홀리스틱 교육의 이론이나 방법은 그것 자체가 이미 임상적인 성격을 갖고 있으며, 임상교육학적 문맥에서야말로 본래의 역량을 발휘하는 것이다. 그 때문에 홀리스틱 임상교육학의 방향은 홀리스틱 교육에서 고유한 하나의 전개형태라 할 수 있다. 바꾸어 말하면 '홀리스틱 임상교육학'이라는 영역이 개척되는 것으로, 홀리스틱 교육에서의 임상교육학적 가능성이 명확해지는 것이다. 예를 들면 대표적인 홀리스틱 교육론 중 존 밀러의 『홀리스틱 교육과정』, 나딩스의 『케어링 중심의 교육』, 클라크의 『통합교육과정』 등은 임상교육학의 기초 이론으로서도 매우 유효한 것이다(N. Noddings, 1992; E. Clark, 1997). 그것들은 본래 대안적인 학교 교육론으로 제출되어 학교 교육의 병리적 구조를 근저에서부터 변혁하고자 한 것이다. 여기에서도 임상교육학적인 방향성을 엿볼 수 있다.

또한 홀리스틱 교육에서는 교육활동의 실천형태로서 다양한 방법을 취한다. 예를 들면, 통합교육과정, 종합활동, 테마학습, 협동학습, 이야기, 일기, 이미지워크, 보디워크, 신체 운동, 명상, 예술활동, 야외활동, 자원봉사활동, 사회활동 등이다. 이것들은 통상 학습활동의 일환으로서 활용되는 것이지만, 동시에 임상교육학적 실천으로서도 유용하게 쓰인다. 이것들은 포괄적 · 통합적인 접근으로서 인간의 다면성에 관계하고, 더 나아가 실존의 심층 차원에도 영향을 미치기 때문이다. 홀리스틱 교육의 활동 대부분은 학문과 치유와 성장이 하나로 결부되어 있다고 할 수 있다. 단, 이들 방법에 치유효과가 있다고 할지라도 그것들은 본래 요법으로서 확립되었던 것은 아니기 때문에 요법과 동일한 효과를 기대하는 것은 불가능하다. 홀리스틱 임상교육학은 이들 방법을 임상교육학적 방법으로 다듬어 갈 필요가 있다고 할 수 있다.

홀리스틱 교육의 이론이나 방법 자체에 임상교육적 차원이 포함되어 있는 이상 홀리스틱 교육적 접근을 취하는 것으로 학교교육은 전체로서 완만하게 임상적 차원을 함축하게 된다. 그때 홀리스틱 임상교육학의 책임은 홀리스틱 교육의 임상교육적 가능성을 분명하게 하고, 그것을 자각적으로 촉진하는 일이다. 학교가 임상교육적 영역으로 변모해 가는 것은 학생 전체에 대하여, 특히 문제를 노정시키지 않아도 보살핌을 필요로 하는 많은 학생들에 대하여 어느 정도의 효과를 거두게 한다. 임상교육학 실천장소로서 학교는 학교생활 전체를 통해 지속적인 치료와 예방적인 대응을 실현시켜야 한다.

2) 교육방법의 다양화와 통합

홀리스틱 임상교육학으로 특징적인 것은 지금까지 임상심리학(심리요법)과 교육학의 틈새에 존재하면서 주목되는 일이 적었던 것을 드러낼 수 있었다는 점이다. 예를 들어 알렉산더 테크닉, 펠덴크라이스 방법, 센서리 어웨어네스, 센터링, 바이오에너제틱스, 포커싱, 사이코신세시스, 일반 의미론, 최면요법, 동양적 관상법 등이다. 이들 종래의 정통파 교육학은 원래부터 임상심리학에서 정당한 취급을 받는 일이 적었다. 그것은 이러한 방법에 문제나 결함이 있었다기보다 오히려 교육학이나 임상심리학의 학문적 범위가 그것들을 포괄할 정도로 넓지 않았기 때문이다. 교육학에서는 철학적 경향이 강하여 이러한 실천에는 거의 관심을 기울이지 않았으며, 또 임상심리학에서는 과학주의적 경향이 강해 그것들을 적절하게 평가할 수 있는 범위를 발달시켜 오지 않았던 것이다.

그러나 현재 기성의 학문관도 크게 흔들리고 있고 신체성, 이미지, 감정, 의식이라는 것을 적극적으로 도입해 갈 시대에 접어들었다. 홀리스틱 임상교육학은 이것들의 방법을 도입하는 것에 가장 잘 어울리는 학문적 실천적 범위를 제공하고 있다. 지금까지 마이너적인 존재밖에 되지 않았던 것에서 교육학적 실천과 연구의 무대에도 등장할 수 있게 된 것이다.

여기에서 하나 중요한 것은 이들 방법은 홀리스틱 임상교육학에 포함되는 것으로, 오히려 그 배타성이나 경직화에서 벗어나 보다 개방적이 될 수 있다는 점이다. 지금이야말로 통합의 시대이고, 지금까지 따로따로 존재하고 있던 다양한 방법이 상호 관계되지 않으면 안 된다. 이것은 개개의 것을 해체하는 것이 아니라 개개의 독자성은 유지한 채로 홀리스틱적인 전망(인간관이나 세계관)을 기초에 두는 것이다.

이들 임상교육학적 방법은 치유와 교육의 양면에서 활용할 수 있다. 그것들은 한편에서는 효과적인 치유방법으로서 적극적인 역할을 해 가는 것이 가능하지만, 동시에 그것들의 대부분은 본래 교육적인 방법으로서 확립되었던 것이다. 그 까닭에 그것들은 교육활동의 외부에 위치할 것이 아니라 오히려 무언가의 형태(개인 레슨, 연구발표회, 그룹워크 등)로 일반 교육활동 중에 추가되어야 하는 것이다. 이러한 방법에 의해 교육활동은 다양화되고, 동시에 임상적인 차원에도 접근할 수 있다. 이들 중 몇 개는 이미 홀리스틱 교육으로 정착되어 있지만, 앞으로 홀리스틱 임상교육학에서 다루어야 할 것들이 수없이 많이 남아 있다.

3) 교육상담의 다양화와 통합

홀리스틱 임상교육학의 구상에서는 먼저 학교 교육활동의 전반에 걸쳐 임상교육학적인 차원이 열린다. 따라서 그것은 교육상담에 한정되는 일 없이 기타 다양한 모습을 포함하게 된다. 그러나 홀리스틱 임상교육학이 교육상담의 중요성을 무시하는 것은 아니다. 학교가 임상교육학적 환경으로 만들어 가는 것은 중요하지만 그것만으로는 충분하지 않으며, 여러 방향에서 교육상담시설이 학교 내외에 충실하게 만들어져야 한다. 심적 외상을 안고 파괴적인 경향을 갖고 있던 아이들을 비롯하여 개별의 카운슬링이나 요법, 치유를 필요로 하는 학생이 꽤 존재하기 때문이며, 그것들은 통상의 학교 교육범위 내에서 제공할 수 있는 것이 아니다. 교육상담사업으로서 장래 치료적 활동을 목적으로 한 교육상담센터, 요법 · 센터 또는 치유장소 등도 필요하게 될 것이다. 그러나 말할 것도 없이 학교와 이들 교육상담기관은 서로 긴밀한 연대관계 위에 일을 진척시켜 가야만 한다. 임상교육의 실천에 요구되는 것은 '구조화된 연휴 · 협력에 의한 현실에의 중층적인 대응'(中村雄二郎, 1992)이다.

홀리스틱 임상교육학은 다양한 수단과 방법을 적극적으로 도입해 가는 것으로서 교육상담의 방법을 다양화하는 것에 공헌할 수 있다. 물론 방법의 다양화를 강조하는 것으로 임상교육학에서의(기성의 언어적 접근에 의한) 교육상담의 가치를 손상시켜서는 안 된다. 그것도 개개의 교육상담 중에서 교육이 안고 있는 문제가 응축되어 나타나는 이상, 교육상담을 철저히 하는 것으로 교육의 근원에 거슬러 올라가는 것이 가능하기 때문이다. 그러나 문제는 그러한 언어적 교육상담이 개인의 변용을 재촉하는 데 반드시 최선의 원조가 되지 않을 경우도 있다는 것이다. 그때에는 개인의 경향에 호응하여 별도의 접근이 취해져야만 한다. 중요한 것은 개인의 전체를 다룬 뒤에 가장 필요로 하는 것에 초점을 맞추는 일이다. 이런 의미에서도 임상교육학의 실천형태는 다양하고 유연한 것이 되어야만 한다. 홀리스틱 임상교육학의 입장에서 보면 교육상담기관이 다양한 접근을 도입한 홀리스틱적 치유의 센터가 되는 것은 당연하다.

4) 양성과정의 다양화와 통합

홀리스틱 임상교육학에서는 교육상담의 전문가, 카운슬러, 치료 전문가 등의 양성 또는 교원양성이나 교사연수 등에서 이미 제시한 바와 같이 다양한 방법을 취할 수 있다. 여기에서 중요한 것은 임상교육학의 실천자가 그것들에 관한 지식이나 기능을 습득하는 것뿐만 아니라, 자진하여 그것들을 시도하고 스스로의 자기 탐구나 자기 변용에도 도움을 줄 수 있어야 한다는 것이다. 임상교육학의 실천자는 무엇보다도 스스로가 치유된 전체적 존재가 되어야만 타인에게 관계하는 것이 가능하다. 임상교육학과 같은 관계성의 실천에서 최종적으로는 실천자의 기능이 아니

라 그 존재양태가 추궁당하게 된다. 결국 그 존재가 보다 전체적이고 의식의 깊은 곳에 접할 때 타인에 대한 최선의 원조매체가 될 수 있는 것이다(ラム・ダス ゴーマン, 1994). 이처럼 실천자의 양성과정에서는 기법의 훈련과 함께 그 실존의 변용에까지 주의를 기울여야 한다. 따라서 임상교육학의 실천자 양성을 위해서는 다양한 체험적 학습이 준비되어야 한다.

가까운 장래 임상교육학의 전문가가 많이 양성되는 것은 바람직하지만, 그것과 동시에 교사들에게도 임상교육학에 대한 이해와 자질을 높여 줄 필요가 있다. 실제적인 문제로 교사의 이해와 협력이 없는 이상, 학교에서 임상교육학의 실천이 곤란하기 때문이다. 또한 확실한 전문가가 존재해야 하고, 그 지식이나 기능이 높이 평가되어야 하는데 전문가(카운슬러, 치료 전문가 등)와 비전문가(교사)라는 분리가 가져오는 문제점 때문이다. 가령 전문가가 임상교육학의 실천을 독점하거나 교사가 전문가에게 문제를 모두 맡겨 버리게 되면, 비전문가 교사들은 임상교육학의 연구・실천능력을 기를 수 있는 기회를 상대적으로 잃어버리게 되어 이 방면에서 무능력하게 방치될 수 있는 것이다.

임상교육학의 실천은 전문가와 교사 사이에서 분할할 수 있는 것이 아니라, 교사도 학생과의 관계 속에서 끊임없이 실천해 가야 하는 것이다. 이미 말한 대로 홀리스틱 임상교육학의 실천이 학교 교육의 전체를 포함하는 이상, 교사도 필연적으로 임상교육학에 관계하게 된다. 따라서 교원양성과정 및 현직 교육 속에서 임상교육학에 관한 교사교육을 충실하게 해 나가야 한다. 그래서 워크숍 같은 체험형의 방법을 많이 도입하여 실시하는, 이론이나 지식 면에 머물지 않는 학습이 필요한 것이다.[4)]

또 임상교육학과 교사교육과의 관련에서 중요한 것은 교사 측의 열의나 정신위생에 대해 임상교육학이 적극적으로 몰두해 가야 한다는 점이다. 교사에게도 어떠한 치유나 원조가 필요한 시대이고, 더욱이 이 분야는 지금까지의 교육학 연구 중에서, 또 임상교육학 중에서도 충분한 연구가 이루어졌다고 할 수 없다. 그러나 '교사를 위한 임상교육학'이 앞으로의 임상교육학에서 하나의 중심적인 과제가 될 것임에는 틀림없다.

5) 실천장소의 다양화와 통합

임상교육학과 같은 새로운 분야는 끊임없이 다종다양한 실천형태를 탐구해 가는 것이 바람직하다. 예전의 학문과 같이 특정영역에 자족하는 일 없이 영역 횡단적인 여유를 가지고 모든 문제에 몰두해 가는 자세가 요구된다. 아마 임상교육학은 교육의 영역에서 종래의 범위에 제한되는 일 없이 새로운 교육실천의 모습을 탐구해 갈 수 있는 적합한 장소가 될 것이다.

이런 의미에서 홀리스틱 임상교육학의 실천장소는 학교나 교육상담기관 중에 머물지 않고 가정, 지역, 직장, 의료, 간호, 출산 · 육아, 복지, 봉사활동 등 생활 전역으로 넓혀져 가고 있다. 현대 사회에서는 교육기관 이외에도(비록 문제가 현저화되어 있지 않다고 해도) 임상교육학적인 작용을 필요로 하는 장소가 무수히 많고, 교육 이외의 분야라도 임상교육학적으로 접근해 갈 필요가 있기 때문이다. 그러한 임상교육학의 다양한 움직임 속에서

---

4) 일본에서는 百芳教育研究所의 카와츠오우가이가 긴 세월에 걸쳐 홀리스틱적인 교사연수에 관계해 왔으나, 일을 절반 정도 진행시킨 1997년 작고하였다. 저서로는 『教師の生き方革命』(明治圖書, 1997)이 있다.

장래 교육의 새로운 형태가 나타날 수도 있다. 예를 들면, 교육상담센터 등 기본적으로 지역 전체 사람들이 이용할 수 있는 기관의 등장이 가능한 것이다.

임상교육학이 생활 전반에 그 영향력을 끼치는 경우 홀리스틱적인 접근은 특히 중요하다. 개개의 생활영역은 그 사회기능적인 일면에서만 다뤄질 것이 아니라 생의 전체성과 관련하여 보아야 하며, 보다 포괄적인 차원으로 열려 있어야 한다. 의료에 관한 일 하나를 예로 들어 보아도, 환자의 신체에 대한 치료적 접근이라는 사회적 기능만이 아니라 인간의 감정적·정신적인 케어나 영적인 각성 등도 중요한 관심사가 된다는 것을 알 수 있다. 이렇게 홀리스틱적인 작용을 통해 병을 계기로 하여 환자의 생의 전체적 변용이 촉진되고 있는 것이다. 이처럼 홀리스틱 임상교육학은 개개인의 생활영역에 대하여 홀리스틱적인 시점을 가져오는 동시에, 보다 통합적인 실천형태로 이끄는 것이 되어야 한다.

또한 홀리스틱 임상교육학은 생활의 전역으로 넓어져 가는 동시에 학교 교육과 가정이나 지역, 직장 등 커뮤니티와의 관계를 회복해 가는 것이 가능하다. 오히려 이것들 사이의 단절은 학교교육을 곤란하게 하는 하나의 큰 요인이며, 이에 홀리스틱 임상교육학이 적극적으로 영역 횡단적인 접근을 꾀하는 것은 바람직한 일이다. 홀리스틱 임상교육학의 실천이 다양한 장면에 넓어져 감으로써 임상교육학의 초점이 희미해질 수도 있으나, 교육학이 요구하는 것은 다양한 생활영역 중에서 교육적인 차원을 찾아내고 그것과 관계하는 일이다. 그 까닭에 임상교육학은 이른바 '교육'의 영역에만 두문불출하는 것이어서는 안 된다.

견해를 바꾸어 말하면 임상교육학은 아이들(학생)만을 대상으로 하는 것이 아니라, 모든 연령층을 대상으로 해야 하고 평생교육, 성인교육, 사회교육의 일환에 적용해야만 하는 것이다. 예를 들면, 중년의 위기나 노년기의 문제, 탄생과 죽음의 교육 등에도 홀리스틱 임상교육학이 관계할 수 있다. 홀리스틱 교육론의 입장에서 보면 인생의 어느 시기에서도 사람들은 자기 변용의 과제에 몰두하고, 그 때문에 교육은 인생의 전체에 관계하는 것이다. 따라서 임상교육학은 그러한 '변용의 교육학' 또는 '통과의례(通過儀禮)의 교육학' 으로서 확립되어야 하는 것이다.[5)]

마지막으로 임상교육학은 일상생활 중에 제기되는 '문제' 뿐만 아니라 '일상성' 그 자체에도 물음을 던진다. 그것은 단순한 문제해결방법으로 끝나서는 안 된다. 왜냐하면 '정상' 적인 일상에서 '문제' 없이 생활하고 있는 '일상성' 그 자체가 '문제' 일 수 있다는 가능성을 내포하기 때문이다. 근저에 있는 일상성을 문제 삼는 것이 아니라 단지 표층의 '문제' 에 관계하는 것만으로는 임상교육학은 표층적 치료밖에 되지 않는다. 사람들이 사회시스템에 순응하면서 표층적인 '문제' 만을 없애는 것을 기대하는, 그러한 일상 자체가 안고 있는 심층의 '광기' 에 초점을 맞출 필요가 있는 것이다. 그렇다고 일상생활을 모두 병리화하자는 것은 아니다. 교육학적으로 중요한 것은 일상성은 '형성되고 형성하는 현실' 이라는 점이다. 그 때문에 임상교육학은 일상생활의 형성적 현실을 문제 삼아 그중에 들어 있는 병리적 심층까

---

5) 최근의 연구로서는 이하의 것이 있다. L. C. Mahdi, N. G. Christofer, and M. Meade, eds(1996). *Crossroads: The Quest for Contemporary Rites of Passage*. Open Court.

지 주목하는 것이 되어야 한다.

3. 홀리스틱 임상교육학의 당면 과제

이상 홀리스틱 임상교육학의 기본적인 개요에 대해 알아보았다. 이것은 확실히 어떤 면에서는 매우 실현성이 부족하고, 가능성만을 열거한 정도의 인상만을 주었을지 모른다. 그러나 여기에서 중요한 것은 먼저 그 이론적 가능성을 최대한 추구하고, 홀리스틱 임상교육학의 인상을 선명히 하는 일이다.

마지막으로 이러한 고찰을 마무리하면서 홀리스틱 임상교육학에서 발생할 우려가 있는 문제점 몇 개를 검토해 두고자 한다. 홀리스틱 임상교육학은 무엇보다도 인간의 다원성과 전체성에 주목하고, 포괄적인 이론과 다종다양한 방법을 채용한다는 것이다. 따라서 그것은 일방적인 이론이나 특정의 방법에만 초점을 맞추는 것을 피하고, 단순화나 환원주의에 빠지는 것을 피하고자 한다. 그렇지만 여전히 이론이나 방법은 홀리스틱 임상교육학에서 중요한 역할을 하게 되고 여기에서 몇 개의 문제점이 부상한다.

먼저 홀리스틱 임상교육학에서는 유효한 이론이나 실천방법을 도입하는 것으로 임상교육학 체계를 충실히 하고자 한다. 여기에서 문제가 되는 것은 홀리스틱 임상교육학이 하나의 닫힌 체계에 속박되어 버린다는 두려움이다. 그러나 홀리스틱 임상교육학의 성격을 파악해보면 홀리스틱 임상교육학에서는 불변하는 충분한 체계가 존재하지 않는다. 그곳에 포함되는 이론이나 방법의 대부분은 각각 독특한 발전을 거쳐 확립되어 온 것으로,

당초부터 홀리스틱 교육으로 확립되었던 이론이나 방법은 매우 적다. 홀리스틱 임상교육학이란 홀리스틱적인 지향성을 갖는 이론이나 방법을 서로 이어 가는 매트릭스로 작용하고 있는 것으로, 홀리스틱 임상교육학이라는 유연한 범위가 등장함으로 해서 지금까지 개개로 존재하고 있던 이론이나 방법이 하나로 연결되는 장소가 만들어지게 된 것이다. 중요한 것은 '홀리스틱 임상교육학' 이라고 말하는 하나의 닫혔던 정합적 체계를 만드는 것이 아니고, 이론이나 방법에서 다양한 가능성을 인정하고 체계의 개방성을 유지하면서 그것들을 통합해 가는 것이다. 홀리스틱 임상교육학은 이러한 방향을 추구해 가는 것이다.

그러나 한편 홀리스틱 임상교육학은 이론이나 방법에 주의하는 것에서부터 역으로 그것들에 자극받아 가며 개개의 실천 중에 생기는 개별의 경험을 있는 그대로 받아들일 수 없게 될 수도 있다. 이것은 모든 이론이나 방법에서도 생기는 문제로 이론이나 방법의 범위가 살아 있는 경험을 닫아버리는 결과를 가져오는 것이다. 이와 같은 사태가 생기면 이미 새로운 경험은 '발견' 되지 않는다. 실천 중에 도입된 지식은 그것에 적합한 기지(旣知)의 경험에만 주목하기 때문이다. 여기에서 앞에서 소개한 임상교육학 중 교토 학파의 생각이 명료화된다. 그곳에서는 임상교육학 연구방법의 초석을 다지는 것에 중점을 두고, 특정 이론이나 방법의 정립에는 아직 이르고 있지 않다. 오히려 그러한 방향을 방법론적으로 피하고 있다고 말할 수 있다. 개별적인 교육상담을 매개로 하면서 개인의 성장을 원조하는 동시에 교육관을 끊임없이 재구축해 가는 것을 목적으로 하는 이상, 안이하게 특정의 이론이나 방법에 의거하는 것은 피해야 한다는 당연한 방법론적 일탈이라고 간주할 수도 있다.

홀리스틱 임상교육학에서도 개개의 실천 장면이나 교육현실과의 상호작용은 결정적으로 중요한 것이다. 그 때문에 홀리스틱 임상교육학도 해석학적 · 현상학적인 접근을 취해야 한다. 개개의 임상교육학적 경험 중에서 일어나는 프로세스를 해석학적 · 현상학적으로 해명하고, 그 전체적 · 본질적인 의미를 묻는 데는 그곳으로 가져간 이론이나 방법에 관한 지식을 모두 괄호에 넣고 끊임없이 신선한 이해를 열어 가야 하는 것이다. 예를 들면 해석학적 현상학자 마넨은 다음과 같이 말하고 있다(M. Van Manen, 1996).

> 생활세계, 살아 있는 경험의 세계는 현상학적 연구의 원천이고 그 대상이다. 육아나 교육에 밀착된 살아 있는 경험을 연구하는 데는 육아나 교육의 의미를 묻는 것에 강한 초점을 맞추어야 한다. 어떠한 교육론도 '자명' 한 것으로 간주되어야 한다. 교육의 의미는 오직 교육 경험 속에서 '찾아낼' 필요가 있다. 왜냐하면 교육의 살아 있는 경험은 모든 예측이나 전제가 정지되었을 때에도 그곳에 남는 것이기 때문이다.

홀리스틱 임상교육학은 확실하게 이론이나 방법의 유효성을 인정하고 있지만, 그렇다고 '살아 있는 경험' 의 중요성을 놓치는 일이 있어서는 안 된다. 홀리스틱 임상교육학도 살아 있는 교육현실과의 관계를 축으로 하는 해석학적 현상학의 방법론적 자세를 본질적인 것으로 받아들여 언제나 새로운 발견과 통찰에 열려 있어야 한다. 단, 그때에 해석학적 현상학에서 중요한 것은 모든 경험의 차원, 의식의 전 차원에 접근해 가는 자세다. 해석학적 현상학에 생기기 쉬운 하나의 문제는, 그것이 결국은 일상적 의식수준을 넘는 일 없이 의식의 깊은 곳까지 충분하게 들어갈 수 없다는 점이다. 그러나 임상교육학에서는 생의 변용에 동반하여 비일상적인 의식수준도 중요한 차원으로 나타나는 이상, 해석학적 현상학은 그러한 의식의 심층의 해명에도 공헌하는 것이 되지 않으면 안 된다. 이 의미에서 현상학적 철학자 레빈의 정의는 주목할 가치가 있다. 마지막으로 그의 말을 인용하는 것으로 홀리스틱 임상교육학에 대한 하나의 정의를 내리고자 한다(D. M. Levin, 1994).

> 이 방법 즉, 해석학적 현상학은 우리들 경험의 리얼리티를 우리들이 그것을 실제 살아 있는 그대로 존중하는 것이다. 그러나 그것은 또 우리들 경험의 '깊이', 즉 그 차원성을 존중하고 있다. 우리들 중에는 완전히 경험의 표층에서만 살아 있는 사람이 있다. 그러나 우리들의 경험은 자신이 알고 있는 것보다도 깊고, 자신이 이해하는 것보다도 광대하다. 그곳에는 끊임없이 우리들이 실현했던 것보다도 더 큰 가능성이 숨어 있다. 해석학적 현상학은 표면에 나타나는 것만이 아니라 그 커다란 가능성, 잠재적으로 숨겨졌던 것에 관계하고, 우리들의 경험에서 참된 차원성을 탐구하도록 촉구하는 것이다.

참고문헌

곽병선(1983). 교육 과정. 서울: 배영사.

교육부(1998). 교육비전 2002: 새 학교문화 창조.

구학봉(1998). 열린교육의 접근 방향. 경기열린교육연구회회보, 5-8.

김귀성, 노상우(2002). 현대교육사상. 서울: 학지사.

김명자, 김현재(1997). 홀리스틱 교육 국제회의 참가 보고. 제9차 홀리스틱 교육 월례 연구 발표회.

김준섭(1991). 哲學槪論, 228-229. 서울: 박영사.

김현재(1997). 열린교육의 현대화를 위한 홀리스틱교육의 탐색. 홀리스틱교육실천연구회. 홀리스틱교육실천연구, 창간호. 17.

남동신(1999). 영원한 새벽/원효. 새누리.

내일을 여는 책(1999). 처음처럼. 인천: 우성사.

東京大學出版會 편집부(1993). 미래신서14/철학사 강의. 서울: 미래사, 128.

레오폴드, A.(1999) 모래땅의 사계(윤여창, 이상원 역). 서울: 푸른숲(원서 1949년 발행).

마츠모토기미코(1999). 삼원색의 물감상자 1, 2(송민영 외, 역). 서울: 미술공론사.

박성익(2003). 홀리스틱 교육의 학문적 정체성과 발전방향 탐색. 홀리스틱교육연구, 제7권 1호, 1-14.

박성익(2005). 홀리스틱 교육 패러다임과 학교교육 혁신. 한국홀리스틱교육학회 2005년도 추계학술대회 자료집, 3-16.

박영만(1999). 전인적 묵상(*Wholistic Meditation: Practice for Spiritual Formation*). 서울: 은성.

박영만(2000). 박영만 박사의 톡톡튀는 심신수련. 서울: 경성라인.

박영만(2001). 홀리스틱교육과 존 듀이 교육사상. 홀리스틱 교육 연구. 제5집 제2호(특집), 59-113.

박영만, 송민영(2003). 통합교육과정과 전인교육-21세기 교육의 홀리스틱 패러다임, 112-130. 서울: 학지사.

박의수(2001). 홀리스틱교육과 슈타이너의 교육사상. 홀리스틱교육연구, 제5집 제2호(특집), 173-187.

브렌트, A.(1980). 敎育課程哲學, 39. 서울: 성원사.

브리태니커, 동아일보(1997). 브리태니커 세계 대백과사전, 51, 658.

송민영(1994). '假說實驗授業' 이란?. 한국초등과학교육학회경기지회.

송민영(1998a). 생명의 학교 숲 환경. 뉴스레터, 제1호, 5-6.

송민영(1998b). 홀리스틱 교육과정 이론의 철학적 배경. 홀리스틱 교육 실천 연구, 제2집 제1호, 163-171.

송민영(1999a). 홀리스틱 교육의 국제적인 동향과 새로운 교사의 역할. 홀리스틱교육교장특별연수자료.

송민영(1999b) 홀리스틱 교육과 네이츄어 게임. 홀리스틱교육실천연구, 제3집 제2호, 159-176. 한국홀리스틱교육실천학회.

송민영(1999c). 홀리스틱교육의 국제적인 동향과 교육비전 10원칙. 21세기 교육변혁과 교사변용을 위한/홀리스틱교육 제1차 교사워크숍, 35-53. 한국홀리스틱교육실천학회.

송민영(1999d). 한국의 학교 숲 모델과 그 활용 사례 및 방향 모색. 숲이 울창해질 우리의 학교 환경을 기대하며—생명의 숲과 홀리스틱 교육, 64-80. 한·일국제학술심포지엄자료집.

송민영(1999e). 홀리스틱교수-학습 과정 이론. 홀리스틱 교육 활동 프로그램, 3-15.

송민영(2000). 21세기의 새 교육 비전, 홀리스틱 교육(1)(2)(3)—기본 원리와 운영을 위한 탐색—. 교육평론, 8, 9, 10월호, 35-39, 59-61, 65-71. 주간교육신문사.

송민영(2001a). 원효의 홀리스틱 교육 사상. 교육평론, 7월호, 111-117. 주간교육신문사.

송민영(2001b). 홀리스틱교육과 조선시대의 교육사상에 대한 토론. 홀리스틱교육연구, 제5집 제2호(특집), 167-171.

송민영(2001c). 홀리스틱 교육과 우리의 전통교육사상. 새교육, 9월호, 106-113. 한국교육신문사.

송민영(2002). 21세기 생명 · 생태사상과 통합교육과정. 교육평론, 6월호, 67-71. 주간교육신문사.

송민영, 김현재 역(1999). 홀리스틱 교육의 이해. 서울: 책사랑.

송민영, 박영만(2001). 원효의 한마음 교육사상과 J. Miller의 홀리스틱 교육사상과의 대화: 홀리스틱 영성교육을 향하여. 한국홀리스틱교육연구, 제5집 제3호, 167-202.

신득렬(2003). 교육사상사. 학지사: 서울.

오인탁(2001). 홀리스틱교육과 행복한 교육—홀리스틱 교육의 본질과 도전을 중심으로. 홀리스틱 교육연구, 제5집 제2호(특집), 1-10.

元曉. 金剛三昧經論. 新修大藏經. 第三四券. 坤. 68.

元曉. 起信論. 韓國佛教全書. 제1책.

元曉. 大乘起信論別記. 韓國佛教全書. 제1책.

元曉. 菩薩戒本持犯要記. 韓國佛教全書. 제1책.

元曉. 十門和諍論. 韓國佛教全書. 제1책.

유한구(1989). 교육인식론 서설—루소 교육방법의 인식론적 고찰—. 서울: 교육과학사.

이귀윤(1996). 교육과정 연구, 9-117. 서울: 교육과학사.

이돈희(1997). 열린교육의 방향과 과제. 교육개혁 2주년 기념 열린교육 심포지엄, 8-9. 열린교육학회.

이돈희 외(1998). 국난 극복과 21세기 재도약을 위한 교육전략/교육이 변해야 미래가 보인다. 현대문학.

이성은(1997). 열린교육의 성찰. 중등열린교육연수자료집, 163-174. 덕성여대 열린교육연구소.

이용숙(1997). 열린교육의 이해. 중등열린교육연수자료집, 23-24. 덕성여대 열린교육연구소.

이퇴계(1681). 聖學十道(*Ten Way to Be a Sage*).

이홍우 · 유한구(2000). 교육의 동양적 전통 I —교육과 실재—. 서울: 성경재.

인천건지초등학교(1999). 교육부지정 열린교육시범학교 보고서, 290. 심상체험활동 자료집.

일연(1281). 三國遺事.

임태평(1997). 플라톤 철학과 교육, 34. 서울: 교육과학사.

장회익(1998). 삶과 온생명: 새 과학문화의 모색. 서울: 솔.

장회익 외(2000). 생태적 삶을 추구하는 영성. 내일을 여는 책.

전영우 외(1999). 숲이 있는 학교. 서울: 이채.

전영우 외(1999). 숲 체험 프로그램—이론과 실제, 22. 서울: 수문출판사.

정신세계편집부(2001). 정신세계, 18호.

정영근 외 역(2002). 서양교육사. 서울: 문음사.

정호표, 김병희(2002). 교육사상사, 231-258. 서울: 교육과학사.

조성자 외 저(2001). Montessori 유아교육의 철학적 이론과 실제. 서울: 창지사.

조효남(2001). 홀리스틱 교육과 켄윌버의 교육사상. 홀리스틱교육연구, 제5집 제2호(특집), 39−55.

주영흠(2001). 서양교육사상사, 347−422. 서울: 양서원.

蔡茂松(1985). 退溪 · 栗谷哲學의 比較硏究. 성균관대학교출판부.

철학교재연구회(1995). 철학개론, 162. 서울: 학문사.

한국교육개발원(1985). 교과서 체제 개선 연구, 23−24.

한국교육학회교육사연구회 편(1987). 教育思想家評傳 1, 1−15.

한국교육학회교육사연구회 편(1989). 교육사상가 평전(*Thinkers of Education*). 서울: 교학연구사.

한국홀리스틱교육실천연구회(1997), 홀리스틱 교육 실천 연구, 제2회(특집), 137.

한국홀리스틱교육실천학회(2001). 홀리스틱 교육 연구. 제5집 제2호(특집).

한규원, 이향재(1996). 서양교육사. 서울: 교육과학사.

한기언(1988). 서양교육사, 288−398. 서울: 박영사.

한형식(1997). 현행 열린수업, 이대로 좋은가?. 열린교육연구, 제5집 제1호, 179−185. 열린교육학회.

녹색도시서 펼치는 '지구촌 환경잔치' (1999. 8. 27). 조선일보, 제27면.

板倉聖宣(1999). 教育が生まれ変わるために−教えるに価するものは何か. 仮説社.

河合準雄(1995). 臨床教育学入門. 岩波書店, 13, 15, 27.

加藤幸次, 安藤慧(1985). 個別化 · 個性化教育の理論. 黎明書房.

皇紀夫(1996). '臨床教育學' とは. 和田修二・皇紀夫 編著. 臨床教育学. アカデミア出版会, 41.

小日向 孝(1997). 森の観察ハンドブック/生命の森-植物の生きざまに学ぶ-, 141-146. 新潟縣山野草を たずねる会.

手塚郁惠(1995). 今, なぜホリスティック教育なのか. ホリスティック教育研究会 編. ホリスティック教育入門. 柏樹社, 11-27.

手塚郁惠 訳(1998). センタリング・ブック. Gay Hendricks & Russel Wills. *The Centering Book*. 春秋社.

手塚郁惠, 刀根良典(1995). 学級經営実践 マニュアル-教室はよみがえる-. 小学館.

手塚郁惠, 高尾威広 (1998). 子どもの感性がすくすく育つイメージワーク. (株)学事出版.

新堀通也(1996). 教育病理への挑戰-臨床教育学入門. 教育開發研究所. 제1장, 10, 17.

宋珉煐(2002). 統合教育課程理論と教科統合の方法ー韓國の低学年統合教科と日本の 総合的学習を中心に. 한국일본교육학연구(*Korean Journal of the Japan Education)* Vol. 6, No. 1.

ジョン・ミラー 著. 吉田敦顔, 中川吉晴, 手塚郁惠 訳(1994). ホリスティック教育-いのちのつながりをめて-. 春秋社.

十日町市立南中學校創立30周年実行委員会(1998). 十日町市立南中学校実践記録寫写集/南の森. 博進堂.

ホリステイック教育研究会 編(1995). ホリスティック教育入門, A5判 190. 柏樹社.

中川吉晴(2005). ホリスティック臨床教育学, 274. せせらぎ出版.

中村雄二郎(1992). 臨床の知とは何か, 9. 岩波新書.

長野・飯島譯(1954). 生命/有機体論の考察, 211. みすず書房.

西平直(1997). 魂のライフサイクル-ユング・ウイルバー・シュタイナー. 東京大學出版会.

日本ネイチャーゲーム協会(1997). 学校で役立ネイチャ-ゲ-ム 20選, 16−7, 26−7, 94−9. 明治図書.

日本ナチュラリスト協会 訳(1986). J. B. Cornell 著. ネイチャーゲーム 1. 柏書房, 12−13.

新堀通也(1996). 教育病理への挑戦-臨床教育学入門, 10, 17. 教育開発研究所.

降旗信一(1992). 自然案内人-ネイチャーゲームでつなぐ人と自然, 74−82. ほるぷ出版.

山住正己(1970). 岩波新書758/教科書, 155−156, 168−172. 岩波書店.

山之內義一郎(2001). 森をつっくた校長. 春秋社.

吉田敦彦(1998). 既存の教育諸學說へのホリステイック教育研究の寄与-ジョン・ミラー理論の創造的継承のために. ホリスティック教育研究/第1号, 40−54. 日本ホリステイック教育協会.

吉田敦彦(1995). ホリステイック教育理論の射程. ホリステイック教育研究會 編. ホリスティック教育入門, 114−147. 柏樹社.

吉田敦彦(1999). ホリスティック教育論一日本の動向と思想の地平, 206−231. (株)日本評論社.

吉田正人外 訳(1991). J. B. Cornell 著. ネイチャーゲーム 2, 14−51. 柏書房.

ホリステイック教育研究會 編(1995). ホリスティック教育入門. 柏樹社.

ホリステイック教育研究會 編(1995). 実践ホリステイック教育, 195−218. 柏樹社.

ラム・ダス・ゴーマン(1994). ハウ・キャナイ・ヘルプ. 吾妻典子 訳. 平河出版社.

和田修二(1995). 教育する勇気, 212. 玉川大學出版部.

和田修二(1996). 臨床教育學專攻を設置した經緯と期待. 和田修二・皇紀夫 編著. 臨床敎育学, 9, 10. アカデミア出版会.

和田修二, 山崎高哉 編(1988). 人間の生涯と教育の課題／新自然主義の教育学試論, iii. 昭和堂.

Archer, W. (1911). *The Life, Trial, and Death of Francisco Ferrer.* London: Chapman & Hall.

Assagioli, R. (1965). *Psychosynthesis.* New York: Viking.

Audi, R. (1999). *The Cambridge Dictionary of Philosoph* (2nd ed.), 866. Cambridge.

Binder, M. (1998). My Dream Catcher is Tired—The Importance of Visualization as a Meditative Practice for Young Children. *ENCOUNTER—Education for Meaning and Social Justice*, *11*(4), 40–45.

Bobbitt, F. (1918). *The Curriculum.* Boston: Houghton Mifflin.

Bobbitt, F. (1924). *How to Make a Curriculum,* 24. Boston: Houghton Mifflin.

Clark, E. T. (1989). Environmental Education as Integrative Study. *Holistic Education Review*, *2*(3). Holistic Education Press.

Clark, Edward. T. (1997). *Designing and Implementing an Integrated Curriculum.* Brandon, VT: Holistic Education Press.

Clark, Edward T. Jr. (1991). A Critical Look at Holism/ Holism: Implications of the New Paradigm: Response to Purpel & Miller and Gelb. *Holistic Education Review*, *4*(2), 43–48.

Brandon, VT: Holistic Education Press.

Darroch-Lozowski, V. (1995). Teaching Phenomenologically: An Introductory Note. *Human Studies, 18*(4), 369-370.

Darroch-Lozowski, V., & Ronald J. Silvers. (ed.) (1982). *Interpretive Human Studies: An Introduction to Phenomenological Research*. University Press of America.

Elstgeest, J., & Harlen, W. (1990). *Environmental Science in the Primary Curriculum*. Paul Chapman Publishing Ltd.

Emerson, R. W. (1903, 1904). *The complete Works, III*. Boston: Houghton Mifflin.

Flake, Carol L. (1993). *Holistic Education: Principles, Perspectives and Practices(A Book of Readings Based on Education 2000: A Holistic Perspective)*. Brandon, VT: Holistic Education Press.

Gardner, H. (1983). *Frames of Mind: The Theory of Multiple Intelligence*. New York: Basic Books.

Gardner, H. (1999). *Intelligence Reframed-Multiple Intelligence for the 21st Century*. New York: Basic Books.

GATE(1991). *EDUCATION 2000/A Holistic Perspective*. Atlanta.

Gelb, Steven (1991). A Critical Look at Holism/ Not Necessarily the New Paradigm: Holism and the Future. *Holistic Education Review,4*(2), 37-42. Brandon, VT: Holistic Education Press.

Goleman, D. (1995). *Emotional Intelligences*. New York: Bantam Books.

Goodman, K. S., Bird, L. B. & Goodman, Y. M. (1991). *The whole language Catalog*. Santa Rosa, CA: American School

Publishers.

Heshusius, L. (1991). A Critical Look at Holism, Part 2/On Paradigms, Metaphors, and Holism: An Analysis of a Critique. *Holistic Education Review, 4*(4), 38–43. Brandon, VT: Holistic Education Press.

Hoffman, E. (1980). The Kabbalah. In *Journal of Humanistic Psychology*, *20*, 33–47.

Huxley, A. (1970). *The Perenninal Philosophy*. New York: Harper Colophon.

Johnson, Aostre N. (1999). A Postmodern Perspective on Education and Spirituality—Hearing Many Voices. *ENCOUNTER—Education for Meaning and Social Justice*, *12*(2), 41–48.

Joyce, B., & Weil, M. (1980). *Models of Teaching*(2nd ed.). Englewood Cliffs, NJ: Prentice Hall.

Jung, C. (1933). *Modern Man in Search of a Soul*. New York: Harcourt, Brace and World.

Jung, C. (1968). *Man and His Symbols*. Garden City, New York: Doubleday.

Kesson, K. (1991). A Critical Look at Holism, Part 2/ The Unfinished Puzzle: Sustaining a Dynamic Holism. *Holistic Education Review, 4*(4), 44–48. Brandon, VT: Holistic Education Press.

Khavari, K. (2000). *Spiritual Intelligence—A Practical Guide to Personal Happiness*. Ontario, Canada: White Mountain.

Levin, D. M. (1994). Forward. in H. Guenther. *Wholeness Lost and Wholeness Regained*, xi–xii. SUNY Press.

Manen, M. V. (1996). *Researching Lived Experience*, 53.

McNamara, W. (1975). Psychology and the Christran Mystical Tradition. In *Transpersonal Psychologies*. Tart, C. (ed.). New York: Harper & Row.

Merton, T. (1959). *The Inner Experience*. Unpublished(four drafts at Thomas Merton Studies Center, Louisville, KY).

Miller, J. P. (1983). *The Educational Spectrum: Orientations to Curriculum*. Longman.

Miller, J. P. (1988). *The Holistic Curriculum*. Toronto Ontario: OISE Press.

Miller, J. P. (1990). *Holistic Learning: A Teacher's Guide to Integrated Studies*. Toronto Ontario: OISE Press.

Miller, J. P. (1991). Beyond Reflection to Being: The Contemplative Practitioner. *Phenomenology + Pedagogy*, *9*, 319–334.

Miller, J. P. (1993). *The Holistic Teacher*. Toronto Ontario: OISE Press.

Miller, J. P. (1994). *The Contemplative Practitioner: Meditation in Education and the Professions*. Bergin and Garvey and OISE Press.

Miller, J. P. (1996). *The Holistic Curriculum*. Toronto Ontario: OISE Press.

Miller, J. P. (1999a). The Soulful School. *ENCOUNTER—Education for Meaning and Social Justice*, *12*(1), 35–42.

Miller, J. P. (1999b). Education and the SOUL—Toward a Spiritual Curriculum. State University of New York Press, 139–142.

Miller, J. P., & Seller, W.(1985). *Curriculum: Perspectives and Practice*. Longman.

Miller, J. P., Cassie, J. R. B., & Drake, S. M. (1990). *Holistic Learning: A Teacher's Guide to Integrated Studies*. Toronto Ontario: OISE Press.

Miller, R. (1990). *What are Schools for?—Holistic Education in American Culture*(2nd ed.). Brandon, VT: Holistic Education Press.

Miller, R. (1991). A Critical Look at Holism/ Some Reflections on this Discussion. *Holistic Education Review*, *4*(2), 49–50. Brandon, VT: Holistic Education Press.

Miller, R. (1993a). Holistic Education in the United States. *Holistic Education Review*, *6*(4), 13. Brandon, VT: Holistic Education Press.

Miller, R. (1993b). *Vital Voices of Educational Dissent*, 12. In Holistic Education Press.

Miller, R. (1995). *What Are Schools For?—Holistic Education in American Culture*. Holistic Education Press.

Miller, R. (1997). Holistic Education for an Emerging Culture. In *Holistic Education Review*, *10*(3), 28.

Moore, T. (1992). *Care of the Soul, Soul Mates, and the Re-Enchantment of Everyday Life*. Harper Perennial.

Moore, T. (1996). *The Education of the Heart*. Harper Perennial.

Nava, R. (2001). *Holistic Education–Pedagogy of Universal Love*. Foundation for Educational Renewal.

Noddings, Nel. (1992). *The Challenge to Care in Schools/An Alternative Approach to Education*, 62. Teachers College Press.

Noddings, Nel. (1994). Learning to Engage in Moral Dialogue.

Holistic Education Review, 7(2), 5–11. Brandon, VT: Holistic Education Press.

OISE/UT ' s(1999). *ORBIT–Education and the Soul*, *30*(2).

O' Sullivan, E. (2001). *Transformative Learning–Educational Vision for the 21st Century*. OISE: UT Book.

Park, Young–Mann, & Song, Min–Young(2001a). Wonhyo' s One Heart–Mind(한마음, 一心, true Self) and Meditation on One Heart–Mind, as a part of *Holistic Education. Holistic Learning: Breaking New Ground*. The Third International Conference. Session E13. 2001. 10. 21.

Park, Young–Mann, & Song, Min–Young(2001b). "Education and SQ" in "Understanding Educational Issues in the Asia Pacific Region: Universals, Uniqueness and Cooperation (The 2nd iAPED International Conference on Education Research)" Seoul: iAPED. Seoul National University, 87.

Park, Young–Mann, & Song, Min–Young(2005). Won Hyo' s One Heart–Mind and Meditation on One Heart–Mind as Part of Holistic Education. SUNY. Holistic Learning and Spirituality in Education–Breaking New Ground. 109–116.

Purpel, David E., & Miller, R. (1991). A Critical Look at Holism/ How Whole is Holistic Education? *Holistic Education Review, 4*(2), 33–36. Brandon, VT: Holistic Education Press.

Rousseau, J. J. (1955). *Emile*. New York: Everyman' s Library.

Silberman, C. (1970). *Crisis in the Classroom*. New York: Random House.

Sinetar, M. (2000). *Spiritual Intelligence—What We Can Learn from the Early Awakening Child.* NY Maryknoll: Orbis Books.

Smuts, J. (1926). *HOLISM AND EVOLUTION.* The Macmillan Company.

Smuts, J. (1927). The Theory of Holism. *Better World*, 124–126, 133.

Smuts, J. (1931). The Scientific World–picture of Today. *Better World,* 166.

Stephen, P. H., et al.(1978). Textbooks and Achievement: What We Know. World Bank Staff Working Paper No. 298, October.

Suzuki, D. (ed.) (1955). *Zen Buddhism(Barrett, W.).* Garden City, NY: Doubleday.

Tanner, D., & Tanner, L. (1980). *Curiculum Development: Theory into Practice.* New York: MacMillan.

Trager, F. (1986). Politics and Culture in Anarchist Education: The Modern School of New York and Stelton 1911–1915. *Curriculum Inquiry, 16*(4), 391–416.

Troyat, H. (1980). *Tolstoy.* New York: Crown Publishers, Harmony.

Weiner, L. (trans.) (1967). *Tolstoy on Education.* Chicago: University of Chicago Press.

Wigginton, E. (1986). *Sometimes a shining Moment: The Foxfire Experience.* Garden City, New York: Anchor.

Wilber, K. (1975). Psychologia Perennis: The Spectrum of Consciousness. *The Journal of Transpersonal Psychology, 7,* 105–132.

Wilber, K. (1980). *The Atman Project*. Wheaton, IL: Theosophical Publishing House.

Wilber, K. (1983). *A Sociable God*. New York: McGraw-Hill.

Wilber, K. (1995). *Sex, Ecology, Spirituality: The Spirit of Evolution*. Boston: Shambhala Publications.

Wilber, K. (1997). *The Eye of Spirit—an Integral Vision for a World Gone Slightly Mad*. Boston & London: Shambhala.

Wilber, K. (1998). *The Marriage of Sense and Soul-Integrating Science and Religion*. New York: Random House.

Yoshida, Atsuhiko. (1992). *GATEWAY*, *1*(4), 4. Oklahoma Conference Reflections.

Zohar, D., & Marshal, I. (2000). *SQ-Connecting with our Spiritual Intelligence*. New York & London: Bloomsbury.

http://www.bekkoame.or.jp/~holistic/index.html. ホリステイック教育研究會. ホリステイッ クな教育理念の提唱.

http://www.dasan.or.kr

찾아보기

인명

내용

저자 소개

송 민 영(宋珉煐, Song Min-Young)

약 력

경인교육대학교 졸업
연세대학교교육대학원 교육학석사
日本, 東北大學, 宮城教育大學大學院 수료
日本, 首都大學東京(전 東京都立大學)大學院에서 박사학위 취득
(교육학박사)
전 서울대학교교육종합연구원 객원연구원,
　경인교대 겸임교수,
　경기도율곡교육연수원 교육연구사
현 부천대명초등학교 교감, 경인교육대학교 강사

논 문

「Won Hyo's One Heart-Mind and Meditation on One Heart-Mind as Part of Holistic Education」(2005)
「홀리스틱 교육의 교육사상적 조명」(2004)
「특별활동의 효율적 운영을 위한 학제적 접근 가능성 탐색」(2003)
「홀리스틱 통합교육과정과 생명 · 생태교육」(2002)
「홀리스틱 교육과 우리의 전통교육사상」(2001) 등

저 서

『초등학교 특별활동 · 재량활동』(2005)
『통합교육과정과 전인교육』(2003)
『홀리스틱 교육의 원리와 방법』(2002)
『홀리스틱 통합과학교육과정』(2002)

역 서

『홀리스틱 교육과정』(2000)
『홀리스틱 교육의 이해』(1999) 등

저자와의
협의하에
인지생략

교육의 역사와 철학 시리즈 ⑳
홀리스틱 교육사상

2006년 5월 25일 1판 1쇄 인쇄
2006년 5월 30일 1판 1쇄 발행

지은이 · 송 민 영
펴낸이 · 김 진 환
펴낸곳 · 학지사
121-837 서울특별시 마포구 서교동 352-29 마인드월드빌딩 5층
대표전화 · 02)326-1500 / 팩스 02)324-2345
홈페이지 · http://www.hakjisa.co.kr
등　　록 · 1992년 2월 19일 제2-1329호

ISBN 89-7548-913-2 94370
ISBN 89-7548-823-3 set

정가 10,000원
잘못된 책은 구입처에서 교환하여 드립니다.